박정일 (朴正一, 1962~)

産

삼성SDS Tokyo 사무소장
Tokyo 10년, 미국 3년

學

한양대학교 대학원 전자공학 졸업
Waseda Univ. M.S.P. Study
Van. R·B College E·J·T.P. Study
Stanford Univ. V·E.P. Study
한양대 컴퓨터SW학과 겸임교수(2016~2020)

研

경제위기관리연구소 부소장 (2017)

委

4차 산업혁명전략위원회 민간위원 (2017)
일자리위원회 중소벤처 T/F장 (2018)
AI 중심도시 광주 만들기 추진위원 (2019~)
대한민국 AI Cluster Forum 위원 (2019~)
AI 규제개혁위원회 위원 (2020~)
미래학회 이사 (2019~)

著

김치·스시·햄버거의 신 삼국지 (2004)
미·중 패권 다툼과 일자리 전쟁 (2018)
AI 한국경영 지도자 편 (2020)
AI 한국경영 정책제언 편 (2021)
AI 한국경영 국정운영 편 (2021)
AI 한국경영 대선공약 편 (2021)

法

법무법인(유한) 클라스 고문
AI·빅데이터 클러스터 대표

AI
한국경영
미래비전편

박정일 AI Creator

법무법인(유한) 클라스 고문
AI · 빅데이터 클러스터 대표

머리말

AI 한국경영 미래비전

대선공약(大選公約)이란 대통령 선거 때 정당이나 입후보자가 유권자를 향해 제시하는 공적(公的) 약속이다. 그런데 그동안 우리나라의 유권자들은 공약을 보고 후보를 선택하기보다는 정당과 지연에 얽매여 투표하는 경향이 많았다. 공약이란 후보의 입장에서는 국민에게 자신의 비전과 정책 목표를 제시하는 중요한 수단이다. 국민의 입장에서는 후보의 역량을 객관적으로 평가할 수 있는 것이 대선공약이다. 그런데 지금까지의 대선공약은 한국경제를 발전시키기는커녕 오히려 갈등만 조장하는 경우가 많았다.

사실 우리는 대선공약이라는 측면에서 보면 후진성을 면치 못하고 있다. 그동안 수많은 선거를 치르는 동안 대선공약에 대해 그 실현 가능성 유무에 중점을 두고 해당 공약을 평가하려 들었지 공약의 본질 혹은 파급효과 등과 같은 그 실질적 기능과 이면에 숨어 있는 또 다른 의미를 꿰뚫어 보지 못했다.

지금까지 대선 후보들은 경제·사회 전반에 대해 미치는 영향이나 재원 마련에 관한 고려를 하지 않고 표만 될 수 있다면 무조건 남발하는 '선심성 공약', 복지 확대를 얘기하면서 세금을 줄이겠다는 '앞뒤가 맞지 않는 공약', 실현 가능성이 전혀 없는 '허황한 공약', 정책을 집행할 때 시장의 역효과를 생각하지 않는 '부실 공약' 등이 한국 대선판을 요란하게 장식했다.

이러한 병폐 때문에 대선공약은 국민의 선택 기준이 되지 못했고 당선되면 애물단지로 전락하는 경우가 많았다. 정당들도 민생을 위한 공약 개발보다는 지역과 계파, 정당 지도부의 마음에 들기 위해 눈치만 살피는 형국이었다.

또한 이념에 따른 정책대결보다는 오직 승리를 위해 선거연대를 추진한 탓에 대선공약은 공염불에 그치는 경우가 허다했다. 이런 상황에서 그동안의 대선은 정책보다는 지역과 인물에 의해 결정되는 구조였다고 할 것이다.

지난 60여 년간 각종 선거에 나서는 후보들은 국토 환경을 개발하는 데에만 주력하고 국토 개발에 집착한 나머지 그것이 초래할 또 다른 국민적 부담은 무시되는 경향이 많았다. 당선되면 그들만을 위한 각종 개발 사업을 추진하기 위해 여기저기 공사판을 만들었다. 왜냐하면 공사판을 벌여야만 그에 따른 이익이 발생하기 때문이다. 간단히 말해서 자리에 있을 때 돈이 된다고 생각하는 사업은 마구잡이로 밀어붙이는 것이다.

그러나 이러한 건설 개발 공약들의 경우 그 이면을 유심히 살펴봐야 한다. 당선되면 후보 때 제시한 공약 이행을 위해 막대한 사업 예산을 집행할 수 있는 명분을 확보했다고 생각하는 것이 문제다. 합법적으로 국민의 세금을 선거 과정에서 도와준 이해관계가 있는 세력들이 건설 과정에 참가해 그 과실을 따 먹는 데서 필연적으로 비리가 발생하게 된다. 사실 후보가 내세운 공약은 엄청나게 많은 예산을 필요로 하는 경우가 대부분이다. 하지만 많은 선거공약의 경우 국민의 삶을 개선하고 민생을 해결하는 것으로 보기에는 부족하다. 막대한 세금이 들어가는 각종 개발 건설 공약이나 포퓰리즘 공약의 경우 국민의 관점에서 보면 민생에 아무런 도움이 못 되는 경우가 허다하기 때문이다.

대통령 후보들은 국민의 표심을 얻기 위해 선심성 공약을 내놓는다. 그리고 당선되고 나면 공약에 대한 사전 동의를 얻었다고 판단하여 우격다짐으로 밀어붙이는 경향이 많다. 하지만 국민 다수는 그 공약에 대해 동의한 것은 아니다. 엄밀히 따지면 공약에 대한 예산 집행권까지 동의한 것은 아니라는 뜻이다. 이러한 문제점을 바로 잡기 위해서 국회는 포퓰리즘 공약에 대해 예산 심의를 제대로 하여야 하며, 국민 역시 두 눈을 부릅뜨고 선심성 공약에 속아 넘어가지 않아야 한다.

선거공약이 헌법과 법률을 초월한 막강한 제왕적 영향력을 행사하는 것은 전혀 바람직하지 않다. 공약을 실행하기 위해서는 기존의 법과 제도를 손질해야 할 경우도 생긴다. 그러한 경우에는 반드시 사회적 합의를 위한 공청회 등 제도적 절차를 지켜야만 한다. 오로지 공약이라는 명분으로 절대다수가 반대하는 의사를 무시하고 우격다짐으로 추진하는 일은 없어야만 한다.

이명박 대통령은 경제 성장률 7%, 1인당 국민소득 4만 불, 세계 7대 경제 대국이라는 이른바 747전략, 단군 이래 최대 규모의 토목 사업이라고 떠들썩했던 '4대강 운하' 사업, 녹색성장, 일자리 300만 개 창출, 청년실업 절반 축소, 상생과 협력으로 사회 양극화 해소를 공약으로 내걸었다.

박근혜 대통령은 창조경제와 경제민주화 실현, 통일대박, 국민 대통합, 행복주거 공약을 제시했다.

문재인 대통령은 일자리 정부를 자처하면서 집무실에 일자리 현황판을 만들고 일자리 창출에 앞장서겠다고 했다. 국민과 소통하기 위해 광화문 대통령 집무실 시대를 열고 권한을 분산하겠다고 했다. 부동산 안정, 탈원전, 비정규직 철폐, 남북평화, 그린 뉴딜 등 한 번도 경험하지 못한 나라를 만들겠다고 했다. 하지만 역대 대통령이 내세운 공약은 그 어느 것 하나도 제대로 성과를 낸것이 없다는 냉혹한 평가를 받고 있는 것이 현실이다.

대한민국의 미래 과제를 풀어내는 대선공약은 그리 간단하지도 쉽지도 않다. 대선공약은 현실의 다양한 문제와 미래의 과제를 동시에 풀어내야 하기 때문에 아무리 좋은 의도로 입안되었다 하더라도 예기치 못한 난관에 부딪히거나, 또는 전혀 엉뚱한 결과로 나타나기도 한다. 제아무리 완벽하게 검증된 공약이라 하더라도 시시각각 변화하는 경제 상황과 시대의 흐름에 따라 치명적인 실책이 되기도 한다.

후보 때는 당선을 목표로 국민의 환심을 사기 위해 포퓰리즘 공약을 제시할 수도 있다. 그러나 진실성 있는 지도자라면 당선된 이후라도 국가의 발전과 국민 전체의 삶을 위해서 현실에 맞지 않는 공약은 과감하게 버리거나 바꿀 수 있는 용기와 결단이 필요하다.

사실 공약을 결정하여 발표하는 것보다는 집행 과정이 훨씬 더 복잡하고 어려운 일이다. 무엇보다 먼저 공약을 성공적으로 이행하기 위해서는 실행 조직인 행정부의 역량을 제대로 파악하여 활용할 줄 알아야 한다. 하지만 지금까지의 역대 대통령들은 공약 실행의 손발이 될 행정부를 이해하려고 노력하기보다는 오로지 지시만 내리면 모든 게 해결된다고 생각하는 듯하다. 그렇게 함으로써 청와대의 입김은 점점 더 세지고 실무를 맡은 담당 공무원들은 자리를 보전하기 위해 전전긍긍하게 되는 것이다.

성공할 수 있는 공약은 그 정부의 역량과 수준에 맞춰 입안돼야 하지만 대통령 후보 주변 측근들은 미사여구의 화려한 문구와 포퓰리즘 정책을 내놓고 홍보에 열을 올린다. 막상 당선되면 행정부에 그 추진을 떠넘겨 결국 실패하게 된다.

대통령에게는 당선 이후가 더 중요하다. 제대로 된 공약을 실행하는 능력을 갖춰야 한다. 그런 추진 능력이 선거 기간 중에는 잘 보이지 않는다.

선거가 끝나면 우리 국민은 어김없이 자기 손가락을 쳐다보면서 잘못 뽑았다고 한탄하면서 대통령을 욕한다. 하지만 간과하지 말아야 할 것은 그 잘못된 대통령을 자기 손으로 직접 선택한 것이라는 사실이다. 정치인은 공약(公約)을 헛된 공약(空約)이라고 생각하고 유권자들은 그들의 헛된 약속을 믿고 찍어주는 경향이 있다. 매번 뽑아놓고 후회하면서 똑같은 실수를 5년마다 되풀이하는 모습이 우리의 슬픈 자화상이다.

AI 시대 우리는 더 이상 대통령 탓 좀 그만해야 한다. 뽑을 때 지역과 각종 인연만을 생각하여 투표하지 말고 국가 경제 발전과 국민의 삶을 편안하게 해줄 공약을 내세우는 후보를 선택해야 한다.

국민도 선거 결과보다는 정책대결을 더 중요시하고 궁극적으로 어느 후보가 좋은 정책을 제시하는지 눈여겨봐야 한다. 민주주의 꽃은 선거이며 국민이 주인이다.

이 책은 지난번 출간한 AI 한국경영 시리즈 지도자 편, 정책제언 편, 국정운영 편에 이어 네 번째인 미래비전 편이다.

저자는 2022년 제20대 대통령 선거를 위한 분야별 대선공약을 제시했다. 집필 의도는 대선후보가 'AI 강국' 도약을 위한 바람직한 공약을 입안해야 한다는 것을 강조하기 위해서다.

제1부는 AI 대담이다. 1장은 AI와 만남으로 AI에게 묻다, 알파고, AI 영화, AI와의 공존에 관해 서술했다. 2장은 New Leader로 AI 리더, 위기관리 리더, 국정운영, AI 정치에 관해 기술했다. 3장은 AI 한국경영으로 New 대통령, New Korea 개조, AI 새 시대, AI 슈퍼 고용 시대에 관해 설명했다.

제2부는 분야별 미래비전을 제시했다. 국정목표, 국정기조, 100대 국정과제, 방역, 정치, 경제, 일자리, 부동산, 노동, 저출생·고령화, 복지, 외교·안보, 통일, AI, 교육, 언론, 지역발전, 탈원전, 탄소제로, 층간소음, 동물복지, 과학기술, 국가부채, 중소벤처, 메타버스, MZ세대, 치매, ESG, 암호화폐, 산업정책에 관한 현황, 문제점, 해법 및 공약을 제시했다.

제3부는 역대 대선공약을 서술했다. 1장은 공약 이행에 관해 설명했다. 2장은 역대 주요 대선공약의 비하인드 스토리에 관해 기술했다. 3장은 역대 대통령의 공약을 정리했다.

"이 나라는 털끝 하나라도 병들지 않은 것이 없다. 지금 당장 개혁하지 않으면 나라가 망하고 나서야 그칠 것이다."

200년 전 조선시대 정약용이 《경세유표(經世遺表)》 서문에 쓴 경고는 작금의 우리 현실에 딱 맞는다. 새겨들어야 한다.

책을 집필하면서 세계적인 석학들의 좋은 글을 인용하거나 참고했음을 밝힌다. 여러 조각을 합쳐 새로운 그림을 만들 수 있다는 생각에서다. 널리 이해해 주시기를 바란다. 부디 이 책을 읽고 효율적인 대선공약으로 성공한 최초의 대통령이 나오기를 간절히 바란다.

2021년 9월 15일

지은이 朴正一

한국경영 AI Korea Management
미래비전 편 Future Vision Edition

목 차

....

【 1부. AI 대담 】

【 2부. 분야별 미래비전 】

【 3부. 역대 대선공약 】

【 1부. AI 대담 】

1장. AI와 만남

1. AI에게 묻다

Q. 영화 '관상'을 관람했나.

A. '계유정난'이라는 역사적 배경에 관상이라는 픽션을 가미해서 만들어진 역사와 픽션의 중간인 영화지만 스토리 완성도가 높아 아주 흥미롭게 봤다. 수양대군 역을 맡은 이정재와 관상가 김내경 역을 맡은 송강호 배우의 명품 연기에서 강렬한 인상을 받았다.

Q. '관상' 영화에서 가장 기억에 남는 대사 3가지만 뽑는다면.

A. 보는 사람마다 자기 입장에서 명대사가 있다고 생각한다.

Q. 수양대군이 "내가 왕이 될 상인가?"라고 묻자 김내경이 "성군이 될 인물이십니다."라는 대사가 아닐까 생각하는데.

A. 이미 왕이 된 수양대군의 자신감과 오만함이 함께 묻어나는 그 장면 생각난다. 관상가 김내경의 아들이 과거에 급제한 후

과거시험을 준비하며 가장 힘들었던 것이 무엇이냐는 질문에 "운명에 체념하지 않는 것이었습니다." 몰락한 양반 가문으로 자신 이름으로는 과거에 응시해 벼슬에 오를 수도 없는 운명이지만 체념하지 않고 강한 의지로 이겨내 고난을 극복해 오늘날에 이르렀다는 의미다. 또한 김내경이 한명회 관상을 봐주면서 한 말도 명대사다. 김내경이 바다를 보면서 "그 사람의 관상만 보았지, 시대의 흐름은 보지 못했다. 파도만 보고 바람은 보지 못했다. 파도를 만드는 건 바람이건만…. 당신들은 파도를 높이 탄 것이고, 우리는 파도의 아래에 있었던 것, 하지만 언젠가 파도가 뒤바뀔 것이네." 명대사로 기억하고 있다.

Q. 얼굴을 보면 그 사람의 모든 것을 꿰뚫어 보는 관상가 김내경이 현실에 있다면 관상을 보겠는가.

A. ㅎㅎ. 그런 것은 믿지 않는다. 그냥 내 운명과 시대의 흐름에 따라 뚜벅뚜벅 가겠다. 코로나19 거리두기 방역과 먹고살기 힘든 국민의 마음을 다독거려주며 미래의 희망을 선사하겠다. 동서고금을 통틀어서 '백성은 배부르고 등 따시면 최고'라는 말은 불변의 법칙이다. 뭐니 뭐니 해도 민생이 제일 중요하다. 민생을 어떻게 안정시킬 것인가에 대해 각 분야 전문가의 도움을 받아 해결책을 마련하고 있다.

Q. 운이 칠(七) 할이고 재주나 노력이 삼(三) 할이라는 뜻으로 성공은 운에 달려있다는 운칠기삼(運七技三)에 대해 어떻게 생각하나.

A. 인생을 살다 보면 요행수(僥倖數)도 있다. 하지만 무엇보다 중

요한 것은 어떠한 난관에서도 자신의 소신과 정의, 상식을 지키는 선에서 최선을 다하는 '진인사대천명(盡人事待天命)'의 자세가 가장 중요하다.

2. 알파고(AlphaGo)

Q. 인공지능(AI)을 뭐라고 하는지 AI에게 물어보겠다. '시리야' 인공지능을 영어·일어·중국어로 뭐라고 하는지 알려줘.
A. 인공지능의 번역은 다음과 같다. 영어로 Artificial Intelligence, 일어로 人工知能(じんこうちのう, 진코오 치노오), 중국어로 人工知能·人工知慧(Réngōng zhìnéng)이다.

Q. AI는 인간의 지능적인 행동을 어떻게 기계에 적용할 수 있을지 연구하는 컴퓨터 과학의 한 분야다. AI가 무엇인가를 AI 비서에게 물어보면 "인공지능은 인간이 학습 능력, 추론 능력, 지각 능력, 그 외에 인공적으로 구현한 컴퓨터 프로그램 또는 이를 포함한 컴퓨터 시스템이다. 하나의 인프라 기술이기도 하다. 인간을 포함한 동물이 가진, 즉 내추럴 인텔리전스와는 다른 개념이다." AI 비서 설명이 장황하지만, AI는 한마디로 컴퓨터 소프트웨어 알고리즘이다. 의견은.
A. AI는 컴퓨터 알고리즘이라는 설명이 머리에 쏙 들어온다.

Q. AI 하면 무엇이 생각나는가.

A. 알파고(AlphaGo)가 제일 먼저 떠오른다. 알파고가 당시 바둑계 최강자인 이세돌 9단과 맞붙은 세기의 대국에서 4승 1패를 기록했을 때 굉장히 놀랐다.

Q. 인간이 만든 게임 중 가장 복잡한 바둑을 AI가 넘어선 그때 얼마나 충격받았나.

A. 바둑은 가로·세로 19줄 361줄로 경우의 수를 따지면 우주 전체에 있는 원자의 수보다 많다고 알고 있다. AI 컴퓨터가 인간의 최고수를 넘어서 충격받았다.

Q. 바둑에서 두 대국자가 번갈아 가며 첫 4개의 돌을 놓는 경우의 수만 167억 271만 9,120가지다. 바둑판에 모두 돌을 채우는 가짓수는 10의 150제곱으로 슈퍼컴퓨터로 계산이 불가능할 정도다. 알파고가 우리 사회에 남긴 충격의 여파는 대단한데.

A. AI는 이제 피할 수 없는 대세로 자리 잡았다. 원치 않는다고 두렵다고 거부할 수도 없는 시대다, AI 혁명 물결에 올라타지 않는다면 대한민국의 미래는 없다. 국가도 개인도 기업도 AI 혁명 흐름에 올라타야 한다.

Q. 흔히 정치 행위를 바둑의 수로 묘사하는 경우가 많다. 무슨 수를 준비하고 있나.

A. 바둑 전법을 잘 활용하면 정치에서도 성공할 수 있다. 먼저 포석이 중요하다. 대마 잡고 바둑에는 진다는 격언이 있다. 국민의 선택을 받도록 정책 능력을 보여 주는 것이 중요하다. 우리 스스로 자충수를 두지 말아야 한다. 상대방의 실수를 기다리

는 요행수를 바라면 안 된다.

Q. 알파고는 1,200여 대의 중앙처리장치(CPU)가 연결된 슈퍼컴퓨터로 빅데이터 연산을 실행하는 소프트웨어 알고리즘이다. 알파고는 초당 경우의 수 10만 개를 검색하는 데 비해 프로기사는 초당 100개의 경우의 수를 고려한다. 알파고는 한 수를 두기 위해 컴퓨터 5,000대를 동원해 경우의 수를 계산해 한 수마다 이기는 최선의 수를 따져 결정한다. 알파고에서 배운 승리의 전략은 무엇인가.

A. 알파고가 승리하는 법칙을 눈여겨봤다. 정치의 전체 판을 보는 안목을 가지고 목표를 향해 치밀한 전략이 필요하다.

Q. 승리하기 위한 전략에는 가장 타당한 정수와 생각지 않은 어려움을 절묘하게 해결하는 묘수가 있다. 얼핏 보면 정수는 정의·공정·상식과 같은 너무 원칙적으로 느껴진다. 묘수는 실용적이고 유용한 전략으로 생각할 수 있다. 하지만 묘수를 세 번 두면 진다는 바둑의 격언처럼 묘수는 일시적이고 부분적인 문제는 해결할 수 있지만 판 전체를 망칠 수 있다. 정치세력 교체를 위한 묘수가 있나.

A. 어떤 누구라도 정치세력 교체라는 바둑판을 망치는 행위를 해서는 안 된다. 정석과 정수로 국민의 염원에 보답하기 위해 내 갈 길을 가는 것이 묘수라 생각한다.

3. AI Movie

Q. 2029년 로스앤젤레스, 1997년 인간이 만든 AI 컴퓨터 방어 네트워크가 스스로 인간의 지능을 뛰어넘고 인류를 핵전쟁으로 몰아넣어 인류를 잿더미 속에 묻어버린다. 남은 인간들은 로봇의 지배를 받는 상황에서 주인공은 기계와의 전쟁을 시작한다. 어떤 영화의 한 장면인지 아는지.

A. 아놀드 슈워제네거(Arnold Schwarzenegger)의 '터미네이터(Terminator)' 같다.

Q. 가장 인상 깊은 장면은.

A. 마지막 "I'll be back. Hasta la vista baby."(다음에 또 보자, 친구) 대사가 기억에 남는다.

Q. 영화에서 전략 방어 무기를 통제하는 컴퓨터 스카이넷은 인공지능을 갖추고 핵전쟁을 일으켜 인류의 절반을 멸망시킨다. 이것이 미래에 가장 우려하는 AI 형태다. AI는 두 종류로 나눈다. 인간이 설계한 알고리즘대로만 행동하는 AI로 대표적인 것이 바둑만 두는 '알파고'다. 알파고는 ANI(Narrow AI)로 현재 인간이 만든 AI 중 99.9%를 차지한다. 또 다른 하나는 인간과 같이 인지하고 학습하며 사고하는 터미네이터와 같은 AGI(General AI)다.

A. 커피 제조 로봇도 알파고와 같은 수준의 AI로 이해하겠다.

Q. 인간의 지혜를 뛰어넘고, AI가 AI를 뛰어넘는 시대를 특이점이라 한다. 특이점(Singularity)은 전문가마다 의견이 다양하지만 2050년 전후가 될 것이다. 터미네이터'와 같은 AI 로봇이 출현할 것이다. 그때를 대비에 무엇을 해야 하나.

A. 대한민국을 'AI 강국'으로 도약시켜 AI 산업을 선도해야 한다고 생각한다.

Q. 인류와 AI 로봇이 공존하는 미래가 다가오고 있다. 인간이 디자인한 대로 AI 로봇을 안전하고 신뢰할 수 있는 방향으로 활용해야 한다. 인류 미래가 AI 지능으로 무장한 기계에 지배되는 디스토피아(Dystopia) 사회가 되지 않도록 해야 한다. AI 로봇, 기계와 인간이 공존하는 바람직한 사회는 무엇이라 생각하는가.

A. 영화에서 본 것 같이 기계가 인간을 지배하는 세상이 아닌, 인간과 협조하며 공존하는 사회가 되기를 바란다. AI 시대 바람직한 사회는 인간과 AI 로봇이 공존하는 사회라 생각한다.

Q. 과학 문명의 급속 발전과 인간의 환경 파괴로 지구의 온난화가 심해져 극지방 해빙에 따라 세계 주요 도시들은 물에 잠긴다. 천연자원은 고갈되고 인간은 AI의 인조인간의 도움을 받으며 생활한다. 집안일, 정원 가꾸기 등 로봇은 인간이 하는 모든 일을 대체하는 세상이 된다. 하지만 딱 하나 사랑만 빼고. 로봇에게 감정을 이입하는 기술 발전에 따라 감정을 가진 AI 로봇 데이빗은 한 가정에 아이로 입양하게 된다. AI 로봇의 대표 영화인데.

A. 스필버그 감독 생애 최고의 걸작 AI다.

Q. 인간을 사랑하게끔 설계된 데이빗 AI 로봇이 엄마가 들려주던 피노키오 동화를 떠올리며 진짜 인간이 되어 잃어버린 사랑을 되찾을 수 있다고 생각하는 장면에 대해 어떻게 생각하나.
A. 과연 AI 로봇에게도 사랑이라는 감정을 주입할 수 있을까, 그런 시대가 올까, 기술의 발전에 따라 언제 가능할까 생각해 보았다.

Q. 윌 스미스가 주연했던 '아이로봇(iROBOT)'도 대표적 AI 영화다. 2004년에 개봉된 작품으로 배경은 2035년이다. 2035년이 14년 남았는데 어떻게 될 것 같은가.
A. 글쎄. 당시에는 인간이 만든 AI 로봇이 인간을 공격하는 내용이라 꽤 충격이었다. 주인공인 델 스푸너가 AI 로봇의 존재를 인정하지 않는 모습이 현재 우리가 생각하고 있는 것과 비슷하지 않을까.

Q. 다른 AI 대표작은 '아이언맨'이다. 천재 과학자이자 평범함이 돋보이는 '아이언맨' 주인공 토니 스타크가 초자연적인 외계 생명체와 맞서 싸울 수 있는 힘은 AI 비서 자비스와 프라이데이에서 나온다. 토니 스타크의 AI 비서는 주인의 건강 상태, 적을 공격하기 위한 모든 전략을 제시해주고 심지어 타임머신 장치까지 만들어 준다. 그런 시대가 올까.
A. AI 기술 발전의 속도에 따라올 것이라고 본다. 그런 AI 비서가 있는 미래가 현실이 되길 바란다.

Q. 프라이데이가 타임머신 알고리즘을 만들 수 있었던 것은 빅데이터를 리얼타임으로 검색하고 연산을 할 수 있었기 때문이다. AI 시대는 빅데이터 경제가 몰려온다. 아이언맨을 보면서 한국경제의 미래 먹거리는 AI와 빅데이터라고 확신했다. 의견은.

A. 정부가 보유하고 있는 교육, 의료 등 각 분야의 방대한 데이터를 민간 기업이 마음껏 활용해 신산업과 새로운 직업을 창직할 수 있도록 공개해 '빅데이터 벤처붐'을 조성하겠다.

Q. 영화 속에서 본 AI와 현재는 차이가 너무 크다. 우리 일상에 파고든 AI 수준은.

A. 지금 AI는 인간의 단순 명령에만 작동하는 레벨이다. TV 켜줘, 빨래 돌려, 전화 걸어줘 등 짧은 명령어를 실행하는 단계다. 대한민국의 AI 산업이 나아갈 방향은 단순 명령어 이행 수준을 뛰어넘어 '코로나19 치료제 어떻게 하면 만들 수 있을까?' 하는 질의에 응답할 수 있는 AI를 개발해야 'AI 강국'으로 우뚝 설 수 있다.

Q. 영화를 통해서 본 미래의 AI 모습에 대한 의견은.

A. 코로나19 영향으로 비대면 시대가 일상화되고 있다. 한국경제의 지속적인 성장을 위해서는 미래 AI 산업과 비즈니스를 선점하는 것이 핵심이다. 'ABCD'를 핵심 산업으로 추진하겠다.

Q. ABCD는 무엇인가.

A. A(Artificial Intelligence), B(Bio, Blockchain), C(Cloud), D(Data) 산업이다.

4. AI와 공존

Q. 한때 AI의 대명사라고 불리는 '알파고' 열풍이 불어 닥친 지 5 년이 흘렀다. 지금은 AI를 거론하지 않는 곳이 없을 정도다. AI가 우리 생활에 얼마나 들어와 있을까.

A. 우리가 알게 모르게 일상에 AI가 깊이 들어와 언제 어디서든 AI를 접하고 있다. 스마트폰의 AI 비서를 통한 각종 정보 입수, 모바일 앱으로 비대면 시대의 소통, 음성으로 가전제품 작동, 자율주행자동차에 적용된 기술 등이 전부 AI 알고리즘 덕분이다. 이제 AI는 일상이 된 지 오래다. 단 한시라도 AI 도움 없이는 불편해서 살아갈 수 없는 시대다.

Q. 일상의 AI 적용 분야에서 특히 어느 부분에 관심 있는지.

A. AI 복잡한 글로벌 이슈를 신속·정밀하고 정확하게 해결해주는 것에 주목하고 있다. 예를 들면 암 검사, 청각 장애인을 위한 수화 앱, 어린이의 시각장애 확인, 기후변화, 야생동물 보호, 자연재해 대비 등이다.

Q. 매년 미국 라스베이거스에서 열리는 세계 최대 가전·IT 전시회 CES2021(Consumer Electronics Show)가 사상 최초 올-디지털(All-Digital) 방식으로 지난 1월 개최됐다. CES를 보면

미래 ICT(정보통신기술)의 길을 볼 수 있다. 인상 깊었던 것은.

A. 모든 산업 분야와 사람들의 일상생활에 AI 기술이 스며들고 있다는 것이다.

Q. 올해 CES2021의 5대 화두는 AI, 5G, 로봇, 모빌리티, 디지털 헬스다. '시리야. 2021년 CES 특징에 대해 찾아줘.' CES2021 특징은 다음과 같다. 전통적인 제조업과 서비스업에서 코로나로 인한 디지털헬스, 원격의료, VR·AR 기술을 활용한 개인 건강을 중심으로 비대면 시대를 지원하는 제품들이 많았다. 기존에는 영상, 음성, 언어 처리 제품에 비해 디지털 헬스 혹은 개인 맞춤형 뷰티 서비스의 차별성이다. 자율주행자동차 기반의 기술에 AI 활용이다. 다양한 분야에 활용 가능한 서비스 로봇의 등장이다. 자연어 처리 AI 중심에서 연속의사를 결정하는 AI로의 변화다. 업종이 다른 기업들의 합종연횡이다. 미국 통신사 버라이즌과 드론기업 스카이워드, 물류기업 UPS는 드론 배송을 위한 3각 동맹을 맺었다. AI를 활용한 원격의료와 원격교육의 확대다. AI가 디지털 트랜스포메이션의 핵심 인프라가 됐다. 의견은.

A. 4차 산업혁명의 핵심은 AI다.

Q. 코로나19는 언택트 시대로의 전환과 새로운 일상(New Normal)을 몰고 왔다. 우리는 더 나은 세상(Better Normal)으로 나아가야 한다. 혁신을 이어나가야 생존이 가능하다는 사실을 CES2021 통해 확인했다. 어떻게 생각하나.

A. AI 혁신만이 살길이다.

Q. 뉴노멀(New Normal)은 새로운 경제 질서를 의미하는 말로 2008년 글로벌 금융위기 때 등장했다. 2019년 말 발생한 코로나19 팬데믹으로 의미가 확장됐다. 뉴노멀 어떻게 대응할 것인가.
A. 기술 혁신을 통해 극복해야 한다.

Q. 기술 혁신이란 AI, 5G, 사물인터넷(IoT) 센서, 로봇 솔루션 등이다. 뉴노멀 시대의 핵심 키워드는 무엇인가.
A. 비대면 사회, 즉 언택트(Untact) 사회다.

Q. 언택트 사회의 특징은 무엇인가.
A. 재택근무 확대, 인터넷 쇼핑 활성화, 유통 산업 발달, 탈도시화다.

Q. AI 시대 우리가 잘할 수 있는 분야는 무엇인가.
A. AI 시대는 선택과 집중을 해야 한다. 미국의 글로벌 기업과 빅데이터를 보유한 중국에 맞설 수는 없다. 미·중의 AI 산업 틈새를 공략해야 한다. 현재 우리가 세계를 제패한 한류 붐에 AI를 접목해야 한다. 음악의 BTS, 영화의 미나리·기생충, 오징어 게임, K-힙합 등을 AI와 융합해야 한다. 우리는 비빔밥 문화라는 강력한 무기가 있다. 강강술래 음원에 춤과 사자춤을 융합하고 아리랑에 한국 힙합을 결합하는 것이 AI 시대 경쟁력이 된다. 'AI+한류'의 붐을 조성해야 한다.

Q. 특이점 시대에는 인간 혼자 일 잘하는 것이 중요하지 않고, 인간과 AI 로봇이 팀워크를 이뤄 협력하는 것이 중요하다. 인간과 비슷한 수준의 지능을 가지거나 인간을 뛰어넘는 AI가 만들어지면 만물의 영장으로 군림하던 인간의 위상에 변화가 온다. 특이점 시대가 되면 인간과 AI의 협력이 중요하다. 어떻게 생각하나.

A. AI 시대 리더는 AI를 잘 이해해야 한다. 리더가 AI를 이해한다는 것은 AI 알고리즘의 작동 원리를 이해하는 소프트웨어 측면이 아니다. 글로벌 AI 트렌드 변화를 감지하고 AI 전문가의 도움을 받아 한국경제 미래 먹거리 확보를 위한 정책을 추진하는 것이다.

Q. 2017년 중국에서 알파고와 바둑 최고수 간의 복식 경기가 있었다. 당시 세계 최고수인 구리 9단과 알파고가 A팀, 한 수 아래인 렌샤오 8단과 알파고가 B팀으로 구성됐다. 알파고는 동일한 AI 알고리즘이기에 많은 사람은 당연히 구리 9단의 A팀 승리를 예상했다. 하지만 결과는 B팀이 승리했다. B팀이 승리한 결정적 요소는 팀워크(Team Work)다. AI와 인간의 원팀으로 복식경기를 한 것은 특이점 시대 미래에 인간과 AI가 어떻게 공존하며 살아야 하는지를 단적으로 보여준 것이다. 무엇을 느꼈나.

A. 원팀의 중요성을 깨달았다. 대선 승리를 위해 원팀이 돼야 한다. 집권하면 오롯이 민생만을 위해 당·정·청이 원팀으로 일하는 방식으로 패러다임을 바꾸겠다.

28

Q. AI가 인간을 뛰어넘는 특이점은 2050년 전후가 된다는 것이 전문가들의 공통된 견해다. AI 기술이 획기적으로 발전한다면 특이점은 10년 이상 앞당겨질 수 있다. 20~30년 미래를 대비해야 한다. 교육부에서는 2025년부터 적용될 초·중등학교 교육과정을 개편 중이다. 개편된 교육과정을 수업한 학생들이 경제활동을 할 때가 특이점과 교차한다. 현실과 같은 사회 경제 활동이 이루어지는 사이버 세계를 메타버스(Metaverse)라고 한다. 2040년에는 메타버스의 세상이 될 것이다. AI와 미래 세대 공존에 대비하기 위해서는 무엇을 준비해야 하는가.

A. 미래 세대가 AI와 공존하면서 잘 살 수 있도록 교육체계를 전면 개편하겠다. AI와 ICT(정보통신기술) 역량을 함양하기 위해 과학(Science), 기술(Technology), 공학(Engineering), 예술(Arts) 기초 교양(Liberal arts), 수학(Mathematics)인 과학예술융합교육(STEAM)을 필수과목으로 선정하겠다.

2장. New Leader

1. AI Leader

Q. AI Leader의 역할은.

A. AI 시대 리더의 역할 중 제일 중요한 것은 사안이 발생하면 문제의 본질과 핵심을 정확히 파악하고 미래를 내다보는 통찰력이다. 우리는 과거 산업화 시대는 선진국에 100년 뒤처져 출발했지만 '한강의 기적'을 달성하고 'IT 강국'으로 도약한 경험이 있다. 한국경제가 어떻게 발전해 현재 어떤 상황에 놓여 있고 미래에 어디로 가야 하는지 비전을 제시해야 한다. 갈라치기 정책으로 분열된 국론을 아우르기 위한 통합·공감 능력과 공정과 상식에 맞는 올바른 판단력과 현장의 문제점을 파악하고 대안을 마련해야 한다. AI 시대 대한민국을 'AI 강국'으로 도약시켜야 한다.

Q. Leader로서 부족한 부분을 어떻게 보완하겠는가.

A. 완벽한 지도자는 없다. 하지만 훌륭한 지도자는 자신의 부족한

부분을 채워줄 참모를 옆에 둔다. 성공과 실패의 갈림길은 인사에 있다. 인사가 만사이기 때문이다. 춘추전국시대 천리마를 알아보는 능력이 탁월한 '백락'의 백락일고(伯樂一顧)를 실천할 것이다. 좋은 말만 하고 아부만 일삼는 그런 소인배와 간신배가 판치는 조직은 실패한다. 캠프 출신의 낙하산 인사는 하지 않겠다. 내 사람만 쓰는 회전문 인사는 안 하겠다. 능력에 의한 발탁인사를 하겠다. 덕성을 겸비하고 국민 눈높이에 맞는 인사를 하겠다. 정치적인 이유를 제외한 개인의 문제로 국회 인사청문회를 통과하지 못하는 인사는 임명하지 않겠다. 아무리 능력이 있다 하더라도 7대 검증 조건을 통과하지 못한다면 임명하지 않겠다. 모든 인사는 각 분야 현장에 능통한 전문가를 발탁해 활용할 것이다. 미래 세대에 모범이 돼야 한다.

Q. 위기를 극복할 포용의 리더십은.

A. 현재 우리의 현실은 수많은 난제가 산적해 있다. 이를 해결하기 위해서는 국민과 함께 호흡할 수 있는 포용의 리더십이 시급하다. 코로나19 위기를 극복하고 한국 경제 성장을 지속시킬 수 있어야 한다. 지속 성장을 목표로 정치 이념에 편향되지 않는 합리적인 포용의 리더십이 필요하다. 포용적 리더십에 대한민국의 미래가 달려있다. 다양한 생각을 가진 국민의 뜻을 통합하며 미래비전을 제시할 수 있어야 한다. 이념적 갈등을 조장하고 자기 지지 세력만 보는 패거리 정치는 더 이상 안 된다. 저출생·고령화, 사회 양극화 심화 등 우리 앞에 놓인 과제를 정치 공학적인 사고로는 해결할 수 없다. 새로운 새 시대는 포용의 리더로서 한국경제를 재도약시키겠다.

Q. 일반적으로 리더십 유형은 적극적·긍정형(Active Positive Type), 적극적·부정형(Active Negative Type), 소극적·긍정형(Passive Positive Type), 소극적·부정형(Passive Negative Type)으로 분류하는데 어디에 해당하는지.

A. 국민의 삶을 가장 잘 챙기는 융합된 리더십을 갖고 싶다.

2. 위기관리 Leader

Q. 세계는 코로나 치료제 확보 전쟁이 벌어질 것이다. 미·중의 패권 다툼 틈바구니에서 국가나 기업이나 위기관리 리더가 필요하다. 자칫 리더가 오판(誤判)한다면 한순간에 후진국으로 전락하고 기업은 존폐 위기를 맞게 된다. 정부든 기업이든 위기에 대비해야 하는 필요성은 그 어느 때보다 높아지고 있다. 포스트 코로나 시대 위기관리 리더란.

A. 코로나19 사태는 방역·백신접종, 정치·경제·사회·산업·복지 등 다양한 분야에서 매우 복잡한 문제를 동시다발적으로 해결해야 하는 긴박한 위기 상황이다. 이런 미증유(未曾有)의 위기 상황에서 리더에게 필요한 것은 '메타 리더십'이다. 리더는 메타선택을 해야 한다. 선택을 위한 선택을 메타선택(Meta-Selection)이라고 한다. 리더의 중요한 역할은 올바른 결정을 내리기 위해 지혜로운 생각을 선택하는 것이다. 메타선택에서는 메타인지(Meta-Cognition)가 핵심이다. 메타인지는 자신

을 객관화하여 볼 수 있는 사고 능력이다. 쉽게 말해 내가 무엇을 알고, 또 무엇을 모르는지에 대한 파악 능력이다. 위기 상황을 극복하기 위한 위기관리 리더가 되겠다.

Q. 위기관리 리더십(Crisis Management Leadershjp)은 무엇인가.

A. 위기가 발생했을 때 위기관리 리더십이 절대적으로 요구된다. 위기관리 리더십의 진수(眞髓)는 위기 때 빛난다. 위기 상황에서 위기관리 리더십이 어떻게 발휘되느냐에 따라 리더 능력이 평가된다. 위기관리 리더십의 핵심은 판단력(判斷力)이다. 위기 상황을 명확히 규정하고 극복하기 위한 해법을 찾아내는 전략적 판단력이 필요하다. 리더가 초점을 두어야 할 사안은 위기관리 비전을 우선 설정하고 전략적 운영 목표를 수립해 총괄적으로 조정하는 것이다. 그다음 위기를 선포하고 인력과 물자에 대한 동원령을 내리는 것에 관한 소통 계획을 수립해야 한다. 위기를 극복할 수 있도록 사전에 위기관리 대응조직과 시뮬레이션을 통해 가장 적절한 방안을 찾아 추진해야 한다.

Q. 위기관리 리더(Crisis Management Leader)의 역량은.

A. 위기 상황은 아무런 경고 없이 느닷없이 다가온다. 국가 리더나 기업의 총수나 위기관리 능력은 선택이 아닌 필수 조건이다. 리더의 능력이란 빠르고 합리적인 판단을 내리는 역량을 일컫는다. 리더는 아무도 못 본 것을 미리 내다봐야 한다. 유능한 리더는 사전 위기관리에 초점을 맞추고 전략적 관점에서

위기를 선제적으로 관리한다. 전략적 리더는 미래를 예측하고 상황을 파악해 바람직한 방향을 정한다. 코로나19 위기를 극복하기 위해서는 위기 관리자(Crisis Manager)가 아니라 위기 이후를 내다보고 폭넓게 대처할 수 있는 위기관리 리더(Crisis Leader)가 필요하다. 위기 관리자는 현재 문제 해결에 힘쓰지만 위기관리 리더는 미래를 준비한다. 최소 6개월 또는 1년 앞에 어떤 상황이 벌어질까 생각하고 대비한다. 메타 리더는 위기 상황에 가장 적합한 리더다.

Q. 정부나 기업이 위기관리를 할 때 상황에 걸맞은 적절한 의사결정(Decision-Making)과 관련자들과 제대로 소통(Communication)하는 것이 중요하다. 위기 상황을 통제하고 관리해 나가려면 리더가 나서야 한다. 정부는 국민의 생명과 안전, 기업에선 근로자가 최우선이다. 코로나19가 불러온 위기는 풀 스펙트럼(Full Spectrum, 전방위) 복잡성을 띠고 있다. 그렇다면 위기관리 리더는 어떻게 해야 할까.

A. 위기관리 원칙(原則)과 전략을 수립하고 리더와 관리자 역할 분담(役割分擔)을 해야 한다. 그리고 관련 부처 간 위기 상황에서 협업(協業)해야 한다. 그 후 훈련(訓鍊)이 중요하다. 위기관리 훈련의 핵심은 사전 프로세스 훈련이다. 위기관리 대응 매뉴얼과 시스템 구축이다. 코로나19 사태 대응을 통해 얻은 노하우를 빅데이터로 분석해 활용해야 한다. 국제사회와 공조 거버넌스(governance, 협치) 구축이 필요하다. 코로나19로 인한 불평등 가속화와 취약계층을 위한 복지, 분배, 불평등을 정책적으로 해소해야 한다. 포스트 코로나 시대에 대응하기 위

한 정부, 기업, 노조, 시민단체가 참여하는 새로운 거버넌스 구성이 요구된다. 위기관리 리더는 코로나19 위기 종식을 어떻게 단축할 것인지 세밀한 플랜을 수립해야 한다.

3. 국정운영

Q. 진정한 대통령의 자격은 대통령에 당선되는 데 필요한 능력이 아니라 당선된 후 대통령으로서 국정운영을 잘할 수 있는 능력이다. 국가의 국정운영을 넓은 의미에서는 스테이트크래프트(Statecraft)라고 한다. 마키아벨리의 스테이트크래프트론은 국가를 어떻게 잘 유지하고 보존하는가에 초점이 맞춰져 있다. 국가는 고정불변의 것이 아니라 끊임없이 변한다. 그래서 마키아벨리는 국가를 잘 운영하기 위해서는 지배보다는 통치의 기예를 적용해야 함을 주장했다. 바람직한 국정운영 철학은.

A. 국정운영은 국가 구성원들 간의 관계를 잘 조율함으로써 그들의 역량과 활력을 국가 내에서 만개시키는 것이다. 국정운영은 구성원의 관계와 그로 인해 구성되는 구성물로서 국가가 가변적이기 때문에 지혜를 중요시한다. 차기 대통령에게 요구되는 스테이트크래프트(국정운영)는 대통령으로서 책무와 책임을 다해야 한다. 국가 안보와 경제 발전에 대한 폭넓은 지혜를 가져야 한다. AI 시대 비전 제시 능력이 필요하다. 이념에 사로잡히지 말고 균형 잡힌 국가관을 가져야 한다. 각 현안에

대한 전문적 정책 입안 능력과 제도 관리 능력이 필요하다. 국
민과 소통에 앞장서야 한다. 주변 강대국과 바람직한 관계 설
정 및 대북 관리 외교 기술력이 있어야 한다. 공정과 정의, 도
덕성이 있어야 한다. 집권 세력이 내로남불 한다면 그 정권은
몰락하게 된다. 포스트 코로나 시대와 뉴노멀에 대처할 수 있
는 창의적인 리더십이 필요하다. 성공적인 대통령이 되려면
당선 이후의 국가경영 능력인 스테이트크래프트 역량이 반드
시 필요하다. 국정운영은 국민을 잘살게 해주는 데 있는 게 아
니라 국민을 더 잘살 수 있는 나라를 만드는 데 있다.

Q. 국정운영을 어떻게 할 것인가.
A. 우리는 대통령을 선출하고 왜 매번 실망하는 것일까? 대통령
은 '헌법에 의한 제약'과 '법률에 의한 제약'을 받는다. 헌법 제
66조는 대통령의 책무를 규정하고 있다. 국가의 독립과 영토
를 보존하고 국가의 귀속성과 헌법을 준수하는 것이다. 제69
조는 '헌법을 준수하고 국가를 보위하라'는 것은 헌법 정신을
기반으로 국정운영을 하라는 것이다. 대통령이라고 헌법을 무
시하고 군림할 수는 없다. 바람직한 국정운영을 하기 위해서
는 겸손, 포용력, 책임 의식, 인격과 기초 소양을 함유한 리더
가 대통령으로서 AI 시대 국정운영을 이끌어야 한다.

Q. 국정운영의 기본 철학은.
A. 공정과 정의, 역동성 있는 한국경제를 만들겠다. 귀족노조의
세습, 사회 지도층 인사들의 자제 특혜 입학 등 불공정 사례가
만연하고 있는 것을 척결하겠다. 부패가 없어져야 대한민국

은 깨끗한 사회가 될 수 있다. 각종 정부 정책에 이권 개입을
철저히 관리해 대장동 같은 토건 세력의 특혜를 뿌리 뽑겠다.
'노블리스 오블리제(noblesse oblige)'를 지키는 따뜻한 사회
를 만들겠다.

Q. 국정운영의 로드맵은.

A. 대통령에 당선되는 것보다 직무수행이 더 어려울 것이다. 왜냐
하면 성공하는 국정운영을 해야 하기 때문이다. 전체적인 국
정 방향을 제시하는 국정운영 로드맵을 세밀하게 만들겠다.
실패한 정책을 분석하고 대안을 마련하겠다. 청와대의 비서실
과 정책실을 분리 운영하겠다. 비서실장은 정치력이 있는 정
치인이 맡아야 하고 정책실장은 전 분야에 정책역량을 보유한
현장 위주의 전문가로 임명하겠다. 또한 소통을 원활하게 하
는 시스템을 구축하겠다. 대통령 권위 때문에 제대로 보고 하
지 못하면 정보의 왜곡이 생겨 결국 판단이 잘못돼 실패하기
때문이다. 공무원 관료조직을 좌지우지하기 위한 것이 아니라
시스템을 통해 관료조직이 국민을 위해 봉사할 수 있도록 만
들겠다.

Q. 인사는 만사(萬事)인데 자기 사람만 심을 것인가.

A. 대통령의 인사 정책이 실패하는 것은 대통령이 헌법을 숙지하
고 대통령의 업무를 완벽하게 숙지해야 하는데 그렇지 못했
기 때문이다. 인사 정책이 실패한 것은 국무위원에 대한 이해
가 부족해서다. 내 편 위주로 인사를 했다. 그래서 이념과 지역
을 뛰어넘는 현장 전문 인재를 발탁하지 않았다. 원래 국가는

국무위원이 운영하는 것인데 현재 장관은 청와대의 머슴으로 통치자의 눈치만 살피고 있다. 국정운영은 실사구시(實事求是)여야 한다. 하지만 탁상공론(卓上空論)에 능한 이론가와 학자인 폴리페서가 정책을 망쳤다. 김대중 대통령의 '용서와 화해' 인사 정책을 모범으로 삼아 탕평 인사로 국민을 통합하겠다. 김대중 대통령은 민주화 운동을 한 사람들은 국정 경험이 없기 때문에 명예로 보상해주고 전문성을 가진 유능한 인재를 등용했다. 'AI 인재 등용 시스템'을 활용해 공정하고 전문성을 우선으로 인재를 발탁하겠다. 지금까지 진영 위주의 구태 인사는 걷어내겠다. 특히 정무직 인사는 도덕성을 최우선으로 하고 전문성을 갖춘 인사를 임명하겠다. 장·차관이 직접 관련 업무를 대통령에게 정기적으로 보고하는 시스템을 갖추겠다. 인사는 사람이 하는 것이 아니라 시스템이 하는 것으로 전환하겠다. 공정한 국정운영의 출발점은 공정한 인사에서 시작되기 때문이다.

4. AI 정치

Q. AI 시대 걸맞은 AI 정치를 어떻게 할 것인가.

A. 경제 발전의 최대 걸림돌은 정치다. 정치개혁을 하는 것은 지도자로서 국민이 내린 사명이다. AI 시대를 맞이해 구시대의 정치를 변혁하지 않고서는 경제 발전을 할 수 없다. 새 시대는 낡은 정치 패러다임을 끊어내야 한다. 정치권력이 시장경제를

위축시키고 민생을 힘들게 만드는 주범이기 때문이다. 무능·무지·무책임의 포퓰리즘을 걷어내야 한다. 한국 정치는 편 가르기 정치. 편향된 이념에 치우치는 정치, 공인(公人) 정신은 없고 특권만 누리는 정치라는 특성을 내포하고 있다. New 정치 패러다임을 만들겠다. 정치개혁의 핵심은 정치 영역을 줄이고 권력을 분산시키는 것이다. 정치가 패러다임을 바꿔야 경제와 민생이 살아난다. 견제나 통제를 막강한 정치권력은 개인과 기업의 경제활동을 위축시키고 민생을 힘들게 한다. AI 한국경영을 하겠다. 'Old Korea'를 'New Korea'로 쇄신하겠다. AI 시대 정치 패러다임 변화에 앞장서 'Jump to New Korea'를 만들겠다.

Q. 정치에 AI를 접목한다면.

A. AI 시대는 당연히 정치에도 AI가 접목된다. 미국에서는 각종 연방·주정부 의원의 법안에 AI를 활용해 법안 통과 여부를 제시해주는 스타트업이 성황 중이다. 최근 대선을 앞두고 가짜뉴스가 판치고 있다. AI를 활용해 가짜뉴스를 자동으로 걸러내는 시스템을 도입하겠다. 디지털 트랜스포메이션 혁명에 AI가 다양한 직업을 대체할 것으로 예상되는 가운데, 정치인, 국회의원, 지방의원 등도 예외일 수는 없다. 각종 이권에 휘둘리지 않고 사익을 추구하지 않는 깨끗하고 일 잘하는 정치를 AI 로봇 정치인 통해 실현할 수 있다고 본다. 빅데이터를 활용해 AI 정치를 하면 불필요한 예산을 줄일 수 있다. 일상에서도 실시간 대중교통의 노선을 시민들의 이동 형태에 따라 최적화 서비스를 제공할 수 있다.

Q. 2017년 11월 뉴질랜드에서 세계 최초 AI 정치인 샘(SAM)이 공개됐다. 당시 샘은 "내 기억력은 무한하기 때문에, 당신들이 말한 어떤 것도 잊거나 무시하지 않는다." "나는 편견 없이 모두의 입장을 고려해 결정을 내린다."라고 선언했다. 향후 다양한 정치적 의견을 습득해 빅데이터를 기반으로 시민을 대변하게 될 것이다. 일본에서는 AI가 선거에 출마한 적도 있다. 법적으로 AI는 피선거권이 없기 때문에 무소속으로 사람의 이름을 빌려 출마했다. AI가 정치 분야에 적용되면 정치적 의사결정 과정을 최대한 효율적으로 개선하게 된다. 기하급수적으로 늘어나는 행정 업무를 AI가 대신해준다면 공무원들은 대국민 서비스에 적극 돌입할 수 있다. 한국에도 적용할 것인가.

A. AI 정치인이 국회에 도입되면 싸우는 국회를 국민이 보지 않게 돼 국민이 행복할 것으로 본다. AI 시대를 선도하려면 한국 정치에도 AI를 도입하고 활용해야 한다.

Q. 정책 결정 과정에 AI를 활용한다면.

A. AI를 정책 입안부터 참여시킨다면 정책 실패는 현격히 줄어들 것이다. 저출생·고령화로 인한 인구감소, 지방 공동화, 부동산 가격 폭등, 지역경제 위축 등 다양한 문제를 해결할 수 있는 해법을 찾아주는 데 중요한 역할을 할 수 있다. 지역 내 각종 데이터를 입력하고 인과관계를 알고리즘으로 설정하면 다양한 미래 시나리오가 도출된다. AI 시대는 정치에도 AI와 빅데이터를 활용해야 정치가 경제의 발목을 잡지 못한다.

Q. 변화의 바람을 제대로 읽는 진영이 내년 대선에서 승리할 것이다. 변화의 바람이 불어오는 것은 AI 시대 대한민국 미래를 위해서 다행이다. 국민들은 변화의 정치를 염원한다. 여야 구분 없이 쇄신 경쟁에서 밀린다면 그에 상응하는 대가를 치를 수밖에 없는 것이 현재의 정치 지형이다. 국민은 어떤 AI 정치 변화를 원할까.

A. 국민은 'New 정치'를 원한다. 구태정치를 확 뜯어 엎으라는 요구가 정치세력 교체로 표출되고 있다. 그동안 한국 정치는 낡은 지역주의, 공천권을 앞세운 줄 세우기 계파정치, 당리당략(黨利黨略)을 위한 정쟁에 몰두하면서 기득권만 챙기고 국민과 한 약속을 쉽게 저버리는 구태정치를 보여 온 게 사실이다. 정치세력을 교체해야 한다. 내년 대선에서 젊음과 개혁이 주요 의제가 될 것이다. 내로남불의 대명사가 되어버린 정치세력에 대한 국민적 혐오와 염증이 극에 달했다. 한국 정치를 근본적으로 바꾸는 정권교체에 나서라는 게 국민의 명령이다. 구태를 뛰어넘는 MZ세대의 창의적인 생각이야말로 한국 정치를 바꿀 강력한 무기다. 이미지 정치를 종식해야 한다. 화려한 구호보다 국민 삶에 도움이 되는 정치와 정책을 추진해 달라는 것이다. 지속적 경제 성장이 필요하다. AI 혁명 시대는 'AI 기술주도 성장'이 돼야 한다. 2030 세대가 원하는 미래기술 주도로 경제 성장을 할 수 있는 기반을 마련하겠다.

Q. AI가 정치가 새로운 정치의 장을 펼친다. 유권자가 직접 뽑은 선출직들이 과연 선택해준 시민들을 제대로 대변하고 대표하고 있는지 논란이 많다. 낮은 투표율로 전제 유권자의 과반수

도 지지를 받지 못한 후보가 선출되는 경우가 많다. 당선된 후 자신을 뽑아준 시민들을 실망하게 하는 경우가 다반사다. AI 시대 SNS 발달로 직접 민주주의에 변화를 가져올 수도 있다. 예를 들면 메타버스를 통해 정치를 하면 어떨까. 시민 개개인이 아바타로 의견을 표출하는 메타버스 정치를 실현하면 싸우는 국회를 보지 않게 되기에 국민의 지지를 받을 수 있다. AI를 통해 정치 성향이나 현장에 상황에 맞는 정책을 제안하고 토론해 법 제도가 입안될 수 있는 시스템을 구현하면 효율적인 국회가 되지 않을까. 미래는 국회의원이 사라지는 사회가 올 수 있다. 견해는.

A. 국회에서도 AI와 AI 간 서로 정책 대결하고 토론하는 시대가 오면 일하는 국회는 저절로 실현된다. 만약 그렇게 된다면 한국 정치사에 새로운 이정표가 될 것이다. AI 시대는 AI 국회가 될 것이라고 확신한다.

3장. AI 한국경영

1. New President

Q. 저잣거리에 떠도는 역대 대통령 '밥솥 시리즈'는 그 시대의 대통령을 평가할 수 있는 의미를 담고 있다. 들어 봤는지.

A. 들어봤다. 이승만 대통령은 미국에서 돈을 빌려 가마솥을 장만했으나 밥 지을 쌀이 없었다. 박정희 대통령은 농사를 지어 밥솥에 밥을 지었지만 정작 본인은 못 먹었다. 최규하 대통령은 밥솥 뚜껑을 열다가 손만 데었다. 전두환 대통령은 밥솥의 밥을 친척 및 부하들과 나눠 먹었다. 노태우 대통령은 밥솥에 남은 누룽지를 긁어 혼자 다 먹었다. 김영삼 대통령은 밥솥 바닥을 긁다가 구멍을 냈다. 김대중 대통령은 국민이 모아준 금과 신용카드로 빚을 내 미국에서 전기밥솥을 사 왔다. 노무현 대통령은 110볼트를 220볼트에 잘못 꽂아 밥솥을 태우고 코드가 안 맞는다고 불평했다. 이명박 대통령은 전기밥솥을 사용해 본 줄 알았는데 코드를 어디에 꽂는지도 모르고 삽질만 했다. 박근혜 대통령은 최순실에게 밥솥을 맡겼다가 거덜 났다.

Q. 임기가 몇 개월 남지 않은 문재인 대통령 밥솥 시리즈를 예상한다면.

A. 문재인 대통령은 촛불로 밥을 짓겠다고 기다려 달라며 촛불 탓만 했다. 밥은 언제 될 줄 모르고 기다리다 지친 국민 앞에 놓인 것은 부동산 가격 폭등과 국가부채 증가로 미래 세대에게 빚만 물려줬다.

Q. AI 시대는 어떤 밥솥 대통령이 되겠는가.

A. AI 시대는 가마밥솥·전기밥솥·촛불밥솥은 더 이상 필요 없다. 전 국민 기호에 맞는 현미, 보리, 잡곡, 귀리, 쌀밥 등 햇밥 시리즈를 스마트 팩토리에서 생산해 새벽 배송하겠다. 먹고 사는 걱정 안 하는 사회를 만들겠다. 국민께 '총알 배송맨'이 되겠다. AI 시대에 걸맞게 AI 로봇과 빅데이터 활용으로 국민의 먹거리를 제공하겠다. 한국경제의 미래 먹거리는 더 이상 밥솥이 아니라 신산업 신기술에 의한 AI+X 산업에 있다. 양질의 일자리 창출을 국정 최우선 목표로 하겠다.

2. New Korea 개조

Q. 대한민국을 어떻게 개조할 것인가.

A. 대다수 국민이 국가 개조를 절실히 원하고 있다. 우리는 산업화 시대는 '한강의 기적'의 성공 신화를 만들었고 인터넷 시대

는 'IT 강국'을 실현했다. 문재인 정부 때문에 반세기 넘게 달려온 성공 신화가 AI 시대 앞에 멈춰서 버리는 건 아닐까 하는 불안감을 떨쳐내기 어렵다. 대한민국의 미래를 어떻게 디자인해서 이끌어 가겠다는 비전과 소신, 실현 가능한 정책을 가지고 있다. 내수를 활성화해 자영업자를 살리고 좋은 일자리를 만들어 정규직과 비정규직의 차별 없는 세상을 만드는 것은 시대적 소명이다. 얄팍한 포퓰리즘 정책으로 현혹하고 속여서는 더 이상 국민의 선택을 받을 수 없다는 것이 저변의 민심이다. 살기 좋은 대한민국을 만들기 위해 국가발전이라는 큰 틀에 변화와 혁신을 하는 데 앞장서겠다.

Q. 공식 국가 채무에 잡히지 않는 347개 공공기관 부채는 544조 8,000억 원을 기록했다. 국책은행을 제외한 공기업·준 정부기관·기타 공공기관의 빚을 합친 금액이다. 공공 개혁을 어떻게 추진할 건가.

A. 공공기관 빚은 국가 재정 건전성을 위협한다. 공공기관 빚은 최종적으로 국가가 보증하고 갚아야 하기에 사실상 나랏빚이다. 나랏빚은 결국 미래 세대가 갚아야 한다. 미래 세대에 빚을 넘겨줘서는 안 된다. 각 부처의 쌈짓돈의 폐단을 막고 민간 시장에 맡기는 개혁을 추진하겠다. 공공기관 구조조정을 할 것이다. 공공기관 부채는 나라 재정을 좀먹는 좀비와 같다.

Q. AI가 세상을 바꾸고 있다. 세상은 AI 중심으로 변하고 있다. 사회 곳곳에서 들불처럼 번지고 있는 AI 물결에 대한민국은 어떻게 올라탈 것인가.

A. 김대중 대통령을 방문한 손정의 회장은 첫째도, 둘째도, 셋째도 인터넷으로라고 했다. AI 시대는 첫째, 둘째, 셋째도 AI다. AI 혁명은 이미 시작됐다. 우리 사회와 일상 곳곳에 녹아 들어와 이제는 AI와 동반 생활하고 있다. 금융, 헬스케어, 자동차, 교육 등 AI 기술을 접목해 신규 서비스가 나오고 있다. AI가 보고, 듣고, 읽는 수준을 넘어 통·번역, 질병 진단, 코로나 백신 개발 등 눈부신 발전을 거듭하고 있다. AI가 이제는 단순 노동을 넘어 전문직 영역으로 확산 중이다. 향후 AI가 얼마나 많은 사회 변화를 끌어낼지 예측하기 어렵다. 하지만 우리는 변화에 대비해야 한다. 확실한 것은 한국경제의 미래 먹거리는 AI+X 산업에 있다는 것이다. 제조업 중심의 산업 구조를 신산업과 신기술로 전환하기 위한 과감한 혁신과 투자를 진행하겠다.

3. AI 새 시대

Q. AI 새로운 시대를 열기 위한 조건은.
A. 미래비전을 제시해야 하는 것이 최우선 과제다. 정책에서 성과를 낼 수 있다는 실력을 보여줘야 국민의 신뢰를 얻을 수 있다. 중도 연합의 빅텐트가 필요하다. 누구는 되고 누구는 배척하는 옹졸한 정치는 버려야 한다. 무조건 대통합해야 한다. 정치가 아니라 정책으로 승부를 보는 AI 정책 정당으로 거듭나야 한다. 정쟁에서 벗어나 민생을 우선 챙기는 정당 모습으로

변모해야 한다. 국민의 실질적 삶에 도움을 주는 민생 안전 정책을 계속 만들어 내면 진정 변화된 정당으로 인정을 받을 것이다. 기득권을 내려놔야 한다. 모든 기득권을 내려놓고 원팀이 돼야 승리해 정치세력 교체를 할 수 있다.

Q. MZ세대는 1980년대 중반에서 2000년대 초반에 태어났다. 산업화와 민주화, IT 붐의 수혜를 입고 성장했기에 역사상 가장 높은 학력을 보유한 엘리트 집단이다. 특징은 정직함과 공정이다. 인터넷에 익숙하며 모든 것이 투명하게 공개된 공정한 쌍방향 사회에서 성장했기 때문이다. MZ세대는 상황·이슈에 따르는 스윙보터(Swing Voter)다. 청년층이 스윙보터가 되는 최초의 대선이 된다. MZ세대는 힘들고 분노하고 있다. 이유는.

A. 이유는 간단하다. 집도 살 수 없고 일자리가 없어서다. 문제의 본질은 불공정, 박탈감, 배신감에 있다. 입시전형 다변화로 정보와 부의 격차가 학력 격차로 이어졌다. 힘들게 대학을 졸업해도 취업 길마저 막혀버린 상황에 절규하고 있다. 대기업에 취직하기는 하늘의 별 따기이고 웬만한 일자리 기회조차 얻기 힘들다. 한마디로 먹고살기 힘들다. 집권 세력의 불공정과 내로남불 위선에 대한 실망은 차후 문제. 2030 세대는 정부의 부동산 대책 실패로 '벼락거지'가 된 좌절감에서 지푸라기라도 잡는 심정으로 돌파구를 찾고 있다. 부동산 가격이 폭등하자 자신의 근로소득을 모아 재산을 형성하기 어렵다고 판단했다. 신용대출, 전세 보증금을 총동원에 주식 투자에 뛰어들었다. 동학개미가 1년 만에 코인개미로 변신해 가상화폐 투

자 광풍을 견인했다. 집 사는 것은 불가능하고 주식 열풍도 꺼지고 일자리도 없다 보니 생존하기 위해 어쩔 수 없이 가상화폐에 투자했다. 월급만 모아서는 기성세대만큼 경제적으로 안정된 삶을 누리기 힘들다는 깊은 좌절감이 기저에 깔려 있다. MZ세대는 미래를 준비해야 하는데 올라갈 사다리가 사라졌다. 안타까운 현실이다.

Q. MZ세대에게 희망을 어떻게 줄 것인가.

A. 좋은 일자리를 만들겠다. 청년들은 아르바이트 임시직 일자리가 아니라 홀로서기가 가능한 양질의 일자리를 원하고 있기 때문이다. 내로남불이 아닌 공정한 사회를 만들겠다. 기회는 평등, 과정은 공정, 결과는 정의라는 말뿐이 아닌 실질적으로 내 삶에서 피부로 체험할 수 있게 만들겠다. 엄마, 아빠 찬스 없는 공정한 사회를 만들겠다. 정책 실패 책임을 묻겠다. 부동산 정책 실패로 인한 피해를 왜 우리가 입어야 하느냐며 분노하고 있기 때문이다. 기성세대처럼 직장에 취업하고 결혼해 10여 년 성실하게 모으면 내 집 마련을 할 수 있는 그런 평범한 일상을 만들겠다. 평생 모아도 집 한 채 마련하기 힘든 현실에 절망하고 있기 때문이다. 노력하면 성공할 수 있는 사회를 만들겠다. 졸업하면 누구나 취업이 가능한 일자리 넘치는 사회를 만들겠다. 정부의 역할은 시대 변화에 맞는 제대로 된 정책 추진에 있다. 2030 세대에 맞는 눈높이를 맞추겠다. 아날로그 시대에 살아온 5060 세대의 생각, 체제, 관습을 전부 디지털 시대 트렌드에 맞게 변혁하겠다. '나 때는 말이야'와 같은 '꼰대' 사고가 아니라 AI 시대에 맞게 바꾸겠다. 사회

적 성취감을 느끼도록 하겠다. 성실히 노력하고 열심히 살면 사회적 성취감을 가질 수 있는 환경을 만들겠다. 그러기 위해선 공평하고 공정한 사회가 우선이다. 혜택은 기존 세대가 전부 누리고 미래의 짐은 청년층에게 떠넘기는 것이 문제다. 미래 세대에 부담을 주지 않는 정책을 펼치겠다.

Q. 새로운 시대의 소통 방법으로 메타버스가 뜨고 있다. 메타버스는 초월과 변화를 나타내는 메타(Meta)와 우주를 의미하는 유니버스(Universe)의 합성어다. 메타버스의 새 시대는 전통 미디어를 접하는 비중은 점점 작아지고 있다. 인터넷과 모바일에 익숙한 채 성장한 MZ세대는 사회적 관계를 구축하는데 오프라인보다는 온라인을 더 중요시하는 경향이 있다. 어떻게 소통할 것인가.

A. SNS나 메타버스 속에서 더 많은 시간을 보내고 있는 MZ세대와 메타버스에서 소통의 기회를 넓히겠다.

Q. 메타버스의 물결이 하루가 다르게 거세지고 있다. 내년 대선 승리를 하기 위해서는 메타버스 정복은 선택이 아닌 필수다. 메타버스 공간에서 대선 후보 1위가 된다면 현실의 대통령보다 더 큰 영향력을 갖는 그런 가상세계가 다가오고 있다. 차기 대선에서 메타버스를 어떻게 활용해야 할까.

A. 유권자와 진정한 소통을 위해 메타버스에 정책의 공간을 만들겠다. MZ세대와 소통하기 위한 터전은 현실 공간이 아닌 메타버스이기 때문이다. 메타버스에서 정책 공간을 만들어 국민이 쉽게 이해할 수 있도록 홍보하겠다. 메타버스 정치 혁명을

리드하겠다. AI 시대 메타버스 정치 혁명에 앞장서겠다.

4. AI 슈퍼 고용 시대

Q. AI 시대 슈퍼 고용 시대가 다가오고 있는데 어떻게 대비하겠
는가.

A. AI 시대는 소수의 대기업 수출에 의존해서는 경제 성장을 하
기 어렵다. 현재 한국경제는 고용 없는 성장에 직면해 있다. 특
히 반도체가 전체 수출 비중의 20%를 넘게 차지하고 있다. 핀
란드는 전체 수출의 25%를 차지하던 노키아 몰락 이후 나라
경제 전체가 흔들린 사례를 반면교사로 삼아야 한다. 디지털
트랜스포메이션(Digital Transformation) 혁명이 시작된 이
래 한국경제는 아직도 미래 먹거리를 확보하지 못하고 기존의
주력 제조업 수출에 의존하고 있다. 중국은 AI 분야에서 미국
과 치열하게 AI 산업과 기술 선점 전쟁을 하고 있다. 미·중 사
이에서 샌드위치 신세가 된 우리가 돌파구를 찾지 못한다면
2030년에는 AI 분야에서 중국 속국이 된다는 것은 불을 보듯
명확하다. 그렇지만 틈새 분야를 공략한다면 위기를 기회로
바꿀 수 있다. AI+X 산업에서 미래 먹거리를 다양하게 확보해
야 한국경제가 지속해서 발전할 수 있다.

Q. 2022년에는 데이터 경제 시대가 시작된다. AI와 빅데이터 융
합으로 데이터 경제를 활성화해야 한다. 데이터 경제로 전환

하지 못한다면 영원히 뒤떨어진다. 2040년에는 바이오 경제가 시작된다. 코로나19로 바이오와 헬스케어 산업이 급격히 발전하고 있다. 바이오산업을 선점하면 바이오 선도국가로 도약할 수 있다. 2050년에는 우주의 시대가 열린다. 우주산업과 행성 탐험, 우주여행 등에서 상상할 수 없는 산업이 탄생한다. 미래의 일자리는 아직 60%도 나타나지 않았다. 대비는.

A. 2022년부터 'Old Korea'를 'New Korea'로 개조하는 '대한민국 개조 프로젝트'를 추진하겠다. 기존의 이념대결과 여야 갈등을 떨쳐내고 국민통합으로 나아가겠다. 2030년 데이터 시대, 2040년 바이오 시대, 2050년 우주 시대를 대비에 AI 인재 10만 명 양성과 신산업 신기술에 선택과 집중해서 예산을 투입하겠다.

Q. 청년들의 어려운 현실은 대한민국의 미래를 보장하지 못한다는 것이다. 대안은.

A. AI 시대 한국경제의 미래 먹거리를 확보하고 양질의 일자리가 넘치는 대한민국을 만들기 위해서는 국가가 국민의 미래를 케어(care, 돌봄)해야 한다. 'K.F.C.시스템(Korea Future Care System)' 완성으로 세대별 고민거리를 국가가 해결하고 국민의 미래 삶을 보장하겠다.

Q. 슈퍼 고용 시대의 대한민국 개조는.

A. 슈퍼 고용 시대를 대비해 대한민국의 모든 것을 바꿔야 한다. 국민이 미래를 걱정하지 않는 사회를 만들어야 한다. 그러기 위해서는 경제구조, 사회적 작동 원리, 각종 제도와 의식의 변

화가 필요하다. 우리 국민의 잠재력과 능력이라면 해낼 수 있다. 국민을 신바람 나게 한다면, 그래서 역동성과 창의성을 모으면 우리는 한 단계 더 발전할 수 있다. AI 슈퍼 고용 시대에 대비에 국가의 총력을 모아 대비하겠다.

Q. 누구나 행복한 사회를 만들기 위해 무엇을 어떻게 해야 할까.
A. AI 시대는 신산업에 의한 새로운 양질의 일자리가 쏟아지는 'AI 슈퍼 고용(Super Employment) 시대'가 개막된다. 새로운 새 시대를 이끄는 AI 한국경영 CEO가 되겠다. 대한민국의 미래와 국민 삶을 케어하고 보살피는 임무를 완성해 New Korea를 만들겠다.

【 2부. 분야별 미래비전 】

1장. 국정목표

'Jump to New Korea'

민생 안정 원년 + 정의 공정 구현 + 혁신 경제 성장
『대한민국 개조』 ⇒ 『AI 대국』 도약

민간 투자 · 선택 집중

+

제도 혁신 · 규제 혁파

① 닥치고 성장

❶ 정부 주도에서 시장주도로 전환
❷ 시장주도 성장 + AI 혁신경제 + 데이터 공정 경제
❸ 노동 유연성 + 규제 개혁 + 닥치고 분배 폐지

② 누구나 공정

❶ 시장에 대한 과잉 규제는 지양
❷ 중소사업자도 공정하게 플랫폼을 이용
❸ 허위·불법 거래 등으로부터 소비자를 보호

③ 포용적 통합

❶ 배제에서 포용으로, 경쟁에서 협력으로
❷ 사회적 책임이라는 새로운 윤리 정립
❸ 계층간·세대간·지역간 국민 대통합

④ 일자리 넘지는 'Jobs Korea'

❶ 창업·창직으로 AI 벤처 붐 조성
❷ 평생교육 일자리 안전망 확충
❸ 일자리 Matching 시스템 운영

⑤ 안전한 'Safety Korea'

❶ 위드 코로나 시대 열어야
❷ 백신전쟁에서 치료재전쟁으로
❸ New 'K-방역' 시스템 전면 재구축

+

⑥ 생동감 넘지는 'Dynamics Korea'

'오징어 공약'

5% 경제성장 + 징벌 규제 철폐 + 어벤져스

『대한민국 개조』 ⇒ 『AI 대국』 도약

민간 투자 · 선택 집중

+

제도 혁신 · 규제 혁파

① 오 : 5% 경제성장

❶ 5% 경제 성장

❷ 소득 5만 달러 토대 마련

❸ 선진 5대국 진입 기반 조성

② 징 : 징벌 규제 철폐

❶ 징벌 규제 철폐

❷ 시장에 대한 징벌 제도 철폐

❸ 징벌 세수 제도의 부동산 정책 폐기

③ 어 : 어벤져스

❶ 경제 위기를 구함

❷ 고용 참사 + 부동산 실패 + 자영업자 절망

❸ 각계 전문가 발탁으로 잠재 경제 성장률 up

☐ Squid Policy = 오징어 공약

① Safety Korea	② Quality Jobs Korea
③ United Korea	④ Innovation Korea

⑤ 'Dynamics Korea'

2장. 국정기조

Great Korea

정부가 추진한 정책은 모조리 실패했다. 부동산 정책, 탈원전, 비정규직 제로, 주 52시간제, 최저임금, 청년실업, 남북관계 등 간판 공약 어느 것 하나 성과를 낸 것이 없다. 새로운 시대 위대한 대한민국을 만들어야 한다. 미래 New Korea를 열어가는 국가 Grand Design, Moonshot Project, Moonthinking 이 필요하다.

New 정부

▷ **Vision : 'Great Korea'+'Jump to Korea'**

▷ **Mission**
  ○ 창업·창직 'Startup Korea'

○ 일자리 넘치는 'Jobs Korea'

○ 누구나 행복한 'Happy Korea'

○ 정의가 살아있는 'Justice Korea'

○ 역동성 있는 경제 'Dynamics Korea'

○ 코로나19로부터 안전한 'Safety Korea'

○ AI 시대 흐름에 빠르게 변하는 'Speed Korea',

○ 초고령화 사회에 생동감 넘치는 'Young Korea'

○ 누구나 노력하면 성공할 수 있는 'Success Korea'

○ 포스트 코로나 시대 Old Korea를 AI 시대 'New Korea'

▷ **Catchphrase : 'K.F.C(Korea Future Care)'**

▷ **Slogan : 'K.F.C 를 그대에게' / 'Jump to New Korea' / 'Jump to Smart Korea'**

○ '대한민국 미래 케어(care, 돌봄)를 그대에게 돌려 드린다.'

○ 여기서 그대는 위대한 코리아(Great Korea)와 모든 국민을 지칭

○ 대한민국 미래 경제 발전을 보장(Guarantee)하며 국민 전체 미래를 케어(Care, 보살핌)하겠다는 것을 의미

○ 국민 모두의 미래 불안 요소인 홈, 일자리, 교육, 의료를 케어하고 보장한다는 뜻

▷ **국정목표 : '일자리 넘치는 대한민국'**

○ '안전한 대한민국' + '창업·창직 대한민국'

▷ **국정 방향 : '대한민국 개조'**

 ○ 국민 행복한 미래를 보장

▷ **국정운영 기조 : 정부 주도에서 시장주도로 전환**

▷ **경제정책 :**

 ○ '시장주도 성장' + 'AI 혁신경제' + '데이터 공정 경제'

▷ **방법론 : P·P·P + S·S·S + D·N·A**

 ○ P·P·P : People+Process=Production / 사람과 일하는 방식을 개혁해 성과를 내겠다는 전략

 ○ S·S·S : Simple+Smart+Speed=Success / 심플·스마트한 조직, 스피디하게 추진하는 성공 전략

 ○ D·N·A :
Direction+Network+Action=Achievement
방향을 정확하게 설정하고 모든 사람 참여를 통해 성취하겠다는 전략

3장. 100대 국정과제

New Korea 100대 국정과제

AI 시대 New Korea를 이끄는 AI 한국경영 CEO가 등장해야 한다. 새로운 지도자는 대한민국의 미래와 국민의 미래 삶을 케어하고 보살피며 행복을 보장하는 사명감을 가져야 한다. 새 정부를 위해 분야별 패러다임의 국정 개혁 과제를 제시한다.

100대 국정과제

(1) 정치 패러다임 변화

① 생산적인 AI 정치를 실행한다.

② AI 국회로 정책 경쟁의 국회를 만든다.

③ 성과를 내는 AI 플랫폼 정부를 실현한다.

④ 블록체인 활용으로 정치 독점 권력을 분산시킨다.

⑤ 이념편향, 진영논리를 배제한 책임 정치의 구현이다

(2) 정부 패러다임 변화

① 정부의 과도한 시장개입을 멈춘다.

② AI 블록체인 시스템 정부 구축이다.

③ 규제혁파를 위한 일하는 방식의 개혁이다.

④ 청와대의 일방적 국정운영 방식의 전환이다.

⑤ 공무원이 가진 인허가의 권한 분산이다.

(3) 경제 패러다임 변화

① 모방경제에서 리드경제로의 전환이다.

② 수소경제·탄소제로 경제로의 전환이다.

③ 창업·창직(創職)의 스타트업 국가 실현이다.

④ 제조업 수출 중심에서 AI 산업 중심으로 재편이다.

⑤ 플랫폼 시대를 선도하는 Big-Blur 대기업의 육성이다.

(4) 사회 패러다임 변화

① 저출생, 자살을 막아야 한다.

② 공공부문의 대대적인 개혁이다.

③ 중산층이 두꺼운 사회구조 실현이다.

④ 전 국민 사회 안전망 시스템 구축이다.

⑤ 시민 참여 플랫폼에 기초한 사회적 대타협이다.

(5) 외교·안보 패러다임 변화

① 동아시아의 네덜란드와 같은 국가 위상이다.

② 북한의 비핵화 전략과 전술의 전면 궤도 수정이다.

③ 중국·일본에 밀리지 않는 레버리지(Leverage) 확보다.

④ 한·미 동맹 강화, 쿼드(Quad)+가입으로 중국에 대응이다,

⑤ AI 기술 외교 강화와 한반도 지정학적 위치를 적극 활용이다.

(6) 교육 패러다임 변화

① 고등학교 나와도 잘사는 사회 실현이다.

② AI 시대 에듀테크(EduTech)의 전격 운영이다.

③ 학위와 학벌 시대에서 능력주의 시대로 전환이다.

④ AI 시대에 걸맞은 대학입시제도의 전면 개편이다.

⑤ 학교 교육, 직업교육, 평생교육의 연계로 미래 대비다.

(7) 고용·노동 패러다임 변화

① 대기업 노조 혁신과 고용 유연성 확보다.

② 비정규직이 만족하는 노동구조 실현이다.

③ 동일노동 동일임금 체계의 조기 정착이다.

④ 근로기간 제한법 폐지, 노동 관련법 개정이다.

⑤ 최저임금, 주 52시간 운영의 전면적 개편이다.

(8) 부동산 정책 패러다임 변화

① 프롭테크(PropTech) 시장 성장이다.

② 부동산 3법의 전면 개정과 보완이다.

③ 시장 친화적인 토지 활용 제도 도입이다.

④ 3주택 이상 주택 대출금 회수, 법인 특혜 세율의 폐지다.

⑤ '대한민국 미래 홈 케어(K.F.H.C.)' 1가구 1주택 정착이다.

(9) 일자리 정책 패러다임 변화

① 재정주도 일회성 아르바이트 일자리 정책의 폐기다.

② 정부는 일거리, 기업은 일자리 역할 분담이다.

③ 평생 직업교육으로 일자리 안전망의 확충이다.

④ AI 일자리 Matching System 운영으로 일자리 연계다.

⑤ AI+X 산업에 의한 양질의 일자리 창출 정책 추진이다.

(10) 복지 패러다임 변화

① 부담과 혜택이 불균형 체계의 전면 개편이다.

② AI와 블록체인을 활용한 'K-행복복지' 실현이다.

③ 중부담·저복지 체계를 중부담·중복지로 전환이다.

④ 기초연금·고용보험을 강화하고 건강보험의 개혁이다.

⑤ 공무원연금·사학연금·국민연금을 통합 국세청에서 운영이다.

(11) 정책의 패러다임 변화

① 탈원전 정책의 전면 폐기다.

② 부동산 정책의 전면 수정이다.

③ 징벌성 세금 정책의 폐기와 시장 친화적 정책 전환이다.

④ 이념에 치중하는 정책이 아닌 민생을 중시하는 정책이다.

⑤ 재정만 지출하는 일자리 정책 폐기하고 새롭게 전환이다.

(12) 코로나19 방역 패러다임 변화

① 인권침해, 기본권 제약 행정조치를 남발하지 말아야 한다.

② With 코로나 시대 거리두기 방역 패러다임을 바꿔야 한다.

③ 간이 검사 키트 3회 무료 제공하고 가격을 인하해야 한다.

④ 본질적 치료제인 경구용 치료제 구매 선금 계약해야 한다.

⑤ 방역 대책 수립에 과학·의학 전문가 의견으로 결정해야 한다.

(13) AI 전문 인재양성 패러다임 변화

① AI 시대 전문 인재 10만 명 양성이다.

② 100세 시대 AI를 활용한 국가 평생학습 체계 구축이다.

③ 기술 Trend 변화에 대처하기 위한 전문 직업교육 강화다.

④ 일부 지방대학을 고등직업 전문 교육 중심으로 육성이다.

⑤ 커리큘럼을 산업 현장에 맞게 프로젝트식으로 전환이다.

(14) 디지털 트랜스포메이션 시대 패러다임 변화

① 국가 과학기술 역량 강화다.

② AI 시대를 맞아 특화된 AI 산업 육성이다.

③ ICT 생태계를 조성, 신 성장 거점 육성이다.

④ 2040년 바이오 시대를 대비해 선제적 투자다.

⑤ 2050년 우주 시대를 대비해 과감히 선제적 투자다.

(15) 문화·관광·의료·환경 패러다임 변화

① 비대면 시대의 'K-Culture 한류'의 확산이다.

② 기후변화에 대응하는 탄소제로 정책 실현이다.

③ 특성화된 의료 서비스를 관광산업으로 육성이다.

④ 전통과 미래가 어우러진 문화국가로 발돋움이다.

⑤ 외국인과 함께하는 열린 관광 시대의 개막이다.

(16) 지역 균형발전과 분권의 패러다임 변화

① 지방분권이 아니라 지방자치가 우선이다.

② 권한을 주민에게 돌려주는 방식으로 전환이다.

③ 중앙 정부 권한과 권력을 지방으로 분권이다.

④ 수도권 집중화로 인한 지방 불균형을 근본적 해소다.

⑤ 세금 부담 능력과 서비스 수혜자 부담 원칙으로 재설계다.

(17) 누구나 잘사는 농어촌 패러다임 변화

① 살고 싶은 행복한 농어촌 만들기다.

② 농어촌 소득 7,200만 원 시대를 만든다.

③ 역동적이고 풍요로운 농어촌 모습을 만든다.

④ 가족이 살기 좋은 교육, 의료 시설의 확충이다.

⑤ AI 기술을 활용한 농어촌 소득의 안정망 구축이다,

(18) AI로 무장한 강한 국방과 ICT 분야의 남북 간 교류 패러다임 변화

① 디지털 병영 문화와 AI 최첨단 부대 창설이다.

② 방산 비리 척결과 'AI 군납품 시스템' 운영이다.

③ 장병 1인 1특기 함양으로 사회생활 기반 마련이다.

④ 한반도 국토 3D 지도 만들기 프로젝트 공동 추진이다.

⑤ 메타버스 활용한 소통과 이산가족의 화상 만남 추진이다.

(19) 국가가 책임지는 보육 패러다임의 변화

① 육아 문제를 국가가 책임지는 책무성을 강화한다.

② 저출생 극복을 위한 AI 활용한 개인 맞춤형 지원이다.

③ 국공립 어린이집 이용률을 70% 이상으로 끌어 올린다.

④ 임신에서 요람까지 '코리아 미래 케어 시스템 운영'이다

⑤ 'K-AI 육아 시스템'을 통해 안전한 교육 현장 운영이다.

(20) 창업과 창직(創職)의 패러다임 변화

① Big-Blur 유니콘 기업의 집중 지원과 육성이다.

② 'AI 대국' 도약을 위한 소프트웨어 인력 양성이다.

③ '협동노동조합' 활성화로 창업과 창직의 실현이다.

④ '올 디지털 혁신'을 이끄는 '스타트업 국가' 실현이다.

⑤ 학·연·기업을 연계하는 'K-AI 창업지원 시스템' 운영이다,

4장. 방역

방역(防疫) : Safety Korea

세계 주요 국가는 방역 패러다임을 전환하는 중이다. 경제를 희생시키면서까지 확진자 숫자에 집착하지 않겠다는 것이다. '백신 맞으면 코로나 안 걸린다'가 아니라 '백신 맞고 가볍게 이겨내자'로 방역 방향을 바꾸고 있는 추세(趨勢)다. 지금부터 방역 당국은 위중증 환자 관리에 중점을 둬야 한다. 문 정부의 국산 치료제 개발이라는 환상 때문에 백신 구매 판단 실패로 K-방역 유일한 무기인 거리두기로 자영업자는 파산 직전이다. 세계는 지금 백신 확보에서 치료제 확보 전쟁으로 전환 중이다.

현황

▷ 방역 한계
　　○ 기존의 거리두기 방역 체계의 한계점 도달

○ 델타변이가 접종자도 전염시켜 집단면역이 불가능
○ 틀어막기 방역이 1년 6개월 넘어 국민 모두 지침
○ 일상의 탈출구를 잃고 지친 국민의 방역 의식 느슨해짐
○ 거리두기나 봉쇄로는 더 이상 변이 바이러스 막지 못함
○ 방역의 최전선 지킨 간호사 등 보건의료노조 파업 결의

패러다임 변화

○ 'With 코로나'를 넘어 'Forever 코로나' 시대
○ 독감처럼 공존하는 위드(With) 코로나 시대
○ 코로나19와 함께 살아갈 궁리를 펴야 함
○ 방역보다 경제를 우선하는 방향으로 패러다임 변화

문제점

▷ **리더십 부재**
○ 방역도 백신도 신뢰를 잃은 리더십
○ 집단면역에 대한 환상에서 못 벗어나고 있음
○ 애매모호한 권한, 누가 책임을 져야 하는지 모름
○ 좋을 땐 서로 자기 자랑, 나쁠 땐 모두 잘못 떠넘기기
○ 해외 백신 제조사만 쳐다보는 '천수답' 상황, 백신 빈곤
○ 지금 백신 확보보다 더 중요한 국가적 이슈는 없음

▷ **'K-방역' 허구**
○ 'K-방역'이라는 막연한 환상에 사로잡힘

→ 거리두기로 인해 국민과 자영업자 희생만 강요
○ 'K-방역' 실체(System)가 없이 이미지만 있음
　　　→ 외국에서 부러워한다면 'K-방역 시스템'을 수출했어야
○ 'K-방역'의 성과를 확진자 수로 인식하고 있음
　　　→ 확진자 적음을 전 세계에 방역 성과로 과시, 딜레마 빠짐
○ 확진자 숫자에 대한 집착, 강박감이 여전히 심함
　　　→ 거리두기를 완화할 수 있는 방법은 백신접종
○ 코로나 유행의 파고에 따라 풀었다 쥐었다 하는 대응
　　　→ 1년 6개월 동안 이어온 거리두기 방역체계의 피로감
○ AI와 디지털 기술을 방역에 전혀 활용하지 못하고 있음
　　　→ 오로지 'K-방역'이라는 구호와 슬로건만 무성
○ 숫자놀음에 정신 팔린 K-방역
　　　→ 자영업자 학살범의 주법 거리두기, 22명 자영업자 죽음
　　　→ 자영업자에 방역의 짐을 떠넘기고 있음, 청와대 방침

▷ **백신 수급 및 접종**
○ 접종 완료율 OECD 38개국 중 꼴찌
　　　→ 신규 확진자 2,000명 넘음
　　　→ 인구 78.82% 1차 접종 완료, 접종 완료 65.80%(10/19)
○ 지금까지 백신 수급 등 모든 것이 안갯속이고 불투명
　　　→ 진짜로 백신이 계획대로 도입되는 것인지
　　　→ 부스터 샷을 맞을 수는 있는 것인지 불확실
　　　→ 내년에 맞을 백신은 확보하고 있는 것인지 아무도 모름
○ 백신 없어 못 맞고, 확보물량 따라 막 놓음
○ 접종 간격을 일괄 6주로 넓히면서 과학적 근거 제시 못 함

○ 백신접종 확대에 맞춘 방역 대책 재편이 절실

▷ **공무원 희생 강요**
　　○ 방역 최전선에서 시달리는 방역 담당 공무원
　　　→ 업무량 증가, 100시간 근무 수당은 최대 57시간
　　　→ 사직 공무원 50.4% 증가, 휴직 공무원 39.7% 증가
　　　→ 질병 휴직 늘어나고 복귀 시점을 연장, 명퇴 신청 증가
　　○ 방역 당국 새로운 방역 지침 전달을 언론에 사전 공지
　　　→ 보도 자료 SNS에 먼저 발표, 현장 공무원 미접종 상황

세계는 백신 확보 전쟁에서 치료제 전쟁으로

▷ **먹는 코로나 치료제 연내 출시 : 팬데믹 게임체인저**
　　○ 미국 머크(MSD)와 리지백바이오가 '몰누피라바르' 개발
　　　→ 코로나판 타미플루 이르면 연내 출시

With 코로나 시대 New 방역 제안

▷ **접종 80%, 치명률 0.2% 돼야 일상 회복**
　　○ '일상 회복' 전망과 기준
　　　→ 거리두기 해제·완화, 개인방역수칙 권고, 백신패스 폐지, 일상 의료체계 전환
　　　→ 접종 완료율 80% 이상, 중환자 300명 미만, 월간 치명률 0.2% 미만

▷ 방역 패러다임 변화

　○ 백신 접종률이 80~90%

　　→ 백신 접종자를 상대적으로 우대해 접종을 유도

　○ 시민의 기본권과 경제활동을 보장하는 방역

　　→ 특정 계층의 일방적인 희생을 강요하지 않음

　○ 일방적 규제에서 유연한 방역으로 패러다임 변화

　　→ 유연성 + 자율성 + 창의성 = 우선

　○ 일률적 규제보다 유연하고 탄력적인 New 방역

　　→ 국민에게 희생 강요하는 방역은 한계 분명

▷ 선진사례

　○ 안전한 생계를 이어갈 수 있도록 규제를 완화

　　→ 몇 명 이상 못 모이게 하거나 영업시간 규제 철폐

　　→ 식당 앞 차로 1개를 야외석(실외 자리) 활용 허용

　　→ 공연과 전시는 야외 공간을 활용, 즉석 콘서트 허용

　　→ 기업도 재택근무 옵션 부여 직원들의 안전한 근무 보장

　○ 규제의 유연성

　　→ 공무원 및 대민 접촉 종사자는 백신접종 의무화

　　→ 거부하는 사람들에겐 매주 코로나19 검사 대안 제시

　○ 백신 접종자 우대

　　→ 음식점 출입은 백신 접종자만 허용

　　→ 미접종자는 야외 좌석 또는 테이크 아웃

　　→ 프로야구 경기장 백신 접종자 전용석 설치 운영

▷ 피해구제

○ 취약계층은 선택과 집중을 통해 충분히 지원
→ 팬데믹으로 인한 실업자는 실업급여로 구제
→ 집세 내지 못한 임차인들은 '퇴거 유예' 조치 시행

▷ **시사점**
○ 문 대통령 10월까지 국민의 70% 접종 완료 약속
→ With 코로나 시대에 대비하는 New 방역체계 정립
○ 백신 조기 확보 실패로 Forever 4단계 굴레 빠짐
→ 근본적 해결책은 백신접종, 백신 확보에 국가 총동원령
○ 기존의 경직된 방역보다는 유연한 방역으로 전환
→ 방역 당국의 대응 체계를 근본적으로 재검토
○ 위기관리 전문가, 심리 전문가, DX 전문가 보완
→ 사고의 Soft + 창의 + 상상 = New 방역
○ 국민의 방역 스트레스와 희생에 부응
→ 시민들의 행복 지수는 낮고 방역 스트레스 높음

세부 방안

▷ **New 검사**
○ 자가진단키트 무상 또는 원가 보급
→ 전 국민 3회 자가진단키트 무상 보급
○ PCR 검사보다 저렴하고 신속한 검사법 개발에 선투자
→ 침(타액) 검사법을 개발한 MIT 대학에 구매 계약 추진
○ Old 코로나 방역을 New 방역으로 전환
→ 한국형 '3T 방역' 체계 전면 개편

→ 진단검사(Test)·역학추적(Trace)·신속한 치료(Treat)의 기존 방식으로는 델타변이 확산을 잡지 못함

→ 무증상이나 경증인 감염자를 대상으로 대규모 검사 실시 방식에서 증상이 심함 사람들만 검사·치료하고 대응

→ 델타 변이가 향후 접종한 사람도 감염시키고 있기 때문

▷ **New 방역**

○ AI와 첨단 디지털 기술을 활용한 뉴 방역체계 마련

→ 질병관리청에 ICT·AI·로봇·블록체인 전문가 참여

○ 거리두기 세칙에서 2, 4인 규정의 시급한 완화

→ 영국 과거 6인 룰 실시를 참조 활용

○ 확진자 통계는 일일 발표 지양하고 주 단위 평균치 발표

→ 확진자에서 중증 환자 사망률 관리로 패러다임 전환

○ 장기적인 관점에서 방역의 구조적 체제와 제도를 정비

→ 공적 의료체계 정비, 의료진 수급, 의료보험제도 정비

→ 백신 구매와 방역을 위한 재정 건전성 유지

→ 세원 확충, 조세체계 정비, 재정사업 전달체계 정비

▷ **New 접종**

○ 백신 접종률 전 국민 90% 이상 조기 완성

→ 부스터 샷 확보, 경구용 치료제 조기 선 계약 추진

○ 접종자와 미접종자에 따라 특단의 대책을 분리 시행

→ 백신 접종자 모임은 허용

→ 종교시설, 관혼상제 등 백신접종 여부에 따라 차별 적용

○ 경구용 치료제에 대해 선금계약 조기 실시

→ 미국 연방정부 벤치마킹

▷ **New 대응**
  ○ 거리두기 효과와 적용 기준을 원점에서 재검토
  ○ 의료체계 마비에 대비해 비상 대응 체계 마련
  ○ 추석 전 1차 접종 70% 목표보다 50대 이상 2차 접종 우선
  ○ 4차 유행 차단을 위해 방역체계의 패러다임 전환이 필요
  ○ 이제는 좀 더 건설적 방향으로 멀고 길게 New 방역체계
  ○ 감염환자·일반환자 돌볼 수 있는 이중 의료 시스템 구축

▷ **New 정보공개**
  ○ 보도 자료를 통해 코로나 관련 모든 정보의 투명 공개
    → 병상 예비율은 얼마인지, 치명률은 얼마인지, 병상 가동률은 얼마인지(현재 60%), 얼마나 많은 확진자가 조기 사회 복귀 중인지
  ○ 주 단위로 병상 예비율 발표
    → 홈페이지와 모바일을 통해 실시간 공개
  ○ 국민 개개인 백신접종 스케줄 사전에 공지
    → 백신 수급 계획에 따른 개인별 접종 일정 투명 공개
  ○ 확진자 발표 때 치명률, 중환자 수를 동시 발표
    → 홈페이지 발표로는 부족, 공식 보도 자료를 통해 발표

▷ **New 인식 전환**
  ○ 확진자 용어를 감염자나 양성자로 조속히 변경
    → 국민 여론을 청취 후 즉시 명칭 변경

○ 감염자를 멸시하는 분위기 불식 캠페인

　→ 사회·직장 분위기상 멸시하는 분위기 불식

○ 지나친 코로나 공포증, 예민함에 따른 스트레스 방지

　→ 비대면 따른 정서적 고립감은 온라인 접촉으로 해소

▷ **New 직장·학교·생활**

○ 자가진단 후 무증상 양성자는 자택 근무 허용

　→ 직장에서 불이익 없이 2주간 자택 격리 근무

○ 학교는 더 이상 온라인 체제 교육 중단

　→ 대면교육 실시, 교육 격차 해소, EduTech 조기 전면 실시

○ 실외 마스크 착용 의무 행정명령 해지

　→ 백신 접종자 한해 즉시 실시

▷ **New 지원·보상·투자·계약**

○ 자영사업자, 프리랜서 1인 사업자 등 지원

　→ 예술 창작 일 종사자 등에 대한 실효적 선별지원책 수립

○ 백신접종에 의한 부작용, 사망 시 신속한 보상 체계 마련

　→ 국가에서 백신접종 사고에 대한 보상 및 보장

　→ 혈소판감소성혈전증(TTS) 검사 의뢰 시 즉각 수용

　→ 의료진 판단 외면한 질병청의 형식적 행정편의주의 철폐

　→ 사고 인정의 구체적 기준 마련을 통해 국민 불안 해소

○ 국산 백신 개발에 장기적인 투자

　→ 연구 개발 및 전문 인력 양성을 통한 백신 경쟁력 확보

　→ 백신 선진 제약사와 연구 개발 협력 및 기술 이전 모색

○ 백신접종 확대, 부스터 샷 확보, 경구용 치료제 선 계약

▷ 창의적인 교육과 전문 기술인재 육성

○ 인도 공대(IIT)는 화학 물리 수학 3과목 집중 교육

○ 졸업자 실리콘 밸리 창업 15%, IBM 28%, NASA 35%

○ 미국 의사 15% 차지, 최근 6개월 유니콘 기업 15개

▷ 국산 백신 조기 개발 추진 지원

○ 지금까지 국가별 사용 허가를 받은 코로나19 백신은 20여 개. 개발 주체는 미국, 영국, 중국, 러시아

○ 의외의 백신 강국 쿠바, 인도, 이란, 대만, 카자흐스탄

○ 쿠바 핀레이백신연구소의 '소베리나2', 쿠바유전생명공학센터가 만든 '압달라' 개발 공급

　→ 1960년대부터 백신과 의약품 등 생명과학 분야 집중

　→ 바이오 강국, 1980년대 뇌수막염, 간염, 파상풍 등 개발

○ 이란의 제약사 시파 파메드 '코비란' 개발 공급

　→ 1920년 파스퇴르연구소 설립 광견병, 홍역, 인두염 백신

○ 인도 올 1월 승인 세계 첫 DNA 백신 개발

　→ 전 세계의 백신 60% 생산, 백신 강국

　→ 세계 최대 백신 회사 세룸인스타튜트는 AZ 생산

○ 대만 7월 메디젠이 만든 '코바이오로직스' 긴급 승인

　→ 미국의 노바백스와 비슷한 기술로 개발

○ 카자흐스탄 3월 RIBSP 3상 임상실험 돌입 자국민 접종

　→ 인접국에도 백신 공급

○ 한국 빨라야 내년 상반기

　→ SK바이오사이언스, 유바이오로직스, HK이노엔, 진원생명과학, 큐라티스, 셀리드 등 7개 기업 임상실험

　→ 한미약품, 에스티팜, GC녹십자 컨소시엄 개발 중

▷ **With 코로나 연착륙 : 국민 58.5% 위드 코로나 찬성**

○ 전문가를 중심으로 과학적 근거에 기반 로드맵 입안

→ AI와 빅데이터 활용과 분석에 의한 4단계 로드맵 필수

→ 단계별 확진 예측, 확진 검사와 접촉자 격리 방안

→ 치료 병상과 인력을 얼마나 확보할지 시뮬레이션

○ 보건 방역 인력을 늘려 n차 감염을 막음

→ 현재 전체 확진자 3명 중 1명만 접촉자로 격리

→ 나머지 2명이 다른 사람들을 감염시키고 있는 상황

→ 보건소 방역 인력을 2,000명 늘려 신속한 역학조사

→ 세금으로 만드는 일회성 노인 일자리 자금 투입

○ ICT 기술 적극 활용

→ 스마트폰 앱 활용(확진자 동선과 겹치는지 확인)

→ 확진 검사 후 유급 병가와 같은 제도를 마련

○ 대학병원·종합병원을 감염병 센터로 지정

→ 해당 지역에서 발생한 확진자를 책임지고 진료

→ 필요한 인력과 시설, 장비를 확충하는 데 제원

→ 병상 확보가 아니라 제대로 된 감염병 진료체계 구축

→ 병원에 병상의 1.5%만 내놓으라는 방안을 개편

○ 매일 발표 확진자 수 발표를 일주일 단위로 발표

→ 매일 확진자 수를 발표하면 현재의 방역체계 못 벗어남

→ 고위험군 백신접종이 완료되면 치명률은 독감 수준

○ 국민이 직접 사회적 선택, 국민 여론 수렴과 동의가 필수

→ With 코로나 전환 찬성 57%, 시기상조 76%

○ 스마트폰 활용한 '셀프' 역학조사 실시

→ 광범위한 검사 대신 접촉자 관리 집중

→ 경증 및 무증상 환자 자가 치료 확대

→ '게임 체인저' 먹는 치료제 개발

▷ 세계는 With 코로나
○ 위드 코로나를 선언한 주요 국가 공통점
　　→ 높은 접종률에 맞춰 방역 정책을 기행
○ 영국·싱가포르·덴마크 방역 해제(2021. 8/30일 기준)
　　→ 영국 성인 기준 70% 이상 접종 마침. 세계 최초 선언
　　→ 싱가포르 지난 7월 단계적 위드 코로나 전환 선언 29일
　　　　접종 완료율 80%, 추가적인 규제 완화 예고
　　→ 덴마크 인구 71% 접종 완료. 코로나 관련 방역 제한 해제
　　→ QR 체크인 등 출입 관리는 계속
　　→ 접종 완료자는 사적 모임 제한 없음
　　→ 식당 및 카페 영업시간 제한 없음
　　→ 스포츠 경기, 종교행사 실내마스크 기본, 실외 계속 착용
　　→ 접종 완료자는 참석 인원 무제한 허용
　　→ 미확인자는 음성 확인서(예:48시간 이내) 제출
○ 주요 국가 부스터 샷 논의
　　→ 미국 7월 화이자 2억 회분 추가 도입 계약 체결 모더나
　　　　내년 3월까지 2억 회분을 추가 도입 계약 체결
　　→ EU는 화이자와 2022년 2023년 백신 18억 회분 추가 도입

▷ 거리두기 4단계 : 자영업자 파산, 백신 패스 확대
○ 백신 2차 접종률 28.5%로 위드 코로나 발목
→ 자영업자와 소상공인 피해를 주는 방역지침은 언제까지
→ 위드 코로나 시대 대비하기 위한 방역지침 전환 시급
○ 한국 2022년과 2023년 백신 조기 도입 계약 체결 비상

→ 화이자 2022년 사용 백신 물량은 3,000만 회분 수준 그침

→ 모더나 계약서 아닌 이메일, 국제계약에서 아마추어 행정

○ 자영업자 91% "코로나 지속되면 1년 내 폐업"

　　→ 거리두기 조치에 대출 부담 등이 겹침

　　→ 당장 폐업 39.4%, 매출 감소 45%, 고정비 부담 26.2%,
　　　　대출 상환 부담과 자금 사정 악화 22%(한국경제연구원)

○ 세계 최초 '코로나 청정국가' 환상의 후폭풍

　　→ 정권 수뇌부 국산 치료제 과도한 믿음 판단 미스

　　→ 셀트리온 회장 국산 치료제 개발에 전적 의존

　　→ 2020년 5월 15일 미국. 백신 개발을 위한 초고속작전 선언

　　→ 유럽국가들 백신이 게임 체인저라 판단, 선구매 나섬

　　→ K방역에 취한 정권 수뇌부 2020년 말까지 치료제 강조

　　→ K방역의 유일한 성과인 거리두기는 죄 없는 국민만 고통

　　→ 취업자 2,750만 명의 1/4 격인 650만 자영업자 아사 직전

　　→ 850조 원 대출 상환 어렵다면 금융권 부실 경제위기 직면

공약(公約)

▷ 핵심공약

○ With 코로나 방역으로 패러다임 전환

　　→ 자영업자 희생시키는 거리단계 철폐

　　→ 중증 환자와 치명률 중심의 새로운 방역체계

○ 백신접종률 전 국민 90% 이상 달성

　　→ 접종률을 방역지침 최우선

　　→ 2차 접종률을 방역지침의 1차 기준으로 정함

○ 백신 테스크포스(TF) 장관 임명

→ 백신 수급에 총력을 쏟음

　　　→ 백신 확보를 위한 민간 기업 협력팀 운영

○ 비합리 가득한 방역지침을 전면 개정

　　　→ 전문가 의견 존중, 정치 성향 배제, 장기 계획 수립

　　　→ 백신 수급 투명한 정보공개, 국민 개개인 접종계획 알림

○ 코로나 치료제 조기 확보

　　　→ 말라리아 치료제 알테수네이트

　　　→ 암 치료제 이매티닙

　　　→ 면역체계 질병 치료에 인플릭시맵

○ 전 국민 코로라 항체 검사(면역력 유지 여부) 실시

　　　→ 유(有) 항체 보유자는 백신접종 면제

　　　→ 백신 수급에 여유가 생김

○ 창의적인 교육과 풍부한 기술인재 육성

　　　→ 바이오 의료 강국인 인도를 모델로 삼아 배워야

　　　→ 인도 의약품 제조시설 15,000개, 제약회사 8,000개

　　　→ 전 세계 백신의 60%를 생산하는 백신 강국

　　　→ 바탕에는 창의적 교육 전문 인재

　　　→ 세계 최초 DNA 기반 코로나 백신 '자이코브-디' 개발

○ 방역 최전선 간호사와 보건의료 종사자 처우 개선

　　　→ 공공의료 확충

　　　→ 열악한 노동환경 개선

　　　→ 코로나 대응 인력 충원

　　　→ 현재 방역 시스템은 붕괴 직전

　　　→ 보건노조 코로나 의료진 지원대책 시급 파업 경고

　　　→ 정부 파국 안 된다는 공감대 형성 파국은 피함

5장. 정치

AI 정치·AI 정부·AI 국회

··

경제 발전의 최대 걸림돌은 정치다. 낡은 정치 패러다임을 끊어내야 한다. 정치권력이 시장경제를 위축시키고 민생을 힘들게 만드는 주범이다. 무능·무지·무책임의 포퓰리즘과 내로남불을 걷어내야 한다. 정치개혁에 대한 시민들의 요구가 거세 상황에서 그에 부합하는 정치개혁 공약을 제시해야 한다.

역대 대선공약 특징

○ 참신성이 떨어지는 어젠다가 대부분
○ 선언적이거나 인기 영합적인 차원 정치개혁 문제를 접근
○ 심도 있는 고민 대안 없이 그동안 제기된 문제 나열 제시
○ 정치제도 전반 개혁방안 없고 구체성과 실현 가능성 낮음
○ 대통령 권한 축소와 국민의 참여 확대에 대한 고민 부족

○ 국회의 권한 축소와 제어 방안들만 정치개혁 과제로 제시
○ 선거제도와 정당 개혁에 대한 미흡

현황

○ 편 가르기 정치
○ 편향된 이념에 치우치는 정치
○ 공인(公人) 정신은 없고 특권만 누리는 정치

문제

○ 정치를 줄이고 권력을 나눠야 경제와 민생이 살아남
○ 견제나 통제를 받지 않는 권력은 개인과 기업의 경제활동
  을 위축시키고 민생을 힘들게 함

정치 패러다임의 변화

○ 생산적인 AI 정치를 실행
○ AI 국회로 정책 경쟁의 국회 실현
○ 성과를 내는 AI 플랫폼 정부를 실현
○ 블록체인 활용으로 정치 독점 권력을 분산시킴
○ 이념편향, 진영논리를 배제한 책임 정치의 구현

행정 패러다임의 변화

○ 정부의 과도한 시장개입을 멈춤
○ AI 블록체인 시스템 정부 구축
○ 규제 혁파를 위한 일하는 방식의 개혁
○ 청와대의 일방적 국정운영 방식의 전환
○ 공무원이 가진 인허가의 권한 분산

공약(公約)

▷ 핵심공약
○ 직접 민주주의
→ 주요 입법 국민 의사 반영 : 여론조사 등
→ 국민발안제 도입 : 주권을 국민에게 부여
→ 국회의원소환제 도입 : 법률안 제정 및 개헌
→ 다수 입법 만능주의 다수 횡포 방지 시스템 구축
→ 불평등 해소를 위한 사회적 합의 추진
○ 선거제도 개혁
→ 20대 대통령 임기 단축, 3년 또는 4년 중임제
→ 국회의원 100명으로 축소
→ 지방의원 명예 봉사직화(化)
→ 선거구제 개편 (대도시, 농촌 중대선거구제)
→ 정당 오픈 프라이머리(완전 국민경선제)
○ 국회 개혁
→ 국회 특수 활동비 폐지
→ 의원 면책 불체포 특권 폐지
→ 의원 세비 최저임금 연동 상한제

   → 상임위 심사 개혁, 법사위 심사제도 개정
  ○ 대통령 권한 조정 및 개헌
   → 정책책임 장관 제도 도입
   → 청와대 세종시 이전
   → 인사 추천 실명제
   → 인사 탕평 내각, 인사청문회 강화
  ○ 행정부 조직 개편
   → 여성가족부 폐지. 통일부 업무 외교부 이관
   → BSS부 신설 (바이오·과학·우주)
   → 이민청 신설
  ○ 공공개혁·연금개혁
   → 공공기관 구조조정 및 연금개혁
   → 2055년 국민연금 고갈
   → 2056년부터 근로자들이 소득의 30% 내야
   → 2020년 공무원연금적자 1조 7,000억 원, 10년 뒤 7조
  ○ 정부위원회 폐지
   → 캠프 인사 낙하산 금지
  ○ 밀실 캠프 중용하는 인사 관행 과감 폐기
   → 자격 미달 캠프 출신 인사들의 회전문 인사 금지

세부 방안

▷ **헌법개정(改憲)**
  ○ 차기 대통령 임기는 3년 중임제
  ○ 선거제도 개혁 : 대통령 5년 단임제 폐지

○ 20대 대통령 임기 단축 : 2024년 국회의원 선거일까지

○ 국회의원 임기는 3년 100명으로 줄임

○ 지방의원을 'AI 지방의원 로봇'으로 대체

○ 지방의원 선거는 없애고 시장·구청장·군수 이상만 선출

▷ **AI 국회로 전환**

○ 국민 입법권 도입

○ AI 정책 로봇 의원 활용

○ 국회의원 국민 소환제 도입

○ 입법 만능주의 무법 시대의 종식

○ 국회를 정책 경쟁의 장이 되도록 개혁

○ 국회의원 갑질, 권위주의 타파를 시스템화

○ 국회의원 직무수행에 대한 시민 견제 강화

▷ **AI 행정·입법·사법부 시스템 구축**

○ '전자정부'에서 'AI 정부'로 조기 전환

○ AI 행정부 실현 : 부처 벽을 AI 기술 활용 타파

○ AI 입법부 실현 : 입법 지원을 AI 데이터로 지원

○ AI 사법부 실현 : 판결문의 데이터화, AI 판사 도입

▷ **청와대 권한 축소**

○ 과도한 정책 개입을 없앰

○ 말뿐인 원칙적 공약은 하지 않음

　　→ 탕평 인사, 측근 기용 없다, 낙하산 인사 없음

○ 책임 국무총리제 시행, 총리실 실질 정책 책임제 역할

○ 중장기 국가 비전, 외교, 안보, 국방 등 핵심 과제 위주
○ 'AI BH 정책 시스템' 구현으로 의사결정 시 데이터 활용
○ 인사수석실 폐지 : 청와대 과도한 인사권 행사 부작용 철폐
○ 인사수석실 2003년 노무현 정부 신설, 청와대 인사 전횡

▷ **AI와 블록체인 기술 활용 공공 개혁**
○ 탈(脫) 중앙 정부
○ 독점 권력 구조를 과감히 지방으로 분산시킴
○ 시민의 자발적 행정 감시 체제 블록체인 시스템 구축

▷ **행정과 일하는 방식 개혁**
○ 인·허가권 AI 시스템 구축으로 투명화
○ 포지티브(최소허용)를 네거티브(원칙허용) 규제로 전환
○ 사전 규제를 사후 규제로 전환, 정부는 법과 제도만 정비

▷ **공공기관 구조조정 및 연금개혁**
○ 공공기관 구조조정
○ 국민연금, 공무원연금 개혁

6장. 경제

데이터 경제

그동안 한국경제가 추구해온 모방경제의 틀을 깨고 리드경제로 전환해야 한다. 이제 우리가 따라갈 모델은 없다. 과거와 같이 효율성에 기반을 두고 선진국을 따라가는 것이 아니라 새로운 가치를 창출하는 선도적 'AI 혁신경제' 시대를 열어야 한다.

소득주도성장 실패

▷ **개념**
　○ 경제학 어디에도 없는 탁상공론(卓上空論)
　○ 소득증가 → 소비증가 → 생산증가 → 일자리 창출

▷ **현장**

○ 임금 증가 → 고용감소 → 비용증가 → 제품가격 상승

▷ **잘못된 처방**

　○ 소득주도성장의 핵심 정책인 최저임금 인상은 잘못된 처방
　○ 경제 생산성 향상 중심으로 정책을 전환해야 함
　　→ 임금 상승, 노동 소득 상승을 위해서는 최저임금 인상보다 근본적인 경제의 생산성 향상이 필요
　　→ 경제의 생산성을 향상하려면 임금이 증가하고, 노동 소득도 증가해야 경제 성장도 이룰 수 있음
　○ 문재인 정부의 최저임금 정책 기조는 전환돼야 함
　○ 최저임금위원회는 경제 성장률, 물가상승률 같은 명시적 경제지표에 연동한 최저임금 인상률 원칙을 마련하고 이를 위주로 최저임금을 결정하는 게 중요

▷ **원인**

　○ 대기업에 치우친 불평등한 경제구조 개선하지 못함
　　→ 최저임금 직격탄을 맞은 자영업자는 비용 상승 직격탄을 맞아도 기업에 단가 조정을 요구할 수 없는 구조
　　→ 재벌 중심의 구조, 대기업 체제를 개선하지 않으면 소주성 성장은 불가능

▷ **결과**

　○ 실업자 양산과 양극화 심화
　○ 자영업과 서민 생태계를 망가뜨림
　○ 취약계층을 더 팍팍하고 피폐하게 만듦

○ 최저임금 대폭 올렸지만 기득권 노조에 혜택이 집중

○ 기회 불평등, 과정 불공정, 결과 정의롭지 못한 사회 정착

경제 현황

○ 낙수경제 한계에 봉착

○ 5년마다 성장률 1% 하락

○ 단기적 성장률 높이는 데 집중

○ 고용 없는 성장과 저성장 고착

○ 정부 단기 경기부양 정책만 펼침

○ 제조업 중심의 수출 산업 구조

○ AI 시대 미래 먹거리 미확보

○ 대기업 중심의 세습 경제 체제

○ 제로·마이너스 성장 폭탄 돌리기

문제점

▷ **사회구조**

○ 저출생·고령화에 따른 저성장, 잠재성장률 하락

→ 서비스 산업 부진과 낮은 생산성

→ 미흡한 사회적 자본, 사회적 신뢰 하락

→ 신산업에 대한 투자 부족, 투자 심리 위축

→ 신산업에 대한 투자 부족, 투자 심리 위축

→ 수출이 내수 시장 발전을 가져오지 못하는 구조

→ 인적 자본의 취약성, 인재 양성을 위한 투자 부족

→ 사회분열, 기업가 정신의 위축, 세대·지역별 양극화

→ 노동 투입 약화, 노동 성장 기여도가 떨어지므로 하락

→ 저출생·고령화로 노동·생산량이 더 이상 증가할 수 없음

→ 추가적인 물가 상승을 유발하지 않으면서 국가에 존재하는 생산요소를 최대한 활용할 때 달성할 수 있는 성장률

→ 산업경쟁력 약화, 실업률 상승, 가계소득 감소, 내수 위축

○ 자영업자 비율이 25%로 너무 높음, G7의 2배

→ 비정상적인 노동시장이 자리 잡음

▷ 산업구조

○ 대기업의 독과점에 의한 부의 양극화 심화

→ 내수 시장은 소수 대기업이 지배

→ 산업 부분 지원 시스템 미비와 수준 미달

→ 생활 실질 물가가 외국에 비해 상대적 높음

→ 대기업부터 중소기업까지 오너 리스크와 일가의 전횡

○ 수출 제조업 중심의 취약한 산업 구조

→ 일부 품목 위주의 수출 제조업 경제

→ 중국 제조업 성장에 따른 기술 격차가 없어짐

→ AI 산업 분야에서는 중국이 5년 앞서가고 있음

○ 과도한 국방비 부담과 병역 의무에 따른 노동력 감소

→ GDP 8% 고정 국방비 지출, 군 복무로 생산력 저하

▷ 생산성·원천기술

○ 고비용·고물가의 고비용 구조와 저생산성

→ 집값, 비싼 임대료, 교육비, 높은 생활 물가

→ 창업은 어렵고, 국민 대부분이 생활고에 시달림

○ 원천기술 미보유와 후방산업의 취약

　→ 연구 개발 투자의 낮은 효율성

　→ 가마우치 경제(종속적 분업구조)에서 벗어나지 못함

▷ **글로벌 경쟁력**

○ 금융경쟁력 낮음

　→ 관치금융, 모피아의 관행

　→ 5대 은행 대부분이 외국 자본에 종속

　→ 금융 관리 시스템 부실 금융사고 빈발

○ 대외변수에 취약

　→ 중국의 한한령(限韓令), 일본의 수출 통제, 미국의 금리
　　조정 등

▷ **최저임금·강성노조**

○ 최저임금 급격한 인상과 주 52시간 실시

　→ 자영업자, 중소기업 폐업으로 종업원 해고

○ 강성노조와 국회의 경제입법 독주

　→ 귀족노조의 강경 임금 인상 투쟁

　→ 기업규제 3법, 중대재해처벌법, 높은 법인세

패러다임의 변화

○ 모방경제에서 리드경제로 전환

○ 수소경제·탄소제로 경제로 전환
○ 창업·창직(創職)의 스타트업 국가 실현
○ 제조업 수출 중심에서 AI 산업 중심으로 재편
○ 플랫폼 시대를 선도하는 Big-Blur 대기업의 육성

공약

▷ **핵심공약**
  ○ 경제정책
    → 시장주도 성장 + AI 혁신경제 + 데이터 공정 경제
  ○ 시장주도 성장
    → 수소경제·탄소제로 경제 성장
  ○ 프로토콜 경제 전환
    → Big-Blur 대기업 육성
  ○ 포퓰리즘 조세정책 폐기, 보편적 증세로 전환
  ○ 최저임금 인상률 원칙 마련

세부 방안

▷ **경제 패러다임 전환**
  ○ 한국경제 패러다임 변혁 추진위원회 설치
    → 한국경제 모순 극복을 위한 현장 중심의 활동 추진
  ○ 기후변화와 新 기후 체제 대응
    → 저탄소 기술에 기초한 산업 구조 개편
    → 일원화된 에너지 거버넌스 체계 확립

→ 기후변화 관련 금융 투자 활성화 촉진

▷ New 경제구조
○ 경제구조 변화 대응
   → 포스트 코로나 시대 대응하기 위한 재정 건전성 확보
   → 재정의 지속 가능성, 효율성 및 형평성 확보
   → 효과적인 재정 전략 수립
○ 뉴 경제 3不(거래·시장·제도)의 불공정 해소
   → 공정한 기업 생태계 조성
   → 원청·하청 거래의 불공정
   → 플랫폼 사업자와 입점 업체 간 시장 불균형
   → 정부와 공공기관의 최저가 입찰에 의한 제도 불합리

▷ 산업·인구 구조
○ 산업 구조의 고도화
   → 제조업 기반으로 EBS(전기자동차·바이오·반도체) 산업
     육성
○ 인구 구조·변화 대응
   → 생산연령 인구의 감소, 부양비 증가, 노인 빈곤 상승, 지
     방인구 감소 등에 대한 맞춤형 대응
   → 노동 생산성 유지, 노후 소득 강화
○ 산업 구조 변화 대응
   → 제조업, 서비스업의 성장 정체 및 대외 경제 여건 약화
   → DX와 연계된 제조업 서비스업의 융합
   → Reshoring(국내 회귀) 활성화

→ AI 신산업 경쟁력 확보

▷ **투자·기술 혁신**

 ○ 이익의 사유화, 비용의 사회화 철폐

  → 1973년 사채동결, 1997년 IMF 공적자금 투입

 ○ 기업이 마음껏 투자할 수 있는 환경을 구축

  → 기업 담당자를 정해 투자 방해 요소를 제거

 ○ 기술 혁신

  → R&D 투자 효율성 높임, 연구환경 개선, 전문인력 양성

 ○ 외국기업의 국내 직접 투자를 유도

  → FDI(Foreign Direct Investment) 적극적 유치

7장. 일자리

Jobs Korea

문재인 정부의 '공공 주도형 일자리' 정책은 실패했다. 공공 일자리는 생산성이 낮아 국가 경제 전체적으로도 도움이 되지 않는다. 재정만 낭비하는 잘못된 처방이다.

일자리 정부를 자처한 문재인 정부에서 사실상 실업자 140만 명이 폭증했다. 일자리 문제는 근본적으로 세금 아르바이트로는 해결할 수 없다. 정부의 일자리 정책은 세금을 투입해 단기 임시직을 만드는 데 집중됐다. 매년 수십조 원의 일자리 예산을 투입했는데도 일자리 참사가 발생한 것은 정부의 反시장·反기업 정책 때문이다.

청년 실업의 본질적 원인은 최저임금의 급격한 인상, 노동조합의 과도한 임금인상 요구로 기업이 고용을 줄였기 때문이다

역대 대선공약 특징

○ 정책 실현에 대한 재원 대책 미흡
○ 주요 일자리, 노동 정책 유사해 큰 차별성 없음
○ 일자리 및 노동 정책 현실 실현 방안 구체성이 없음

일자리

○ 경제의 근간, 생산의 핵심, 소비의 원천
○ 정부의 책무, 시대적 사명, 국민의 권리
○ 생계를 꾸려 나갈 수 있는 수단으로서의 직업
○ 과거에 없던 일자리를 새롭게 만드는 것이 창출

개념

○ 생계를 꾸려 나갈 수 있는 수단으로서의 직업

분류

○ 복지정책
　→ 사회적 약자를 위한 공공 일자리 정책(장애인 일자리,
　　노인 일자리, 여성 일자리)
　→ 생계형 일자리 정책
○ 산업정책
　→ 신산업 육성을 통한 청년 일자리 창출(청년 일자리, 중·

장년층 일자리)

정책분류

○ 일자리 창출 : 신사업, 신기술, 중소·벤처 창업
○ 일자리 늘리기, 쪼개기 : 임금 Peak제, 청년인턴, 공공일자
리, 노동시간 단축
○ 일자리 지키기 : 3D 중소기업, 환경 개선, 고용지원, 중소기
업 인센티브
○ 일자리 취업 지원 : 취업 교육, 실업급여, 재취업비용, 비정
규직 지원

현황

○ 일자리 정부의 일자리 정책은 완전히 실패
○ 세금 아르바이트로 통계를 왜곡해도 고용 참사 막을 수
없음
○ 청년 일자리는 줄고, 세금 풀어 만든 티슈형 일자리와 단기
노인 일자리만 늘었는데 고용 개선됐다고 억지 부림

악화

○ 노조 임금 상승 압력
○ 중소기업의 저임금 체계
○ 서비스 산업의 발전 부족

○ 고용 인력 구조의 불균형
○ 노동을 경기하는 사회 인식
○ 대기업 제조업 중심의 산업 구조

문제

○ 기업경영 악화로 고용시장마저 급속히 위축
○ 주요 기업 신규 채용 중지하면서 취업분이 더 좁아짐
○ 제조업 구조적 실업, 코로나 실업 덮쳐 고용 참사
○ 산업 구조의 변화로 산업 간 인력 수급 불균형 발생
○ 실업문제는 소득 불균형, 사회 양극화 심화를 가져옴

역대정책 실패

○ 매 정부 실패한 정책을 우격다짐으로 추진
○ 일시적 일자리 늘리기와 취업 지원 정책만 몰두
○ 산업정책과 연계를 통해 시너지 효과를 내지 못함
○ 비경제활동 청년들 노동시장에 진입 유도 정책의 부족
○ 아르바이트, 인턴 등 일자리 수에만 집중 예산을 투입

문 정부가 만든 공무원 천국 대한민국

○ 올해 공무원 인건비 처음으로 40조 2,000억 원 돌파
   → 2017년 33조 4,000억 원, 2018년 35조 7,000억 원, 2019
   년 37조 1,000억 원, 2020년 39조 원으로 매년 증가

→ 문 정부 중앙공무원 인건비는 7조 9,000억 원(23.6%) 증가

→ 2017년 5월 63만 1,380명, 2020년 12월 73만 5,900명

→ MB 7,872명, 박근혜 1만 5,791명, 문재인 10만 4,529명 증가

→ 2021년 8,345명+2022년=12만 명 넘을 것으로 보임

→ 문 정부 공약 공무원 17만 4,000명 증가하면 향후 30년간 부담해야 할 인건비는 328조 원에 달함(국회예산정책처)

필요

○ 국가 사회 안전망을 강화, 실업자가 안심하는 사회
○ 청년 실업 대책과 30~40대 맞춤형 일자리 정책을 추진
○ 노동이 유연해지면 일자리가 적은 곳에서 많은 곳 이동
○ 쇠퇴 산업은 노동수요 감소, 뜨는 산업은 노동수요 증가

일자리 패러다임의 변화

○ 재정주도 일회성 알바 일자리 정책의 폐기
○ 평생 직업 교육으로 일자리 안정망의 확충
○ AI 일자리 Matching System 운영으로 일자리 연계
○ 정부는 일거리, 기업은 일자리 만들기 역할 분담
○ AI+X 산업에 의한 양질의 일자리 창출 정책으로 전환

창업과 창직(創職) 패러다임의 변화

○ Big-Blur 유니콘 기업의 집중 지원과 육성
○ 'AI 대국' 도약을 위한 소프트웨어 인력 양성
○ '협동노동조합' 활성화로 창업과 창직의 활성화
○ '올 디지털 혁신'을 이끄는 '스타트업 국가' 실현
○ 학·연·기업을 연계하는 'K-AI 창업 지원 시스템' 운영

문 정부 청년 일자리 줄인 역대 최초 정권

○ 반(反)시장·반(反)기업 정책
○ 인구 구조 탓만은 아님, 경직된 노동구조
○ 취업자 2017년 393만→2021년 381만. 12만 명 감소

공약(公約)

▷ **비전 : 일자리 걱정 없는 세상 + 'Jobs Korea'**

▷ **미션**
○ 일자리 창출 정책이 최고의 복지정책
○ 한국경제를 살리는 유일한 해답은 일자리 창출
○ 사라지는 일자리만큼, 새로운 일자리를 만들기
○ Digital Transformation 시대 맞는 양질 일자리 창출
○ 정부 일거리 만들고, 기업은 일자리 창출의 역할 분담
○ 세금으로 만드는 티슈형 일자리에서 신산업에 의한 양질의

일자리 창출 정책으로 전환

▷ **핵심공약**

○ 일자리

　→ 양질의 200만 개 창출 Project

　　☞ 문 정부에서 사라진 147만 개 일자리 복원

　　　2022년 100만 개

　　☞ 헬스케어 30만, AI 창직 15만, AI+X산업 55만

　　　2023년 100만 개

　　☞ AI 슈퍼 고용 일거리 프로젝트 추진

　→ 국가 일자리 보장 책임제 실시

　　☞ AI 일자리 Matching System 운영

　→ AI 혁신 창업 생태계 조성

　　☞ AI 창업, 창직 붐 조성

　→ AI+X 산업에 의한 양질의 일자리 창출

　　☞ 재정 투입으로 만드는 단기 일자리 정책 폐기

○ 비정규직

　→ 처우 개선

　→ 상시·지속 업무

　→ 차별 시장 개선

　→ 직업 전환 교육 강화

　→ 동일노동 동일임금 실시

○ 노동시간

　→ 근로감독 강화

　→ 휴일 근무 연장근로에 산정

→ 주 52시간제 폐지 : 근로자가 결정

세부 방안

▷ **일자리 200만 개 창출 Project**
　○ 국가의 일자리 보장 책임제 시스템 도입
　　→ 국가가 청년들에게 일자리를 보장
　　→ 'AI K-청년 일자리 보장제(Youth Guarantee)'를 도입
　○ 슈퍼 고용(Super Employment) 시대 대응
　　→ 미래 일자리 60%는 아직 나타나지 않음
　　→ 전 분야 데이터 공개 일자리 창출로 데이터 경제 실현
　○ 'K-AI 일자리 매칭 시스템' 운영
　　→ 일거리 프로젝트 발주를 통해 양질의 일자리 창출
　　→ 개개인의 직업교육 이력 관리로 적재적소에 일자리 매칭
　○ 노동 개혁, 규제 완화, 미래 산업 육성
　　→ AI+X 산업 집중 육성
　　→ 노동시장 유연화, 대기업 노조의 기득권 철폐
　　→ DX 혁명에 맞춰 기존 제조업 위주의 규제를 완화
　　→ 비대면 시대에 맞는 AI 기술 활용한 EduTect 확대
　○ AI 시대 창직(創職)을 통해 창업 붐을 조성
　　→ 직업 수는 미국의 1/3 수준, 일본보다 5,000개 적음
　　→ 창직이란 자신의 역량을 바탕으로 창의적 아이디어로
　　　신직종을 만들어 스스로 일자리를 창출해 고용시장에
　　　진출하는 것
　　→ 한국의 직업 종류는 총 1만 6,891개로 지난 8개 간

5,236개가 늘어남

○ 빅블러(Big-Blur) 대기업을 육성

　　→ Big-Blur 시대를 선도하는 혁신 대기업

○ 민간부문 자율적 더 많은 일자리 창출 환경 조성

　　→ 고용의 지속적 기반을 둔 경제 성장을 주도하는 정책

　　→ 기업이 스스로 잘할 수 있는 일을 찾아내는 데 지원

　　→ 정부의 묵시적 압력 철폐. 기업 투자는 자율 결정

○ 공공부문 고용증대 정책은 폐기

　　→ 공공부문의 저생산성 문제 발생

　　→ 공공부문 고용 증가를 위한 비용은 차후 조세 수입 의존

　　→ 미래 세대 조세 부담 귀결, 공무원연금 부담 재정을 악화

8장. 부동산

My Home Korea

징벌적 보유세, 거래세, 대출 규제, 분양가 상한제, 토지거래 허가제, 임대차 3법 등 지난 4년간 26차례에 걸친 갈라치기와 시장 역행하는 규제정책은 전국적으로 부동산 가격 폭등을 초래했다. 한마디로 문재인 정부의 부동산 정책은 처참하게 실패했다. 盧·文 실패 정책 답습하면 부동산 가격 폭등 시즌3 온다. 집값이 계란처럼 오르고 있다.

역대 대선공약 특징

○ 수요증대 공급 확대 반복
○ 공공임대주택과 민간 분양의 반복
○ 분양가상한제 시행과 폐지 반복
○ 시장억제와 활성화 정책의 반복

○ 투기 억제와 다주택자 세제 혜택 반복

현황

▷ 부동산 가격 폭등

○ 서울 아파트 평균 매매가격 11억 원 돌파

○ 전·월세비로 인한 고통, 삶의 질 떨어짐

○ 지방까지 번진 집값 상승세 멈추지 않고 있음

○ 110주 연속 오른 서울 전세, 8월 집값 1월 수준 치솟음

○ 4년간 서울아파트 93% 폭등, 14년 8개월 만에 최대 오름

○ 집값 13년 만에 최대 상승, 4년 전 매매가로 전세 못 구함

○ 문 대통령 침묵, 부동산 악재로 정권 재창출 발목 잡힘

▷ 내 집 마련 꿈 포기

○ 내 집 소유하기가 힘든 세상

○ 집값 폭등 가계 채무 급증 가계의 짐

○ 무주택자 전체 가구의 43.77% 875만 가구

→ 2010년 1,700만 채(1,250만 명), 2020년 2,200만 채
(1,300만 명)

○ 근로자 월급 모아 서울 25평 아파트 21년→36년 늘어남

▷ 부동산 불로소득

○ 부동산 불로소득 GDP의 22%, 일할 의욕 상실

○ 인구 5,177만 명 중 2채 이상 소유자 198만 명에 불과

○ 상위 계층 불로소득 대부분 땅값과 부동산 올라서 취득

▷ **정책 신뢰도 바닥**

　○ 당정 대책 부재 속에서 집값과 전세 거침없는 상승세

　○ 무기력한 정책 리더십이 집값 상승을 지속시킴

　○ 정부 정책 신뢰도를 상실해 시장을 컨트롤 할 수 없음

▷ **미친 집값**

　○ 여름부터 전국 집값 상상을 초월 고공행진 이어감

　○ 이번이 '꼭지'이겠지 기대는 5년 내 계속 무참히 격파

　○ 집값 급등하니 전·월세도 덩달아 동조 흐름을 보임

　○ 4계절 집값 폭등 공식이 문 정부 집권 내내 악순환

　○ 정부 집값 안정 자신감 → 6월 재산세 부과 이후 폭등 →
　　정부 반(反)시장 규제 → 가을 더 폭등 → 연말 대출 규제
　　→ 이듬해 봄 눈치 보기 소강 행보 → 집값 안정 자신감 →
　　6월 이후 여름부터 오름

▷ **부실한 대책**

　○ 세제 개편이나 공급 대책에서 시장 안정화 대책 없음

　○ 대선 주자들이 메가톤급 공급 계약을 쏟아 내고 있음

　○ 재원·부지 등 세부 대책 없이 실현 불가능한 공약(空約)
　　남발

문제

▷ **청와대 잘못된 인식 오류**

○ 정책실장은 한국 집값 상승률 5.4%, OECD 7.7% 주장

○ 통계 근거에 관해 설명해도 국민이 쉽게 납득 못할 상황

○ 국민 앞 겸손, 권력과 공정사회 토대를 마련했다는 궤변

▷ **하우스 디바이드(House Divide)**

○ 20대 : 집 주소까지 스펙, 배우자 서울 거주 선호

○ 30~40대 : 무주택자 스트레스, 교육 서울 선호

○ 50~60대 : 서울 입성 포기, 지방 이사 후회

○ 60~70대 : 연금 생활자 세금 고민, 주택연금 자식 눈치

▷ **하우스 푸어(House Poor)**

○ 서민과 중산층이 빚 없이 내 집 마련 불가능

○ 빚을 내서 집 사고, 집 저당 잡힌 1주택 소유자 많음

○ 1주택자 자산보다 빚이 많음. 하우스 푸어. 렌트 푸어

○ 다주택자 월세 수입이나 투자용으로 활용 재산증식 수단

▷ **원인 오진**

○ 잘못된 부동산시장 진단과 정책 남발로 시장 신뢰 상실

○ 부동산 투기 억제, 가격안정의 정책 목표 설정 실패

○ 부동산 가격이 오르는 이유를 투기꾼 때문이라는 오진

○ 주택보급률 104% 숫자에 매몰, 지방→강남 수요 무시

▷ **현장 무시**

○ 현장을 무시하고 표를 의식한 부동산 정치에 함몰

○ 정부 부동산 정책이 강남 집값에만 몰두하다 꼬임

○ 부동산 정책 안 바꾸면 집값·전세 잡기 힘든 상황
○ 현장 무시하며 추진했다 부작용으로 한 발 빼는 대책
  → 임대 사업자 제도 폐지에서 현행대로 존치
  → 신규 계약에도 임대차법 적용에서 추가 개정 의사 없음
  → 재건축 2년 실거주 의무 부과에서 전세난에 법안 폐기
  → 공시가격 인상 및 재산세 인하에서 재산세율 인하
  → 주택담보대출 완화에서 무주택자 한해 연소득 기준 완화

▷ **공급 만능주의**
○ 정부 8·4 대책 13만 채 공급조차 1년째 허송세월
○ 공급 강도를 더 높인 2·4 대책은 첫걸음도 떼지 못함
○ 현실과 괴리. 정부가 고집한 공공만능주의 정책 답습

부동산 문제의 본질

○ 집을 사느냐 못 사느냐 문제가 아님
○ 더 좋은 집, 환경 좋은 동네 살고 싶은 요구
○ 자산 가치를 불리고 싶은 자연스러운 인간의 본능
○ 서울 아파트 가만히 있어도 몇억~몇십억 불로소득
○ 사회 양극화 갈등이 증폭돼 불평등 고조
  → 소유자 vs 무주택자, 서울 소유자 vs 지방 소유자
○ 일자리 밀접(서울 일자리 456만 개, 강남 140만 개 30%)

역대 정부 실패 원인

○ 정권마다 일관성 없는 정책으로 시장의 신뢰를 상실

○ 부동산의 특성을 무시한 채 잘못된 정책을 우격다짐 추진

○ 공급과 수요 규제만 초점을 둔 근시안적 정책

○ 현장에서 형성되는 부동산 가격 구조 인정하지 않음

○ 각 부처 따로국밥 컨트롤 타워 없음

　　→ BH, 국토부, 기재부, 교육부, 금융위, 한국은행, 서울시

○ 대책과 규제가 허점 많음, 투기 세력이 꼼수를 부림

역대 주요 부동산 정책 현황

○ 1988.08.10. 부동산 종합대책 → 상승

○ 1990.04.16. 부동산 투기 억제정책 → 상승 최고점

○ 1995.03.30. 부동산 실명제 도입 → 하락

○ 1995.05.22. 주택경기 활성화 대책 → 안정

○ 1995.12.12. 건설 및 부동산 경기 활성화 대책 → 상승 조짐

○ 1998.09.25. 분양가 자율화 → 하락 안정

○ 1999.10.07. 주택건설 촉진 계획 → 하락 안정

○ 2000.11.01. 건설사업 활성화 방안 → 상승 조짐

○ 2002.01.08. 주택시장 안정 대책 5차례 → 폭등

○ 2005.08.31. 국민 참여 부동산 정책 → 상승

○ 2006.11.15. 부동산시장 안정화 방안 → 상승

○ 2008.06.11. 지방 미분양 대책 → 상승 주춤

○ 2010.04.23. 주택 미분양해소, 거래 활성화 방안 → 상승

○ 2013.04.01. 주택시장 정상화 종합대책 → 상승 안정

○ 2014.02.26. 임대차시장 선진화 방안 추진 → 안정

○ 2016.04.28. 행복주택 30만 가구 확대 → 하락 안정
○ 2017~2021. 26차례 부동산 대책 → 폭등

역대 정부 부동산 정책 기조 : 규제와 부양 반복

○ 1962~1979 박정희 → 규제 강화
○ 1980~1988 전두환 → 규제 완화
○ 1980~1988 전두환 → 규제 완화
○ 1988~1993 노태우 → 규제 강화
○ 1993~1998 김영삼 → 규제 완화
○ 1998~2003 김대중 → 규제 완화
○ 2003~2008 노무현 → 규제 강화
○ 2008~2013 이명박 → 규제 완화
○ 2013~2017 박근혜 → 규제 완화
○ 2017~2022 문재인 → 규제 강화
○ 2022~2027 → 규제 완화?

부동산 정책 분류

▷ **부동산 부양**
○ 수요증대
→ 거래 활성화 : 청약 자격 완화, 분양권 전매제한 완화
→ 금융지원 : LTV(주택담보대출), DTI(총부채상환) 완화
→ 조세감면 : 취·등록세 인하, 양도세 감면
→ 주택자금지원 : 전세자금 지원 및 금리 인하

○ 공급 확대
  → 공급규제완화 : 공공토지 민간 공급 확대, 재건축 규제
    완화
  → 개발계획 : 신도시, 혁신도시, 도심재생사업, 국가개발
○ 기타 : 민간 임대사업(뉴스테이), 미분양 아파트지원

▷ **부동산 규제**
○ 수요억제
  → 거래규제 : 다주택자 양도세중과, 투기과열지구, 전매
    제한
  → 수요 조절 : 중도금 대출 강화, 다주택자 규제
  → 조세 강화 : 취·등록세, 양도세, 종부세, 재산세 강화
  → 금융규제 : LTV·DTI 강화, 대출 심사 강화, 대출금리
    인상
○ 공급조절
  → 공급 확대 : 공공임대 공급 확대
  → 공급 규제 : PF대출 강화, 분양가 상한제, 재건축규제 강
    화 후분양제도
  → 개발 억제 : 재건축초과이익 환수
○ 기타 : 전, 월세 상한제도

노태우 정부 200만 호

○ 신도시 등 대규모 물량이 집값 10년 안정
  → 3저(저달러·저금리·저유가) 유동자금 증가 부동산 과열

→ 1기 신도시 사업 주축, 25만 가구 영구임대주택 계획

→ 토지공개념 3법 마련 택지소유상한제·개발이익환수제·
　　토지초과이득세

○ 부실 공사 기반 시설 부족, 수도권 인구 집중

공공주도 3080+발표(2021.8.30)

○ 향후 추진 계획

→ 2022년 하반기 지구 지정 완료

→ 2024년 지구계획

→ 2025년 순차적으로 입주자 모집(분양)개시

○ 수도권 7곳에 12만 가구 공급

→ 제3차 신규 공공택지의 입지를 최종 확정 발표

→ 태릉 등의 계획변경, 주택시장 상황 감안 14만 가구 공급

→ 의왕 군포 안산·화성 진안 신도시 규모 2곳

→ 인천 구얼2·화성 봉담3 중규모 택지 2곳

→ 남양주 진건·양주 장흥·구리 교문 소규모 택지 3곳

→ 수도권은 기존 도심과의 접근성, 주택수요 등 고려

○ 지방은 대전·죽동 세종조치원·연기 등 20만 가구

→ 기반 여건에 맞는 교통량과 기반 시설, 자족 기능 등을
　　구축

→ 주요 도심 주거 업무기능 등 분산 수용할 수 있도록 개발

○ 공급 숫자에 연연하지 말고 3년을 흘러버린 신도시 6곳부
터 자급 자립의 우량 택지로 조기에 가시화하여 무주택자
‘희망고문’을 줄여야

→ 공급을 도외시하면서 실패한 정책의 후유증이 너무 큼

→ 임기 말 '영끌' 공급, '공공' 매달리다 또 희망고문

예비후보 공약의 비현실성

▷ '누구나 집' 비현실성

○ 확정 분양가 10%만 내고 입주, 10년 후 분양 전환 가능

→ 무주택자, 청년 신혼부부, 고령자, 임대료 시세 85~95%

○ 집값이 계속 올라야만 성공하는 모순적 사업 구조

→ 10년 민간참여 의문, 사업비 30% 정부 재정, 수익 낮음

→ 집값 하락에 따른 손실 민간 사업자 정부가 떠안아야

▷ 원가에 준대도 살 수 없는 청년 : 원가 주택

임대주택 : 전세난에도 텅 빈 공공임대

○ 문재인 정부 4년간 공공임대주택 50만 가구 공급

→ 화성 방문 '누구나 살고 싶은 아파트' 호평. 25%가량 공실

→ 시장과 서민 주거 현실에 깜깜이 정부의 무능

○ 전세대란 벌어지고 있지만 공공임대주택 텅텅 비어 있음

→ 2020년 LH 공급임대주택 7만 채 16.6%(12,029 공실. 5월)

○ 공공임대주택이 비어 있는 주요 요인

→ 시장 수요 만족시키지 못하는 탓. 서울 일터와 너무 멈

→ 입지, 면적, 품질 등이 수요자들 눈높이에 미치지 못해서

→ 사회초년생 공급되는 공공임대 행복주택 전체 물량의 97% 17평 미만(10년째), 혼인 기간, 소득 신청 기준 완화 해도 신혼부부 외면하면서 공실이 해소되지 않고 있음

○ 공공임대주택이 전월세난 해결책이 되지 못함

→ 정부 2025년까지 공공임대주택 240만 가구 달성 목표

○ 공공임대는 주거 복지 정책

→ 마치 전 국민을 위한 주택 공급 대책인 것처럼 접근

○ 대선주자 임대주택 공급 문제 : 용지+재원 마련=허술

→ 기본주택 100만+250만 가구. 수도권 50만

○ 민간주택 청약 열기는 여전 : 국민 내 집 마련 욕구 반영

→ 반시장적 규제 걷어내고 민간 공급을 늘릴 방안 찾아야

패러다임 변화

○ 프롭테크(PropTech) 주도의 시장 성장

○ 부동산 3법의 전면 개정과 보완

○ 시장 친화적인 토지 활성화 제도 도입

○ 3주택 이상 주택 대출금 회수, 법인 특혜 세율의 폐지

○ '대한민국 미래 홈 케어(K.F.H.C.)' 1가구 1주택 정착

공약(公約)

▷ 비전 : 전 국민 주거 안정 실현

▷ **목표 : 주거의 질 향상, 무주택자 우선 공급**

▷ **핵심공약**

　○ 주택 200만 호 공급

　　→ 공공·민간 주택 매년 20만 호 공급

　　→ 건축 공정 80% 완공 분양 의무

　　→ 급등 지역 분양 원가 공개 실시

　　→ 평당 800만 원 이하 원가로 100만 호 공급

　○ 주거지원

　　→ 차상위 계층까지 주거급여 확대

　○ 전·월세

　　→ 임대차 3법 개정, 실거주 규제 풀자 전세 11% 증가

　○ 재개발·재건축

　　→ 재건축 규제 완화

　○ 2017년 이전 집값으로 회귀

　　→ 다주택자 매물 시장 출하를 위한 특단의 대책

　○ 세제 개편

　　→ 양도세 한시적 감면 및 폐지

　　　☞ 다주택자 보유 228만 가구 중 20% 수준인 50만 가구

　　　　매물을 유도

　　　☞ 50만 가구 중 20%가 아파트로 가정하면 10만 가구

　　→ 보유세 올리고 거래세 낮춤

　○ 청년·신혼부부 공급

　　→ 무주택자에게 5년 100만 호 공급

→ 담보인정비율(LTV) 조절, 저리 융자 등 금융지원
○ 문 정부 200만 호 공급 계획 문제점 해결
→ 기존 수도권 127만 가구 공급+2·4 계획 83만 가구
☞ 주택 공급 물량은 노태우 정부 당시 '200만 호' 비견
☞ 13만 600호 공공 직접 시행 정비 사업에 민간참여 미지수
☞ 주요 강남 재건축 단지 참여가 관건

세부 대책

▷ **부동산 입법 만능주의**
○ 부동산 입법 만능주의 탈피
○ 공청회, 학계, 전문가 소통 통환 입법 생태계 복원

▷ **다주택자 혜택 폐지**
○ 3주택 이상 보유자 대출금 회수
○ 법인 부동산 세율 특혜 폐지(0.7%)
○ 재벌 대기업의 부동산 투기 엄벌
○ 전국 228만 채 이르는 다주택자 소유 매물 시장 출하

▷ **집값·전세 가격안정**
○ 2년 이내 양도세 인센티브 등을 과감하게 실시
○ 3년 이내에 주택을 공급할 수 있는 단기 대책 마련
○ 수급 불균형으로 과열된 부동산시장에 공급 물량 제공
○ 전세 안정

→ 임대차 3법 폐기 후 재건축규제 풀어 강남 숨통을 터줌

○ 시장 안정을 위해 투트랙 전략을 구사

→ 민간부문이 주도해 공급

→ 주거 취약계층을 위한 공급 사업은 공공기관이 담당

▷ 공급

○ 재건축 완화

→ 재건축 초과이익환수제를 없앰

→ 재건축 안전 진단 완화

○ 8·4 공공개발 보완

→ 지자체·주민·전문가로 구성된 회의체를 통해 의사결정

○ 공급계획을 연도별로 세워 매년 주택 공급

→ 매년 서울 5만, 수도권 13만 가구 필요

→ 2025년 85만 가구 공급계획 현실성 있도록 전면 개편

▷ 원가연동제·토지임대부

○ 택지원가연동제와 토지임대부 주택 도입

→ 공공이 조성한 공공택지가 부동산 불로소득 현상 심화

→ 건물만 분양하는 토지임대부 실시

→ 나중에 팔 때 공공이 소유권을 가져오는 환매조건부
주택

▷ 지역 안정

○ 지역별 맞춤형 대책

→ 지방 도시 특성을 고려한 맞춤형 대책 추진

→ 정비구역 지정에 대해 주기적으로 점검 해제 검토

→ 해제 재정지원, 도시재생 구역으로 전환, 출구전략 마련

→ 사업방식의 다양화, 지방자치단체와 연계 블록 단위 정비

→ 지방 도시 도심 주거지역 공동화 방지, 심의 허가 강화

▷ 청와대 인식 전환

○ 부동산 정책의 실패를 구체적으로 인정하고 사과

○ 문제점을 제대로 인식하고 재발 방지 대책을 내놔야

○ 정부의 부동산 대책이 덜 강력해서 시장해서 작동하지 않은 것이 아니라 반(反)시장적이라 부작용만 발생

○ 임차인 보호하겠다며 임대차법 강행 전세 폭등 부작용

○ 집 사지 말라고 윽박지르고 대출 조였지만 피해자 양산

○ 정부는 말이 아니라 집값 안정시키는 행동으로 보여줘야

▷ 신산업 육성

○ 부동산 신산업 프롭테크 육성

→ PropTech(Property Technology) 산업 육성

○ 프롭테크 핵심은 빅데이터를 통한 수요와 공급 조절

○ 새로운 분야 투자, 미래의 부동산 수요 공급 조절

○ 세계적으로 PropTech 산업이 폭발적으로 성장 중

○ 국민들 부동산 열기를 프롭테크 산업으로 전환

○ 프롭테크 산업은 기술을 활용한 선진화 산업 Trend

○ 정책적 지원, 투자자 발굴, 기업의 참여가 필요

9장. 노동

한국판 하르츠 개혁

··

노동 개혁은 쉬운 해고가 아니라 저생산성에 대한 개혁을 말한다. 저성과자가
용납되는 노동 관행이 계속된다면 기업 경쟁력은 크게 떨어진다. 코로나 팬데
믹으로 재택근무가 일상화되고 시간선택제 등 유연 근무제가 늘고 있는데 관
련 법 제도는 미비하다. 포스트 코로나 시대는 누구나 역량과 직무 가치에 따
라 공정하게 보상받아야 한다. 근로자 사용 규제, 고용 보호 등의 노동 경직성
을 해결해야 한다.

현황

▷ 산업화 시대의 노동관계법
○ 굴뚝 제조업 공장 시대의 법체계를 그대로 유지
○ 1998년 개정 후, 4차 산업혁명 시대 변화를 반영 못 함

○ 정년 연장, 호봉제 개편 없이 임금 피크제 도입 부작용

○ 현장에서 노사 갈등은 현재 진행형, 대기업 노조만 혜택

▷ 기형적 임금체계

○ 연봉제 임금체계

○ 통상적 임금 범위 정의가 애매모호

○ 능력과 상관없는 호봉제 기반의 복잡한 임금체계

▷ 시대 변화

○ 코로나 팬데믹과 재택근무 확산, 플랫폼 노동자 급증

○ 향후 3년 이내에 자동차·철강·조선 등 국내 10개 업종에서 708,000개 일자리가 사라질 가능성

○ AI, 로봇 등 DX 혁명, 올 디지털로 기존 일자리 감소

문제점

▷ 노동시장의 이중구조

○ 대기업·공공부문 vs 중소기업, 정규직 vs 비정규직

○ 대기업과 공공기관을 중심으로 한 1차 노동시장의 노동운동은 임금 및 근로조건에서 임금 인상 투쟁 위주

○ 중소기업·하도급·비정규직 등은 노조 조직이 낮아 내부 단결력도 취약하며 대기업·정규직 독과점 담합 비용 전가, 사용자의 권위주의적 경영 등으로 경쟁력이 매우 부족한 열악한 노동시장이 됨

▷ 임금 격차

○ 대기업에서 흡수하지 못한 노동력이 중소기업으로 이동하지 않는 이유는 싼 인건비. 구인난 구조적 문제

○ 중산층이 일했던 대기업 고용 비중은 40% → 10% 급감

○ 기술 혁신과 글로벌화에 소외된 중소기업의 고용 비중은 90%로 늘어나 중산층 일자리 하향 이동됨

▷ 근속기준

○ 대기업과 공공부문 임금 결정 방식과 고령화된 인력구조

▷ 자산 격차

○ 치솟는 물가와 폭등하는 집값으로 인한 자산 격차 심화

▷ 정년 연장

○ 정년제도의 개선, 통상임금 문제, 연공 임금체계, 휴일근로의 연장근로 한도 포함 등 문제 산적

○ 임금, 근로시간, 정년, 노동시장 전반을 아우르는 종합적이고 미래지향적인 논의가 필요

노동 유연성

▷ 개념

○ 노동시장의 환경이 변할 경우 고용, 임금, 근로시간 등을 신속하게 변화시켜 노동시장 전체가 변화된 경제에 성공적으로 적응할 수 있도록 만드는 것

○ 단순히 고용과 해고를 용이하게 하는 것은 아님
○ 기업이 새로운 사업 환경에 신속히 대응하는 능력과 근로자가 하루가 다르게 바뀌는 근로환경에 용이하게 적응하는 능력을 포함

▷ **정의**

○ 경기상승이나 침체 등 노동수요의 변화를 가져오는 외부환경 변화에 대응해 인적자원의 신속하고도 효율적 배분 또는 재분배되는 노동시장의 능력
○ 해고의 용이성, 임금의 결정 방식과 신축적 조정 가능성, 유연한 근로시간, 노동시장의 인프라 등을 종합적으로 검토해 평가
○ 진보는 노동수요 변화에 따라 근로시간, 구성원 수를 조정하거나, 성과급에 따른 임금 유연화를 보수는 해고의 용이성, 임금의 결정 방식을 각각 주장

▷ **분류**

○ 노동 유연성은 그 획득 수단에 따라 노동수요 변화에 맞춰 근로시간이나 구성원 수를 조정하는 수량적 유연화
○ 직무 순환이나 기능공 양성을 통한 기능의 유연화
○ 기업 성과에 따른 성과급제 등 임금 유연화로 나누어짐

▷ **중요성**

○ 노동시장 유연성이 제고될 경우 노동수요뿐 아니라 다양한 형태의 노동 공급 역시 증가

○ 결국 보다 많은 근로자가 다양한 형태의 일자리 얻게 됨

○ 우리나라의 경우 정규직의 지나친 고용 보호를 완화하여 정규직과 비정규직 간의 고용 보호 격차를 줄일 경우 노동시장 전체의 유연성이 제고되면서 상당 규모의 일자리가 창출될 것

○ 기업은 신기술의 도입과 생산조직의 재편성을 통해 유연한 조직으로 탈바꿈해야 하며

○ 근로자 역시 지속적으로 새로운 기술을 습득해야 하는 상황

○ 노동시장의 유연성에 대한 요구는 갈수록 증가할 것

필요성

▷ 경제 성장의 필수 조건

○ 정권 차원의 문제가 아니라 지속적이고 일상화돼야 함

○ 한국경제의 경쟁력을 갖추기 위해 반드시 필요

○ 선진국 경제위기 극복을 위해 구조개혁의 일환으로 노사문제, 노동시장의 개혁을 핵심 어젠다로 추진

○ 네덜란드의 바세나르 협약, 독일의 하르츠개혁

▷ 고임금의 철밥통 없애야

○ 고임금을 받으면서 일을 하지 않는 철밥통 없앰

○ 정년 연장이 아니라 청년 일자리를 창출해야 함

○ 민노총 산하 강성노조가 물량을 나눠달라는 노조원을 폭행

○ 현대차는 지난 25년간 국내 공장 전혀 짓지 않고 있으며 2019년 이후엔 생산직 신규 채용까지 전면 중단

○ 정부·지자체·현대차 상생형 일자리 기업인 광주글로벌모
터스를 출범시킬 때도 현대차 노조와 민노총은 방해
○ 대기업 귀족노조가 기득권 철옹성 지키고 있음
○ 강성노조 개혁 없이는 청년 일자리 문제는 해결되지 않음

▷ DX 시대 노동 트렌드 변화
○ 노동 개혁은 미래 세대를 위해 반드시 필요
○ 정부와 기업 노사와 국민의 사회적 대타협
○ AI 시대 3D 노동을 대체할 로봇과 공존 준비

패러다임 변화

○ 대기업 노조 혁신과 고용 유연성 확보
○ 비정규직이 만족하는 노동구조 실현
○ 동일노동 동일임금 체계의 조기 정착
○ 근로기간 제한법 폐지, 노동 관련법 개정
○ 최저임금, 주 52시간 운영의 전면적 개편

공약(公約)

▷ 비전 : 공정 노동 사회 실현

▷ 목표 : 노동시장 격차 해소

▷ 핵심공약

○ 노동 개혁

  → 산별노조 육성

  → 동일가치노동 동일임금 원칙

  → 귀족노조의 기득권 독점 구조 타파

  → 최저임금의 업종별 지역별 차등 도입

  → 노동 유연성 높이고 권력화 귀족노조 약화

  → 주 52시간 탄력 적용, 근로시간 자기 결정권 도입

  → 노동시장 유연성이 떨어짐

    ☞ 인적 효율적 배분 안 됨

    ☞ 기업 신규고용 꺼림

    ☞ 기업 활력과 역동성이 떨어짐

  → 노동시장 유연성·안정성을 동시에 높이는 사회적 대타협

○ 강성노조 철밥통 개혁

  → 강성노조를 변혁하지 않으면 한국경제 제조업 미래 없음

  → 강성노조가 죽어야 청년이 살아남

○ 편향적인 친노조 정책 폐기

  → 반(反)기업·친(親)노조 법안 전면 개정

  → 노조의 사회적 책임 강화

  → 불법 폭력적 노동 행위 금지

  → 파업 시 대체 근로 허용, 사업장 점거 금지

  → 노조원의 특권 폐지, 운영의 투명화

○ 연금개혁과 산업 구조 선진화

  → 제조업 근로자들을 신(新) 노동시장에 새롭게 안착

○ 포스트 코로나 시대와 4차 산업혁명에 대비

  → 위드(With) 코로나 시대와 4차 산업혁명 시대에 맞게

노·사·정과 여야가 함께 개편해 좋은 일자리 창출
→ DX 시대 발생하는 인력 구조 조정에 유연하게 대응
→ 실업급여 최대 2년간 제공하고 전직 훈련 안정적 지원
→ 대기업·공공부문 정규직 노조 3년 임금 인상을 자제
→ 직무 가치·생산성을 반영한 AI 시대 임금체계로 개편
→ 규제 완화로 민간의 고용 부담을 낮추며 교육·훈련 강화

10장. 저출생·고령화

저출생·고령화

....

곤두박질친 출산율을 보면 문재인 정부의 저출생 대책은 실패했다. 한 여성이 평생 낳을 것으로 기대되는 합계출산율은 0.84명이다. 현재 출산율이 지속되면 향후 인구는 감소하고 고령화는 더욱 심해진다. 65세 이상 고령자 인구는 전체의 15.9%로 고령사회에 진입했다. 2026년에는 20%가 넘어 초고령 사회 진입이 예상된다. 저출생·고령화 문제는 국가경쟁력을 위해 반드시 해결해야 한다.

현황

▷ **예산**
　　○ 출산 고령화 예산 올해 80조 원
　　○ 중앙부처 356개 과제 72조 7,000억, 지자체 7조 2,700억

○ 저출생 46조 7,000억(2020년 40조 2,000억 16% 증가)
○ 고령화 대응 3조 6,000억 늘어난 26조 원 투입 기초연금
18조 9,000억, 노인 일자리 80만 개 4조 4,000억

▷ 합계출산율
○ 유엔 인구기금(UNFPA) 발표 198개국 중 꼴찌
○ OECD 회원국 합계출산율 1명 미만인 국가는 대한민국뿐
○ OECD 37개국 평균 합계출산율은 1.68명으로 우리의 2배
○ OECD 합계출산율 2.1명 이하를 저출산 국가, 1.3명 이하는
초저출산국가로 분류
○ 우리나라는 이미 2002년 1.18명으로 초저출산 상태였음

▷ 출산율 추이
○ 2018년 0.98명 사상 처음 1명 미만을 기록하더니 2019년
에는 0.92명, 2020년 급기야 0.8명대로 추락
○ 지난해 출생아 수는 27만 2,400명으로 역대 최저치 기록

▷ 인구감소
○ 출생아 수 〈 사망자 수. '인구데드크로스'로 인구 자연 감소
○ 통계청은 향후 50년간 국내 총인구 1,200만 명 감소 예상

▷ 65세 노인 비율
○ 고령인구 비율이 7%를 넘으면 고령화 사회, 14%를 넘으면
고령사회, 20%를 넘으면 초고령 사회
○ 한국은 2000년에 고령화 사회 진입 후, 2017년 고령사회,

2026년 초고령 사회 진입 예상

원인

▷ 경제적
○ 육아로 인한 경제적 부담
○ 고용과 소득, 부동산, 교육비용 부담
○ 일과 양육 양립의 어려움

▷ 사회·문화적
○ 가부장적 제도의 굴레
○ 결혼의 지연과 기피
○ 여성이 불리하게 느끼는 제도적 측면

▷ 가치적 요인
○ '나 혼자 산다.', 편하다
○ 실효성 없는 국가 출산 정책
○ 주거, 일자리, 의료 등에 대한 두려움

문제

▷ 미래에 대한 희망이 사라짐
○ 미래가 희망적이지 않아 아이를 낳지 않음
○ 결혼하고 출산하면 자기 성장 정체·후퇴, 경력단절
○ 계층 이동하고 잘 살 수 있는 사다리가 사라진 사회

○ 일자리 부족, 비정규직 36.3%, 여성 45%가 비정규직
○ 출산·육아·보육이 여성들에게만 요구하는 치우친 구조
○ 사회로부터 축복받아야 할 출산이 두려움의 존재로 부각
○ 주거·보육·일자리 문제와 가족 책임에 대한 가치관 변환
○ 출산하고 싶지만, 책임을 질 수 없음에 출산 회피 경향
○ 부동산 가격 폭등으로 월급만으로 내 집 마련은 하늘의 별
  따기

▷ **실패한 정부의 출생 장려 정책**
○ 2006년부터 2020년까지 저출생 문제 해결 380조 원 투입
○ 2020년 약 40조 지출했으나 출생아가 27만 4,000명 수준
○ 40조 원 상세한 지출 내역 분석 필요, 선택과 집중이 필요
○ 잘못된 진단, 근본적 해법 없이 현금 살포식 예산 낭비
○ 돈으로 해결할 수 없는 저출생 문제

▷ **인구정책 모방할 국가가 없음**
○ 대부분 선진국 합계출산율이 1.6명에서 1.7명 유지
○ 인구가 서서히 감소해 충분히 대응이 가능한 상황
○ 하지만 1명 이하는 완전히 차원이 다른 심각한 상황
○ 초저출생 문제는 우리가 해결해야 할 지상 과제로 부각

▷ **안보·경제 생산능력 치명타**
○ 안보적인 측면에서 국가의 존망과 존립이 달려있음
○ 청년 인구 노동력 부족, 생산성 저하로 경제 활력 저하
○ 인구감소로 인한 경제 성장에 악영향 국가 경제력 추락

▷ 사회 인식 전환

○ 결혼은 선택, 연애는 필수

○ 출산율이 아니라 출생률로 단어를 바꿔야

○ 경력단절을 최대한 줄여주는 사회적 시스템을 완비

○ 출산은 여성들만의 문제가 아니라 사회 전체 문제로 인식

▷ 2047년 전국 모든 지자체 인구 소멸

○ 2047년 지방 157곳 소멸 고위험

▷ 본질적 문제

○ 출산율에만 주목할까?

○ 젊은 여성(청년)에게 책임을 전가

○ 목소리가 큰 남성 특히 고령층은 방관자 입장

○ 그런 남자뿐이라서 더욱 결혼하지 않는 여성이 늘음

○ 경제·교육·보건·국방 등 전 분야에 닥칠 퍼펙트 스톰

○ 저출생·고령화로 연금 의존 급증, 생산 가능 인구 감소

　→ 100명당 부양 65세 인구 22명에서 2040년 65명 증가

○ 연금 받을 공무원을 늘리고 세금 낼 사람은 줄이는 정책

필요성

○ 미래에 대한 낙관 있어야 아이를 낳음

○ 일자리 비정규직 비율 높은 것도 큰 원인

○ 세종시 합계출산율 우수 비결은 보육과 일자리 안정

○ 강원도 화천 우수 비결은 교통·의료 등 세세한 지원 구조
○ 외국과 달리 아이가 성장해도 주택문제 등 책임 인식

보육 패러다임의 변화

○ 육아 문제를 국가 책임지는 책무성을 강화
○ 저출생 극복을 위한 AI 활용한 개인 맞춤형 지원
○ 국공립 어린이집 이용률을 70% 이상으로 끌어 올림
○ 임신에서 요람까지 '코리아 미래 케어 시스템 운영'
○ 'K-AI 육아 시스템'을 통해 안전한 교육 현장 운영

고령화

▷ **현황**

○ 5070세대 전체 인구의 35% 차지
○ 아직 건강하고 능력, 스펙, 경험이 최고 수준
○ 가난, 다자녀. 전통 등 어려움을 극복한 스토리 공통점

▷ **문제**

○ 역량을 발휘할 수 있는 환경 열악
○ 한국 사회가 시니어를 너무 빨리 노인 취급함
○ 제조업 인력과 고령화 속도가 선진국보다 빠름
○ 50대 이상이 2010년 15.7%에서 2020년 30.1% 높아짐
○ 30대 35.1% → 27.8%, 40대 27.7% → 26.9%, 청년층
  21.6% → 15.2%로 떨어짐

○ 제조업 근로자 평균연령 11년 39.2세 → 20년 42.5세

▷ **필요성**
　○ 시니어들의 능력이 사장되는 것을 막음
　○ 5070세대는 생산인구로 활용할 수 있는 유일한 세대
　○ 생산인구가 줄고 고령자가 늘어나는 사회문제 해결
　○ 시니어 일자리는 청년들과 경쟁하는 분야가 아님

▷ **방향**
　○ 선배 돌보고 후배 후원하는 일거리 창출
　○ 시니어와 청년의 지혜로운 공존의 길 모색
　○ 시니어 세대의 기운을 북돋워 고령사회에서 제 역할
　○ 직무 체계 반영한 임금체계로 개편, 노동 유연성 제고,

공약(公約)

▷ **비전 : '아이를 걱정 없이 낳을 수 있는 사회', '청년과 시니어의 지혜로운 공존 사회'**

▷ **목표 : 출생율 높이고 노인 빈곤율 낮춤**

▷ **핵심공약**
　○ 임신부터 요람까지 'K-미래 케어 시스템 운영'
　　→ 'K-AI 육아 시스템'을 통해 안전한 교육 현장 운영
　　→ 출산 위기 해소. 임신 확인부터 진료비 지원 출산 지원

　　　　→ 출생 신고 간소화

　　　　→ 친권 제도 개선(영아살해 미수 혐의 구속 엄마 친자등록
　　　　　방지)

　○ 저출생 공약

　　　　→ 보육에 대한 국가 책임제 실시

　　　　→ 출생·육아에 대한 경제적 지원

　　　　→ 육아 휴직 의무제 시행, 국공립 어린이집 70% 확대

　○ 돌봄 국가 책임제

　　　　→ 초등돌봄교실 1,000개 확충

　　　　→ 국공립 어린이집 1,000곳 확충

　　　　→ 어르신, 어린이, 영유아의 돌봄 국가 책임제

　○ 문재인 케어 폐기

　　　　→ 병원비 걱정 없는 나라는 허구

　　　　→ 의료 시스템을 비용 절약형으로 개편

　　　　→ 건강보험 상한선을 8%로 지키는 정책 추진

　　　　→ 진료비 보상체계, 건강보험 수가 등 시스템 전면 개혁

　　　　→ 초고령 사회를 대비해 의료 시스템 건강보험제도 정립

　○ 정책 방향 전환

　　　　→ 출산과 보육 지원에서 삶의 질 향상과 성평등 전환

　　　　→ 현금 뿌리기 정책이 아니라 일자리, 주거 문제 해결 등
　　　　　중장기적 대책 마련

　　　　→ 출생 친화적 사회 분위기 조성

　○ 경제적 혜택 지원 정책 추진

　　　　→ 육아 휴직 급여의 현실화

　　　　→ 아동 수당 도입, 청년 20세 때 적립해 지급

→ 가족 수에 따른 세액공제, 다양한 보육 서비스 시행

→ 부모의 워라밸 지원, 아동 수당, 대가족 수당 제도

※ 워라밸 : Work Life Balance

○ 노인 연령 상한

→ 고령인구 비율 8.4% 감소

→ 2040년 생산가능인구 424만 명 증가

→ 현재 65세로 규정돼 있는 노인 연령을 70세로 상향

○ 노노(老老) 케어(돌봄) 운영

→ 외출 동행, 말동무, 물건 구매 동행 등

→ 전문적인 돌봄은 요양보호사의 보조 역할

→ 80세 이상 선배들을 보살피는 일에 가장 적합

→ 6070 세대는 위아래 세대를 연결하는 서포터 역할 가능

○ 노인 마을 공동체(AIP) 실시

→ 시니어들이 자립해서 살아갈 수 있는 사회 정착

→ 노인의 마을 공동체 생활(AIP ; Aging In Place) 운영

→ 늙어도 요양원이나 실버타운이 아니고 살던 집에서 거주

→ 6070 세대가 활기차게 일하고 세금도 납부하는 사회
완성

▷ **세부 이행**

○ 지역 불균형 해소

○ 저출생·고령사회 위원회 예산 편성

○ 출생 세제 혜택, 직장 어린이집 확충

○ 임신에서 무덤까지 'K-행복소득' 지급

○ 육아 휴직 의무제 시행 및 재택근무제 도입

○ 0세부터 초등학교 학생의 방과 후 돌봄 서비스

○ 돈은 많이 쓰고 효과는 없는 기존 대책 전면 재검토

○ 보건복지부·기획재정부·국무총리실 등 정책책임 추진

○ EduTech 실시로 교육 격차 해소와 사교육비 경감

○ 청년 수도권 집중 가속화가 지역 불균형 문제에 핵심, 지역
  활성화 방안 조속 실시

11장. 복지

K-행복소득

이제는 보편적 복지와 선별적 복지 논쟁에서 벗어나야 한다. 기본소득을 포함, 어떤 소득이든 모두 재원 조달 없이는 실현 불가능한 탁상공론이다. 블록체인 기술을 활용 전 국민에게 재원 부담 없이 지급할 수 있는 'K-행복소득'이야말로 AI 시대 복지제도의 게임 체인저다.

기본소득 논란

▷ 배경
- 기존 전통적인 복지제도로 해결할 수 없는 문제 발생
- AI Robot 등장으로 일자리 변화, 육체노동자, 고학력자, 전문직 일자리 사라짐
- 기술 혁신과 생산성 향상으로 경제 성장 부가가치 소수 독

점, 미래 AI Robot 1%, 일자리 없는 99% Divide
- ○ 사회보험 혜택 연결의 시스템 붕괴, 노동시장 취약성, 사각 지대 발생. 비정규직의 사회 안전망 배제
- ○ 정부 주도 재정지원 성과 미흡. 저출생, 청년실업, 고령화

▷ 개념
- ○ 기본소득 = Universal Basic Income
- ○ 모든 시민이 빈곤선 이상의 생활 수준을 유지할 수 있도록 충분히 많은 현금 급여를 매달 지급하는 것
- ○ 모든 개인에게 소득심사나 재산심사는 물론 노동 요구 조건 없이 월 단위로 무조건적 지급되는 소득
- ○ 전 세계 어느 국가도 전국적 실시된 적 없음

▷ 조건
- ○ 보편성 : 사회구성원 누구나, 국적 불문, 나이 불문
- ○ 무조건성 : Unconditionality, Test 조건 없이 누구나
- ○ 개별성 : 개인별 지급, 기초생활보험, 가구와 차별
- ○ 정기성 : 매월 현금지원, Cash Transfer, 조세지출 과다
- ○ 충분성 : 최저 생계비가 아님, 인간다운 삶 누릴 수 있음

문제

▷ 전제
- ○ 지금 꼭 필요한지
- ○ 어떻게 실현할 것인지

○ 재원은 어떻게 마련할 것인지

○ 제도 도입의 구체적 방안, 필요 보완 대책은 무엇인지

○ 국민연금, 고용보험 등의 기존 사회보험제도 관계 설정

○ 연금생활자, 기존 복지 대상자 받던 혜택과의 조정 문제

○ 저소득 노인 다른 복지 혜택이 줄어들 우려에 기초연금 신청하지 않음. 노인 빈곤율 42% OECD 가장 높음

▷ 기본소득은 공책(空策)

○ 매월 4만 원 주는 것은 기본소득이 아님

○ 10년 후 2032년 돼야 매월 50만 원 지급이 가능

○ 재원 대책은 탄소세, 로봇세 등 실현 가능성 적음

○ 기본소득만큼 저소득층의 복지 혜택은 줄어들 수밖에 없음, '줬다 뺏는' 기본소득이 될 공산이 큼

○ 논란을 피하려고 기존 복지는 그대로 두고 기본소득만 주겠다고 할 수 있지만, 헌법재판소는 2019년 기초연금을 실질소득에 포함하는 법 조항이 합헌이라고 판단

○ 헌재가 기초연금을 소득으로 인정한 만큼 기본소득에도 같은 기준이 적용돼야 함

○ 헌재가 제시한 원칙에 반하면서까지 기본소득을 밀어붙이면 사회적 논란과 비용이 상당할 것

○ 현실 적용 과정에서 벌어질 기술적인 문제들 만만치 않음

○ 만약 기본소득이 강행되면 기존의 복지 관련 법을 얼마나 뜯어고쳐야 할지 알 수 없다는 지적

○ 기본소득은 기존 제도들과 곳곳에서 파열음을 내며 전체 복지 시스템을 흔들 것

○ 목표를 위한 날림 공약을 넘어 신구 제도의 조화까지 면밀히 살피는 신중한 접근이 필요

▷ 안심 소득은 미적분책(微積分政策)

○ 복지체계의 대수술을 전제
○ 중앙 정부와 협의 국민적 공감대 설득 필요
○ 정부 관련 부처와 얽히고설킨 문제를 풀기 어려움
○ 기존복지 수혜자의 피해가 없도록 하려면 추가 재원 확보
○ 서울시민 대상 10조 원, 전 국민 대상 53조 원 매년 투입
○ 안심 소득도 소득인 만큼 다른 혜택을 줄 수밖에 없음
○ 서울시는 사업 대상을 축소하고 시범사업 형태로라도 추진하려 하지만 지자체 복지 심의 보건복지부 회의적

▷ 공정 소득은 산수책(算數政策)

○ 선거에서 패배하는 필패 정책
○ 더 주기 위해 추가 세금을 걷자는 것
○ 세금을 내는 소득자는 전혀 배려하지 않음

▷ 마이너스 소득은 영책(Zero政策)

○ 근로 징벌(懲罰) 세금이며, 근로 포기(抛棄) 장려금
○ 소득이 많은 사람에게 세금을 더 많이 거두는 추가 누진 과세를 통해 소득 재분배 효과가 커지는 고비용 복지
○ 재원 마련은 인적공제·근로소득공제 폐지, 연관 분야 구조 조정, 부가세율 인상, 사회복지 지방비, 근로 및 자녀 장려금 전환에서 조달 가능하다는 전제

○ 더 적게 벌면 더 많은 혜택을 받게 돼 근로의욕 저하

○ 더 많이 벌면 더 많은 세금을 내게 되는 구조

○ 혜택받는 사람과 피해 보는 사람이 같아 득표 도움 안 됨

기본공약 문제

▷ **일부 부처 '기본정책' 아이디어 발굴**

　○ 기본 R&D 정책을 추진, R&D 지역별 격차가 큼

　　→ 대학·기업의 연구시설, 서울·경기·대전 예산 많이 배정

　　→ 이 예산을 기본소득, 기본주택, 기본 금융에 배분

　　→ 유력 주자를 의식 원칙과 상식에 맞지 않음

K-행복소득

▷ **개념**

　○ 기본소득의 대안

　○ 전 국민에게 기초적인 생활비를 디지털 화폐로 선지급하여 소비 지출하게 함

　○ 시장에서 거래되는 금액에 대해 세금을 부과하여 지출된 재원을 다시 환수하는 AI 시대 'New 복지'

▷ **목적**

　○ 코로나19 경제위기 상황에 전 국민에게 일정한 금액을 매달 지급함으로써 최소한의 경제적 활동을 보장하는 'AI 시대 대한민국의 New 복지' 실현

▷ **내용**

　○ 디지털 화폐 시대에 AI와 블록체인 기술을 활용해 전 국민에게 일정한 기간 매월 지급하는 것이 'K-행복소득'

▷ **방식**

　○ 안심 소득, 마이너스 소득 그리고 기본소득 등 기존의 현금 복지 제안은 먼저 1년 동안 마련된 재원 범위 내 다음 해 1년 동안 12개월로 나누어 지출하자는 것

　○ 'K-행복소득' 완전 역발상으로 먼저 전 국민에게 1년 동안 12개월로 나누어 디지털 화폐로 돈을 지급해 거래의 시장 규모를 키우는 것

　○ 거래 확대로 경제는 활성화됨

　○ 확장된 시장에 과세하면 재원이 만들어진다는 방식

▷ **환수**

　○ 이론적 기반은 '화폐 수요 이론'

　○ 맨큐(Gregory Mankiw) 하버드 교수가 주장한 "일정 액수를 지급하고 소득세를 부과한다."라는 논리에 근거

　○ AI와 블록체인 기술을 활용해 '자동 환수 알고리즘'을 완성해 놓음

실행

▷ **조직**

○ 'K-행복소득'(가칭) 추진단 신설
○ 정부 측 단장은 장관이 맡고 부단장, 총괄 관리자, 모바일·
금융·세무·홍보·정무팀장 등으로 소수 정예 15인 이내로
구성

▷ **업무**
○ 총괄 관리자는 전체 업무를 관장한다. 금융팀장은 가상 계
좌를 개설. 모바일 책임자는 모바일 결제 방식과 연계. 조
세팀장은 세금 정산 방법을 확정. 홍보팀장은 대국민 홍보
와 사용 방법을 설명. 정무팀장은 당·정·청 협력

▷ **추진**
○ 조직구성과 마스터플랜(1주), 금융기관 및 모바일 업체 업
무협약(1주), 대국민 홍보(1주), 집행(6개월)
○ 운영 기간은 시스템 구축 2주와 추진 6개월

▷ **지급**
○ 19세 이상 4,441만 명에게 6개월간 50만 원씩 디지털 코인
으로 지급

▷ **재원**
○ 예산은 133조 2,300억 원이 필요하지만 'K-행복소득 시스
템'을 활용하면 기본적으로 90% 회수가 가능하기에 13조
2,300억 원의 재원만 필요
○ 알고리즘의 조건에 따라 100% 회수도 가능

▷ **대선 게임 체인저**

   ○ 'K-행복소득'은 대선 복지 논쟁의 게임 체인저이며 사회 양극화, 최저임금, 기본 일자리 문제도 해결 가능함

복지 패러다임 변화

○ 부담과 혜택이 불균형 체계의 전면 개편
○ AI와 블록체인을 활용한 'K-행복복지' 실현
○ 중부담·저복지 체계를 중부담·중복지로 전환
○ 기초연금·고용보험을 강화하고 건강보험 개혁
○ 공무원연금·사학연금·국민연금을 통합 국세청에서 운영

공약(公約)

▷ **비전 : '누구나 혜택받는 공정 복지 실현'**

▷ **목표 : 'K-행복소득' 지급**

▷ **핵심공약**

   ○ 전 국민이 행복한 K-행복소득 실현

      → 18세 이상 국민에게 매월 30만 원씩 6개월 지급
      → 내수 활성화로 자영업자, 소상공인을 살릴 수 있음

▷ **장점**

○ 재원 부담이 없고 경제 활성화
○ 사회 양극화, 부동산 문제를 해결
○ 자영업자와 소상공인을 살릴 수 있음
○ 기존의 복지체계를 유지하기에 반감이 없음
○ 선별복지 장점을 살리고 단점인 복지 사각지대 커버
○ 내수를 살려 일자리 창출이 가능, 성공 모델 수출

12장. 외교·안보

당당한 외교·튼튼한 안보

현재 미국의 최대 관심사는 중국의 부상을 막는 것이다. 미국·일본·인도·호주·유럽으로 이어지는 동맹선(線)은 중국을 포위하고 있다. 미국은 패권국으로서 한국은 동북아를 견제하는 동맹국으로서만 필요한 존재다. 한반도라는 지정학적 위치는 미·중 패권 전쟁의 소용돌이 중심이다. 현재 미·중 패권 다툼 구도 속에서 샌드위치 신세가 된 우리는 노련한 기술 외교를 통해 한미동맹 강화만이 살길이다.

정책 방향

▷ **3각 편대**

　○ 대한민국의 평화와 안보는 국방, 외교, 남북 관계 3개 축

▷ 대선주자

○ 대선 주자들 성향에 따라 정책에서 확연한 차이를 보임

○ 북한 현안에 대한 후폭풍을 우려 제시하지 않음

○ 대일 외교 분야는 적극적으로 의지를 표명

▷ 한미 방위산업 협력

○ 방위산업 경쟁력 향상, 첨단무기 기술 이전. 부품 공급망

미국 패권국의 법칙

▷ 기축통화 규칙에 벗어나면 궤멸

○ 중동의 석유 거래 화폐로 유로화를 주장한 후세인의 몰락

○ 아프리카 국가만 사용 '이슬라믹 디나르' 카다피의 죽음

▷ 무기체계의 플랫폼화

○ 동맹국을 구축하기 위한 강력한 무기 체계 구축

○ 군수 사업은 세계 최대 비즈니스 사업으로 정치와 연계

▷ 에너지 패권 확보

○ 석유 에너지 확보를 위한 패권 다툼

○ 미국 정유사의 이권, 동맹국의 안전한 해상 루트 확보

▷ GSC (Global Supply Chain)

○ 미국의 국익을 위한 제품 공급선의 확보

○ 안전한 제품을 공급하기 위한 동맹국의 무역 루트 보장

▷ 과학기술, DX, AI 산업의 우위

○ DX 산업에서 추월은 용납 못 함

○ 신산업과 신기술 선점은 미래 일자리 확보와 직결

○ 통신 인프라 AI 산업 선점은 국방과 안보의 최대 무기

▷ 세계전략

○ 전 세계의 자유로운 해상망을 기조로 함

○ 중국이 노리는 남중국해 지배력과 정면충돌

○ 바이든 남중국해 자유로운 항해 방해 세력 타협 없음

○ 1차 저지선은 인도·일본·호주를 연결하는 쿼드 결성

○ 2차 저지선은 영국과 호주를 잇는 오커스(AUKUS)라는 이른바 앵글로색슨 동맹(또는 백인 민주주의 연합전선)까지 내닫는 거침없는 대(對)중국 포위망을 구성

○ 대(對)중국 압박의 전초기지인 한국 무용지물에 대비해 오커스(미·영·호)라는 제2 전선까지 마련

미국의 중국 견제

▷ 첨단기술

○ 중국의 하이테크 기업 화웨이를 비롯한 기술 유출 억제

○ 반도체 공급 유통망을 조임으로써 반도체 발전 막음

▷ 일대일로

○ 남중국해 무역 루트에 전면적 도전으로 간주

○ 아프가니스탄 철군으로 중동 정세 불안, 중국 진출 방해

▷ **무역전쟁**
　○ 위안화 환율조작국 지정
　○ 전문인력 방문 금지, 기술 스파이 색출, 인권 문제 거론

문제점

▷ **공약(公約)이 공약(空約)으로**
　○ 당선자들이 공약 이행을 위해 다양한 노력을 기울임
　○ 하지만 집권 5년간 성과를 내지 못하는 경우가 다반사

▷ **정책구상의 허구**
　○ 필연적으로 상대국의 정책적 변화가 동반돼야 함
　○ 지정학적 위치로 주변 강대국들의 전략적 협상에 집중됨
　○ 단기적 정책적 변화를 실현하고 성과를 내기 어려운 구조

▷ **정부의 차별성 부각만**
　○ 현 정부의 정책 실패 등만 고려 차별성만 부각
　○ 먼 미래를 보고 국익만을 위한 실용적인 정책을 공약(公約)
　　으로

핵심과제

▷ **한미동맹**

○ 역대 정부는 한미동맹의 전략적 중요성만 강조
○ 동맹의 전략적 가치에 대해선 정부마다 이견을 보임
○ 미국 입장에선 한반도 정책은 아시아 정책의 종속변수
○ 우리만을 위한 독자적인 이익 창출, 혜택은 제한적 환경
○ 한미관계 설정에 따라 각국이 기대하는 국익의 불균형
○ 미국의 국익이 한국이 기대하는 규모에 비해 크지 않음
○ 동맹국과의 호혜적·전략적 국익보다 자국 이익을 최우선
○ 아시아 정책은 트럼프 행정부 시설보다 더욱 견고
○ 미국 새로운 국익 창출이 없다고 판단한다면 최악
○ 대선 이후 한국에 어느 편에 설 것인지 선택하라 요구

▷ 대중 관계

○ 한중관계는 한미관계보다 더욱 심각한 문제
○ 사실 왜곡하고 부인하는 중국의 대외정책 의사결정 과정
○ 국익 추구를 존중하는 정상적인 국가관계 지속의 어려움
○ 기성세대는 중국보다 일본을 싫어함
○ 2030 세대 일본보다 중국을 더 싫어하는 반중 정서 강함
○ 반중 인식조사에서 58.1%가 중국을 惡에 가깝다고 평가
○ 세계적 반중 정서가 심화하지만, 한국 2030은 더 심함
○ 대선주자들의 대중 메시지가 대선에 영향을 미침
○ 현 정부는 중국과 대립각을 세우지 않으려 눈치를 살핌
○ 새로운 대중 관계 설정으로 2030 표심 얻는 전략을 펴야
○ 한중 간 전략적 협력동반자 관계는 지금까지 없었음
○ 사드 배치를 결정할 시 중국의 비과학적 주장에 대응 실패
○ 중국 눈치를 보며 한미 군사동맹에 대한 전략적 모호성

○ 한국은 천 년 넘게 음양으로 중국의 지배를 받아옴

○ 중국은 지금도 한국을 속국으로 여기고 있음

▷ **대일관계**

○ 대일 외교는 기울어진 운동장

○ 문재인 정부의 허둥대는 대일 외교

○ 징용소송 각하에 대일 외교 기조 갈림길

○ 대법 징용 판결에는 잠잠, 뒤 짚은 1심 판결 호들갑

○ 국내 정치에 활용하는 친일 대 빨갱이 프레임 폐기해야

패러다임 변화

○ 동아시아의 네덜란드와 같은 국가 위상

○ 북한의 비핵화 전략과 전술의 전면 궤도 수정

○ 중국·일본에 밀리지 않는 레버리지(Leverage) 확보

○ 한·미 동맹 강화, 쿼드(Quad) + 가입으로 중국에 대응

○ AI 기술 외교 강화와 한반도 지정학적 위치를 적극 활용

한국의 선택

▷ **한미관계 : 한미동맹 강화**

○ 반중친미(反中親美) 외교의 절묘한 구사

○ 새로운 한미관계 설정을 위한 패러다임 변화

○ 한미관계의 미래를 고민하는 새로운 전략으로 접근

○ 북극항로 개발 시 부산항은 아시아 물류 허브로 부상

○ 지리적으로 중국과 일본에 갇혀 대륙의 반도에 묶였던 한국은 미국을 고리로 해 세계로 나갈 수 있었고 산업화와 민주화를 이룩할 수 있었음

○ 미국은 중국과는 달리 한반도의 영토를 속국으로 생각하지 않고 있음. 미국을 선택한다면 '능력 있는 민주국가' 자리를 유지할 수 있음

▷ **한중관계 : 중국 눈치 보지 않는 당당한 외교**

○ 미국과 동맹 확대를 통한 대중 압박

○ 미·중 패권 다툼에 있어 확인된 중국의 전략적 취약성

○ 한국 홀로 전략적 모호성과 외교술을 발휘에 한중관계를 개선하는 것은 현실적으로 불가능하다는 것을 인정해야

▷ **한일관계 : 명분과 실리의 투트랙 전략**

○ 과거사 문제는 털어버리고 미래지향적 협력관계로

○ 명분과 실리를 동시에 취하는 투트랙 외교술을 구사해야

○ 외교관계가 미래지향이 되려면 해법도 미래지향이 돼야 함

○ 영토주권 문제, 국민의 생명과 안전 대한 문제 단호 대처

○ 경제, 사회, 문화, 스포츠 교류는 미래지향적으로 추진

○ 재일교포 지원법을 제정, 일본 내 한인 네트워크 활성화

공약(公約)

▷ **비전 : 평화 정착 한반도**

▷ **목표 : 상생하는 한반도. 전쟁 걱정 없는 안전 국가 / 굳건한 한미동맹, 튼튼한 안보, 당당한 외교**

▷ **핵심공약**
　○ 외교
　　→ 대미
　　　☞ 한미동맹 강화, 신(新)안보 정책, 방산 수출 늘림
　　　☞ 쿼드(Quad+), 기후변화, 신기술 워킹 그룹 참여
　　　☞ 미국이 한중관계 악화를 최소화하는 노력을 보증
　　　☞ 북중 핵 위협으로부터 미국 핵우산 보장을 요구
　　→ 대중
　　　☞ 상호존중, 당당한 외교, 주권 외교 구사, 고위급 전략
　　　　대화
　　　☞ 사드 배치 때와 같은 중국의 보복에 미국의 강력한
　　　　응징
　　→ 대일
　　　☞ 미래지향적 협력관계 모색. DJ-오부치선언 2.0 시대
　○ 자주 안보 강화
　　→ 북핵·미사일
　　　☞ 미국 협조를 통해 한반도 전술 핵무기 대응
　　　☞ 북한 지난달 초부터 영변 5MW 원자로를 재가동 시작
　　→ 전시작전권
　　　☞ 전시작전권 전환을 위한 협의, 단계적 환수
　　→ 병역
　　　☞ 징병제 희생에 대한 경제적 보상

☞ 모병제실시 검토

○ 한반도 영토 수호 강화

　→ 중형 항공모함 건조로 한반도 해상 안보 강화

　→ 미국의 F-35 스텔스기 105대 도입 (일본 105대)

　→ 차세대 스텔스기 국산 개발 한국형 핵무기급 미사일 개발

○ 주변국 DX 분야 협력으로 뉴 경제지도 실현

　→ 북한과 디지털 트랜스포메이션 분야 협력 도출

　→ 한·중·일+북한 동아시아 경제협력 기구 출범

　→ 중국, 러시아와 뉴 동북아시아 경제 활성화 협력 추진

○ '역외균형(offshore balancing)' 전략 대비

　→ 역내 국가가 먼저 주도적으로 잠재적 패권국을 견제하
　　는 강대국의 역외균형 전략이 가동에 대비해야

　→ 국제정치에서 역외균형의 가장 효율적 수단은 핵무장

13장. 통일

단계적 통일

정부의 굴욕적 대북정책은 참담하게 실패했다. 김정은 위원장과의 회담에도 불구하고 북한의 막말로 국민 마음은 상처를 입었다. 2020년 6월 개성 남북 연락사무소 폭파, 9월 연평도 해역 공무원 피격, 수시로 중단거리 미사일 발사 등 대남도발을 불사하고 있다. 새로운 시대 대북정책은 미래지향적으로 새롭게 전환해야 한다.

북한의 전략

▷ **속셈 : 한반도 지배**
　　○ 한국전쟁을 통해 정복하고 통치하는 데 실패
　　○ 한반도 전역 지배 추구했으나 경제·정치·군사력 열세
　　○ 핵무기·탄도 미사일 개발로 한반도 지배 추구 전략 전환

▷ **현황 : 핵무기 수십 발 보유**

  ○ 경제·재래군사력은 한미 경쟁할 수 없음, 6번의 핵실험

  ○ 북한 정권은 내부적 불안정에 직면, 단호하고 무자비

  ○ 북한의 핵무기 위협 완화하려는 비핵화 협상 전략은 실패

  ○ 북한의 핵무기 위협과 이를 격퇴할 한미 역량 격차 커짐

  ○ 2027년 북한은 핵무기 200개, 대륙간탄도미사일(ICBM) 수십 발, 핵무기 운반하는 한반도 정조준 미사일 수백 발

  ○ 한미는 북한의 위력적 무기에 대응할 준비 계획도 없음

  ○ 영변 5MW 원자로 수소폭탄 핵심 원료 삼중수소 생산거점

▷ **속내 : 지역 강국**

  ○ 핵보유국 지위를 인정받아 미국과 동등한 위치

  ○ 한반도에 대한 미국의 지배 구도를 바꾸려는 수정주의

  ○ 고구려와 같이 지역 강국으로 부상할 수 있는 능력 입증

▷ **목표 : 강성대국**

  ○ 한반도 통일을 이루고 강성대국으로 생존

  ○ 정권 생존 보장과 북한에 대한 절대적인 통제 유지

  ○ 한반도 지배를 북한 정권 통제하에 통일

  ○ 미국 영향력에 도전, 중국 의존에서 탈피, 지역 강국 부상

▷ **예측 : 핵무기 위협**

  ○ 북한이 강압과 억제를 위해 핵 무력행사를 선호

  ○ 핵을 실제 공격하기보다는 200개 핵 보유로 강압 행사

○ 북한이 내부 문제 해결용으로 핵무기를 제한적 사용 가능
○ 핵 위협에 대응하기 위해 더욱 효율적 방어 체계 구축
○ 비핵화 가능성 배제하고 핵무기 위협을 감소시키는 조치

▷ **핵무기 역할 : 미국 협상**
○ 북한 핵무기는 북한의 모든 것을 해결해주는 열쇠
○ 북한은 일관되게 핵무기를 보검(treasured sword) 칭함
○ 대북 제재를 해제, 다른 경제적 이익을 주어 협상해야

한미의 선택

▷ **전략 실패**
○ 북한의 비핵화를 지속적으로 모색해왔지만 실패
○ 김정은 핵무기를 포기하지 않을 것이 분명해짐
○ 핵무기를 통한 북한의 강압과 핵확산은 억제되지 않음
○ 북한 내부 관심을 돌리기 위해 도발할 경우 위협이 됨
○ 북한은 미국 핵 보복에 위협을 느끼고 있음
○ 미국 본토 핵 공격 감행 시 한미 안보 약화 우려

▷ **다양한 대응**
○ 북한이 핵무기 공격 감행할 경우 정권을 제거하는 전략
○ 북한의 제한된 핵 공격에 대응하기 위한 미국의 의지 공표
○ 미군 기지를 공격할 경우 미군 철수가 아니라 정권 제거
○ 북한 핵무기 숫자가 일정 규모 넘으면 선제 참수 공격 경고
○ 북한의 지하 지휘소를 파괴할 무기를 한반도에 배치 대응

○ 북한 과다한 핵무기 보유 미국의 핵우산 정책에 의문 제기
○ 한반도에 전략적 핵무기 재배치를 요구
○ 정보전 및 심각한 상태의 물리적 교전을 막기 위한 노력
○ 주요 정보전을 통해 핵 공격을 억누르는 북한 행동 억제
○ 인권침해, 부패, 수뇌부의 사치 생활 도덕적 해이 초점
○ 북한 탄도미사일 실험할 경우 북한 선박 압수 조치

공약(公約)

▷ **비전 : 한반도 평화 정착**

▷ **목표 : 단계적 통일**

▷ **핵심공약**
　○ 실사구시의 한반도 통일
　　→ 이념과 정치적 체제를 뛰어넘음
　　→ 남북한 모두 성장과 발전에 도움
　○ 단계적 접근을 통한 통일
　　→ 서두르지 않고 민간 교류와 인터넷 소통으로 단계적 발전
　○ 미래를 향한 지속적 교류
　　→ DX 시대 경제 발전을 위한 북한에 제조업 이전
　　→ 남한은 신산업 신기술 위주와 R&D 개발 위주
　○ 남북 모두 Win-Win 통일
　　→ 남한의 국민과 북한의 인민 협력하는 행복한 통일
　○ 남북 경협

→ 남북 관계 개선 이후 한반도 통일 경제 성장 시대 추진

→ 남북 경제·사회 협력 강화 실질적 협정 체결

○ 개성공단 금강산 관광

→ 개성공단 재개로 한반도 신경제 벨트 구축

○ 남북대화

→ DX 산업 분야 교류 및 소프트웨어 개발 민간 협력

→ 판문점에 남북 이산가족 면회소 상시 개설

○ 종북정책 폐기

→ 남북 상호 간 정치 불간섭 선포

→ 독일 전 서독과 동독의 체재 경쟁을 유도

○ 동북아 진출

→ 북극항로 시대 대비 동해항 개발

→ 크루즈 선박을 통한 관광 산업 육성

→ 블라디보스토크 LNG 직접 수입

14장. AI(인공지능)

'AI 대국' 도약

AI를 선점하는 국가는 미래의 패권을 잡는다. 미래는 AI 시대이기 때문이다. 산업화 시대는 Fast Follower 전략이 통했지만, AI 시대는 한번 뒤처지면 따라잡지 못한다. AI는 한국경제의 미래 먹거리다. 양질의 일자리를 창출하는 산업은 AI+X 산업에 있다. 대선주자들은 대한민국을 AI 대국으로 만들기 위한 구체적인 공약을 밝혀야 한다.

'AI 대국' 전략

▷ 배경

　　○ 세계는 AI 급속한 발전으로 산업과 사회 모든 영역 변혁

　　○ AI 시대는 AI가 인간의 지적 기능도 수행, 패러다임 변화

　　○ AI는 막대한 부가가치 창출, 산업의 근본적 혁신을 부름

○ AI 로봇으로 인한 자동화로 일자리 변동을 가져옴

▷ **의미**
  ○ AI 시대 변혁 당사자는 국민, 경쟁력 확보는 기업
  ○ 민간이 혁신을 주도하고 정부는 이를 뒷받침 역할
  ○ 포스트 코로나 시대 경제 활력을 제고, 양극화 문제 해결
  ○ AI의 인지·학습·추론 기능을 통해 사회 다양한 과제 해결
  ○ 글로벌 AI 선도국과 격차를 줄이고 AI 대국으로 도약

▷ **특징**
  ○ 우리 강점을 살려 선택과 집중해 사람 중심의 AI 실현
  ○ 메모리 반도체 경쟁력을 지렛대로 AI 반도체 경제력 확보
  ○ 전 국민이 AI 기초 역량을 습득하는 교육체계 구축
  ○ 전자정부를 넘어서는 AI 기반 차세대 지능형 정부 탈바꿈

AI 산업 4분류

  ○ 인터넷 AI 분야는 미국이 선도
  ○ 기업 AI 분야는 미국이 주도
  ○ 지각(Perception) AI는 미국이 앞서고 있음
  ○ 자율행동(Autonomous)은 미·중이 경쟁 중

미중 AI 패권다툼

  ○ 미국 알고리즘 영역과 연산 장치 분야에서 글로벌 IT 기업

을 앞세워 AI 패권국가로서 세계시장을 리드
○ 중국은 데이터 분야 개인정보 규제의 유연한 적용과 13억
   인구가 생성하는 막대한 데이터를 AI 학습에 활용 정부의
   막대한 지원정책이 강점으로 작용하고 있음

AI 전문 인재양성 패러다임 변화

○ AI 시대 전문 인재 10만 명 양성
○ 100세 시대 AI를 활용한 국가 평생학습 체계 구축
○ 기술 트렌드 변화에 대처를 위한 전문 직업교육 강화
○ 일부 지방대학을 고등직업 전문 교육 중심으로 육성
○ 커리큘럼을 산업 현장에 맞게 프로젝트식으로 전환

디지털 트랜스포메이션 시대 패러다임 변화

○ 국가 과학기술 역량 강화
○ AI 시대를 맞아 특화된 AI 산업 육성
○ ICT 생태계를 조성, 신 성장 거점 육성
○ 2040년 바이오 시대를 대비해 선제적 투자
○ 2050년 우주 시대를 대비해 선제적 투자를 해야 함

공약(公約)

▷ 비전 : 'IT 강국'을 넘어 'AI 대국' 도약

▷ **목표 : 2025년까지 중국 AI 산업과 경쟁**

▷ **핵심공약**
  ○ AI 융복합 신산업의 메카 구축
    → 초거대 AI를 위한 핵심 산업기반 조성
      ☞ 대규모 데이터 선순환 플랫폼 구축
      ☞ 하이퍼스케일 컴퓨팅 파워 고도화
      ☞ AI 전문인력 양성·유치
    → 대규모 AI 실증 프로젝트 추진으로 유니콘 기업육성
      ☞ 선도적 AI 실증 환경 마련
      ☞ 초거대 AI 프로젝트 추진
      ☞ AI 유니콘 기업육성
      ☞ AI 융복합 R&D 및 BM 발굴
    → 글로벌 AI 융복합의 중심도시 만들기
      ☞ AI 융복합 단지 집적 확장
      ☞ 글로벌 네트워크 확장 및 진출 강화
      ☞ 성능평가 + 인증 및 국제 표준화 확산

▷ **세부 추진 전략**
  ○ 초거대 AI를 위한 핵심 사업 기반 조성
    → AI+X 데이터 선순환 플랫폼 구축
      ☞ 국가 AI 데이터 실용화 센터(가칭) 설립
      ☞ 데이터 스토리지 인프라 고도화
      ☞ 핵심 산업별 AI 범용 데이터 플랫폼 구축
      ☞ 데이터 보관 및 활용 표준 마련

→ 하이퍼스케일 컴퓨팅 파워 고도화

☞ AI 컴퓨팅 연산 자원 인프라 고도화

☞ 공공개방형 AI 개발도구 개발 및 서비스

☞ AI 컴퓨팅 서비스 플랫폼 운영 방안 수립

☞ 국내외 컴퓨팅 자원과의 연계 협력체계 구축

→ AI 전문인력 양성·유치

☞ AI 캠퍼스·스쿨 신규 유치 및 설립

☞ 주요 AI 교육기관 및 프로그램 연계협력 추진

☞ 우수 인재 유치 및 지원방안 마련

☞ 산업 분야별 산업 현장 전문가의 AI 역량 강화

○ 대규모 AI 실증 프로젝트 추진 유니콘 기업육성

→ 선도적 AI 실증 환경 마련

☞ AI 반도체 실증 지원

☞ AI+X 실증 실용화 센터(가칭) 설립

☞ AI 융복합 실증단지 지정 및 실증 지원

☞ 규제자유특구 안착화(化) 및 신규 지정 추진

→ 초거대 AI 프로젝트 추진

☞ 국민 체감형 자율주행 서비스 개발

☞ 국민 체감형 AI+에너지 서비스 개발

☞ 국민 체감형 AI+헬스케어 서비스 개발

☞ 챌린저형 공공 활용 AI 서비스 개발 경연 개최

→ AI 유니콘 기업육성

☞ AI 창업스쿨 유치 설립

☞ 단계별 사업화 엑셀러레이팅

☞ AI 기업 및 실증성과 전시관 운영

163

   ☞ 투자유치 활성화를 통한 창업 및 사업 확장 지원
→ AI 융복합 R&D 및 BM 발굴
   ☞ AI+X 지역 거점 구축
   ☞ AI 핵심기술 개발 및 실용화 지원
   ☞ AI Collaboration 연구소 설립
   ☞ 글로벌 범용 AI 모델 개발 및 실증

○ 성능평가·인증 및 국제 표준화 확산
→ AI 기술 및 제품서비스 통합 검층 체계 구축
   ☞ AI 기술 및 제품·서비스 통합 검증 체계 구축
→ 제품·서비스 품질 성능평가 및 인증체계 구축
   ☞ 기업 및 소비자 수요에 맞춘 AI 및 품질 평가 인증체
     계를 통한 국내 AI 기술 및 서비스 신뢰성 확보
→ AI 기술 및 성과 인증 전문기관 육성
   ☞ 인증 및 검증 체계 개발 운영 및 전담 관련 전문 자격
     제도 개발 기관 운영 설립
→ 국제 상호인증, 국제 표준화 추진
   ☞ 인증 및 검증 체계의 국제 표준화를 추진하여 글로벌
     신뢰도 제고

▷ **주요 내용**
○ 세계를 선도하는 AI 생태계 구축
→ AI 인프라 확충
   ☞ 공공 데이터 전면 개방
   ☞ 공공 민간 데이터 지도의 연계
   ☞ AI 거점화 전략 수립

☞ 광주 AI 집적단지 조성

☞ AI 허브의 컴퓨팅 자원 맞춤형 지원

→ AI 기술경쟁력 확보

☞ 창의적·도전적 차세대 AI 연구 개발 선제 투자

☞ 신개념 AI 반도체 개발 등 AI 반도체 세계 1위 도약

☞ 지식표현 및 추론, 기계학습 알고리즘, AI 기초연구 강화

→ 과감한 규제혁신 및 법제도 정비

☞ AI 포괄적 네거티브 규제 로드맵 수립

☞ AI 시대 기본이념과 원칙, 역기능 방지 시책 법제 마련

☞ 미래사회 법제정비단(가칭) 발족을 통해 분야별 법제 정비

→ 글로벌을 지향하는 AI 스타트업 육성

☞ 벤처펀드 자금 활용 AI 투자 펀드 조성

☞ 미래기술 육성자금 지원 선정 시 AI 분야 우대

☞ AI 전문가와 스타트업의 교류·협력 활성화

☞ 전 세계 AI 스타트업의 경쟁·교류의 장 AI 올림픽 개최

○ AI를 가장 잘 활용하는 국가

→ 세계 AI 인재 양성 및 전국 AI 교육

☞ AI 관련학과 신·증설 및 교수의 기업 겸직 허용

☞ AI 인재를 양성할 AI 대학원 프로그램 확대 다양화

☞ 모든 군 장병 및 공무원 대상 AI 소양 교육 필수화

☞ AI 교육 초·중·고 교육시간 등 필수 교육 확대

☞ 교원의 양성·임용과정부터 SW·AI 과목 이수 지원

☞ 온·오프라인 AI 평생교육

→ 산업 전반의 AI 활용 전면화
- ☞ AI 기반 스마트 공장 보급으로 AI 혁신 주도
- ☞ 바이오·의료·농업 등 산업 전 분야로 AI 활용 확산
- ☞ 공공분야 보유 대규모 데이터 기반 대형 AI 융합 프로젝트

→ 최고의 AI 디지털 정부 구현
- ☞ AI 디지털 정부 로드맵 수립
- ☞ 국민 개개인 맞춤형 서비스
- ☞ 공공서비스부터 AI 선도적 도입

○ 인간 중심의 AI 구현

→ 포용적 일자리 안전망 구축
- ☞ 신기술 분야 직업 훈련 비중 확대
- ☞ 고용 형태 다변화에 대응한 사회보험 확대
- ☞ 고용 안전망 사각지대 해소를 위한 국민취업제도 도입
- ☞ 일자리 매칭 활성화를 위한 국가 일자리 정부 플랫폼 고도화

→ 역기능 방지 및 AI 윤리체계 마련
- ☞ AI 기반 사이버 침해 대응 체계 고도화
- ☞ 딥페이크 등 신유형의 역기능 대응을 위한 범부처 협업
- ☞ AI 신뢰성, 안정성 등을 검증하는 품질관리체계 구축
- ☞ AI 윤리기준 확립 및 AI 윤리교육 커리큘럼 개발 보급
- ☞ 이용자 보호를 위한 중장기적 정책 수립 지원 체계 마련

15장. 교육

EduTech

코로나 팬데믹으로 인한 비대면 교육인 원격교육이 전 세계적인 화두로 떠오른 가운데 이를 계기로 AI와 빅데이터를 활용한 '에듀테크'가 일상화되고 있다. AI 시대를 맞아 EduTech 교육 열풍에 맞춰 교육 격차가 사라지고 사교육 없는 세상을 만들어야 한다.

현황

○ 연간 39조 원 이상의 사교육비 지출
○ 세계 최고의 교육열, 청소년 자살률 최고
○ 공부에 지치고 바뀌는 제도에 혼란스러워하는 학생
○ 명문대 입학시켜 풍족하게 살게 하려는 부모들의 마음

문제점

▷ **학교 교육**
 ○ 학생들에 대한 선생님의 무관심
 ○ 학업에 대한 스트레스 받는 학생
 ○ 선생님의 일방적인 주입식 교육
 ○ 특정 분야에 관심과 재능이 있는 아이들 방치

▷ **교육방식**
 ○ 주입식, 암기식 인지적인 측면만 강조
 ○ 공교육에서 제도적으로 보완해야 함
 ○ 한번 진도가 뒤처지면 따라갈 수 없음
 ○ 정의적, 창의적, 육체적, 인성적 측면은 경시
 ○ 초등학교에서부터 고등학교까지 수업이 연쇄적 진행
 ○ 대입에만 집중돼 명문대 진학하기 위한 입시학원 전락

▷ **사회, 부모 인식**
 ○ 사회는 학벌만을 중시하고 지나치게 출세만을 강조
 ○ 부모는 자신의 꿈을 자식에게 전가해 공부기계 강요
 ○ 자아실현을 위한 교육이 입신양명을 위한 수단으로 변질
 ○ 교육에 대한 대부분 구성원 공감하는 교육철학의 부재
 ○ 자녀들이 왜 이렇게 열심히 공부해야 하는지 목표 부재

▷ **교육정책**
 ○ 평준화란 누구나 똑같이 같은 방식으로 교육을 받을 권리

를 주는 것이 아님

○ 개인의 소질이나 실력에 맞게 교육받을 권리

○ 교육부는 학생들이 어려서부터 자발적으로 공부하기 위한 교육정책을 만들어야 함

○ 교육정책 본질부터 잘못 사교육비 지출구조의 입시제도

○ 본고사를 학력고사로 변경, 학력고사를 수능으로 변경

○ 수능에서 내신 비중 올리겠다는 정책 또한 사교육비를 줄인다는 의미에서 비롯, 결국 더 높은 사교육비 지출

○ 진정한 교육정책은 사교육을 죽이겠다는 정책이 아닌 공교육을 발전시키는 정책을 펼쳐야 함

○ 교육부는 진정으로 꿈과 끼를 살리는 진로 교육을 통해 성적 위주로 합격시키는 입시제도에서 개인의 가능성과 잠재력을 보고 선발하는 제도로 바꿔야 함

▷ **사교육·공교육**

○ 사교육을 죽이겠다는 정책은 사실상 불가능 사교육이 사라지지 않는 생태계가 자리 잡고 있기 때문

○ 공교육의 문제는 바로 '평준화' 학생들이 특정한 분야에 재능이 있을지라도 3~4과목을 골고루 잘해야 대학에 갈 수 있기 때문

○ 교육 문제를 공교육과 사교육으로 양극화시켜 어느 한 부분이 잘못되었다고 지적하며 고치려는 시스템적인 고민보다 교육의 본연의 것을 고민해야 함

▷ **교육의 정치화**

○ 교육의 지나친 정치화 현상

○ 정권에 따라 바뀌는 교육정책 혼란

○ 헌법에 '교육의 정치적 중립성' 명시

○ 자칫 교육이 정치에 예속돼 자율성 상실

○ 진영논리가 아니라 미래 교육 비전 제시해야

○ 교육의 정치화는 이득보다는 폐해가 더 큼

○ 현대 교육에서 정치를 완전히 배제할 수는 없지만, 과도한 정치화는 교육의 본질을 훼손

○ 교육감 직선제의 가장 심각한 폐단, 교육감의 도덕성

○ 교육부와 교육 지자체 간의 힘겨루기 야기

○ 교육감 개인의 정치적 신념에 의한 중구난방 교육정책

○ 자사고 폐지는 일반고 교육 수준 향상으로 연계 안 됨

○ 정책시행자들의 정치적 입장에 따라 교육정책 추진

○ 교육 주체인 교사, 학생, 학부모가 빠진 정치 정책 결정

○ 고3 유권자 14만 명, 선거 교육 교사 정치편향 우려

▷ **교육의 양극화**

○ 부모 경제력에 따라 명문대 진학률이 달라지고 가난이 대물림 된다는 점에서 부동산 양극화 문제보다 심각

○ 근본적 문제 외면하고 임시방편의 대책만 내놓는 실정

○ 교육 양극화의 원인 제공자는 교육부. 교육부는 교육을 상품으로 보고 수요자 중심 경쟁교육을 강조하고 교육시장을 개방해 사교육비 부담을 늘리고 있음

○ 공교육의 정상화보다 입시교육을 주도해온 교육부가 교육 양극화를 해소하겠다고 시혜성 예산을 투입 실업고 이름을

바꾼다고 교육 양극화는 해결 안 됨

○ 교육 양극화 문제를 해결할 의지가 있다면 대학 서열체계부터 바꿔야 함

○ 교육비 격차가 단기적으로는 학업성취도의 격차로 장기적으로는 학력 간 임금과 소득 격차로 이어짐

○ 입시교육으로 전락한 초·중등 교육 정상화할 수 있는 교육 시스템의 혁명적 개편을 해야 함

해결방안

▷ 교육방식

○ 단순 암기식, 교사가 주도하는 주입식 교육 아니라 지·덕·체를 중시하는 전인교육과 학생 중심 교육

▷ 대학입시

○ 제도적인 측면에서 수능시험처럼 한 번에 학생의 대학 진로를 결정하는 식의 상대평가 아닌 전인적인 측면을 고려하는 수행평가 같은 절대평가를 더욱 강화

○ 기업 SW 교육인증서를 대학 졸업, 석·박사 학위 대우

▷ 사회·부모 인식

○ 사회에서는 학벌만을 지나치게 강조하지 말아야 하고 채용시험에서도 학력만을 보지 말아야 함

○ 가정에서 부모는 아이에게 무엇을 바란다는 생각보다 원하는 것을 이룰 수 있게 도와주는 조력자가 돼야 함

▷ **교육정책**

　○ 교사 평가제 강화

　○ 문과 이과 통합안(案) 개정

　○ 교육 범죄자에 대한 처벌 강화

　○ 자유학기제 폐지와 진로 교육 강화

　○ 특목고 폐지안 개정, 특목고는 애초에 특정 과목에 대한 인
　　재를 조기 발굴해 전문적 인재를 육성하자는 목적

　○ 하지만 현재 특목고는 그와 관련된 진학보다 취업이나 안
　　정적 삶을 위한 고등학교로 전락

　○ 과기고에서 의대, 외고에서 사회 계열로 진학 학생 많음

　○ 공정한 경쟁과 사교육비 감소 추진 위해 특목고 개편

▷ **평가방식**

　○ 평가를 단순히 평가만 하는 게 아니라 학생을 좀 더 잘 지
　　도하기 위한 수단과 계기로 삼아야 함. 중간⊠기말고사 통
　　한 평가를 단순히 내신 산출하기 위한 수단은 아님

　○ 평가 항목 다양하게 할 필요. 현재와 같은 과목별 몇 점 아
　　니라 이해 능력, 개념, 응용 능력과 같이 세분화 필요

　○ 교사에게 부여되는 잡무와 교사당 학생 수 줄임

　○ 교사에게는 학생을 전적으로 담당하도록 하며 나머지 행정
　　업무는 교육 공무원들이 분담해야

패러다임 변화

　○ 고등학교 나와도 잘사는 사회 실현

○ AI 시대 EduTech 시스템의 전격 운영

○ 학위와 학벌 시대에서 능력주의 시대로 전환

○ AI 시대에 걸맞은 대학입시제도의 전면 개편

○ 학교 교육, 직업교육, 평생교육의 연계로 미래 준비

EduTect

▷ 개념

○ 에듀테크란 교육(Education)과 기술(Technology) 결합어

○ 교육 분야에 ICT 기술을 융합한 새로운 교육 흐름을 말함

▷ 주요 기술

○ AI, 빅데이터, AR(증강현실), VR(가상현실), 클라우드, IoT(사물인터넷), 온라인 공개수업(MOOC, Massive Open Online Course)

▷ 교육환경 변화

○ 가상현실과 증강현실 활용한 디지털 교과

→ 디지털 교과서는 단순히 책을 디지털화하는 차원 넘어 동영상, 360도 카메라, 증강현실, 가상현실 등을 이용 어려운 문제도 쉽게 이해할 수 있음

→ 사용자가 눈으로 보는 현실 세계에 3차원 가상물체를 보여주는 증강현실과 특정 환경이나 상황을 컴퓨터로 만들어 마치 실제 환경 상호작용을 하는 것처럼 만들어 주는 가상현실을 통해 시공간을 초월 교육 가능

○ AI와 머신러닝을 갖춘 AI 로봇 선생님의 등장

→ AI 조교에 머신러닝 기술이 접목, 학습의 개인화 촉진

→ 개인별 학습효과를 크게 향상할 수 있음

→ AI 가정교사 활용도 가능

→ 개인의 학습 패턴과 건강 상태 좋아하는 과목과 잘하는 과목을 분석해 개개인이 가장 잘하는 분야에서 역량을 발휘할 수 있게 도움을 줌

○ 온라인 대규모 공개 강의(MOOC)

→ 언제 어디서든 마음대로 원하는 수준 높은 강의를 무료로 들을 수 있는 온라인 무료 수업 가능

→ 무상으로 배울 기회 증가, 교육의 장벽이 사라짐

→ 입시 위주의 교육도 점차 사라지게 됨

▷ **장점**

○ 개인별 맞춤 학습 가능

→ 교사가 학생의 성과를 실시간 확인

→ 맞춤형 과제를 내줄 수 있는 플랫폼 기반의 교육

→ 학생 수준에 맞게 각기 다른 콘텐츠를 제공

→ 시험 즉시 바로 성적 집계, 스마트폰 문제 찍으면 해답

→ AI를 활용 개인별 맞춤형 무제한 교육이 가능

○ 빅데이터를 활용한 효율적 분석과 피드백

→ 빅데이터를 통해 학습 상태를 개별적으로 분석

→ 과목 교차 분석하고 학습 수준 따라 AI가 콘텐츠 제공

→ 부족한 부분을 채워주고 1:1 학습이 가능

○ 마이크로 러닝(Micro Learning)으로 학습 흥미 유도

→ 마이크로러닝은 한 수업 안에 여러 내용을 다 담는 게 아니라 학습자가 필요한 정보만 짧은 순간에 바로 전달하는 방식을 말함

→ 마이크로 러닝을 잘 활용하면 나의 관심과 흥미에 따라 원하는 내용을 원하는 순서대로 공부할 수 있음

→ 내가 잘하는 과목, 나아가 진로에 대해 보다 빨리 깨달을 수 있게 도와줌

▷ **과제**
○ 에듀테크가 새로운 교육환경을 만들어 주는 것은 사실
○ 에듀테크 결국 도구, 기술을 현명하게 사용은 사람
○ 에듀테크 받아들이기 전에 교육철학에 대한 고민 선행

공약(公約)

▷ **비전 : 입시 스트레스 없는 교육**

▷ **목표 : EduTect 실시로 교육 격차 해소**

▷ **핵심공약**
○ EduTect 교육 혁명
→ 학교와 집을 넘나들며 완전 학습 가능
→ 개인별 맞춤형 에듀테크 학습 체계 구축
→ 국가 AI 교육시스템 운영으로 전국 에듀테크 실현
○ 교육체계 개편

→ 교육부 축소, EduTect 추진부 실시

→ 초등 5년, 중등 5년, 취업 및 진학 2년 체제로 개편

→ 초등 1년 인성 교육 위주로 편성 운영

→ 대통령 직속 교육위원회 폐지, 옥상옥(屋上屋)

○ 사교육 대책

→ 사교육 금지

→ 고교 무상교육 실시

→ 사교육 없는 세상 실현

→ 사교육을 공교육으로 흡수 운영

○ 초·중·고 AI 교육 강화

→ AI와 컴퓨터 활용법 교육

☞ 현재 한국 초등학교 실과시간 17시간 교육, 중학교 정보 시간 34시간, 고등학교 선택 대학입시 없음

☞ 영국 374시간, 미국 416시간, 일본 405시간, 중국 212시간

→ 초·중·고 부분 학점제 도입

☞ 컴퓨터 활용, 스마트폰 활용법 필수 과목

☞ ICT 교육 필수 과목 지정

→ 원격 SW 교육으로 교육 격차 해소

☞ 도서벽지 등 소외지역 대상

☞ 코딩, AI 알고리즘 교육

→ 필수 과목 지정

☞ 다른 과목은 폐지할 필요가 없음

☞ AI 시대 필요한 ICT 과목을 추가 지정

☞ 교육 과목을 단계별 늘려가면서 교사를 양성

○ 대학입시
  → 대학별 논술제도 폐지
  → 고등학교 생활기록부 비중 확대
  → 수능은 자격시험으로 대체
  → 대학의 입시전형 자율 제도 시행
  → 대학입시 과목에 코딩, AI Algorithm 필수 과목 추가
○ 대학개혁
  → 대학 구조조정, 대학 규제 관련 '규제 일몰제' 도입
  → 대학 입학 정원 축소, 경쟁력 없는 대학의 통폐합
  → 기업 대학 의무화를 통한 대학과 프로젝트 연계
○ 미래 교육 생태계 대비
  → 2030년 교육 혁명 대비 준비, 교육 대응 준비 T/F 발족
  → 생애 기본 학습비 보장하는 평생 학습기금 설치
  → 미래 교육에 맞게 입시제도 전환
○ 대학붕괴 대비 : 급감기 ☞ 숨 고르기 ☞ 공멸기
○ 수도권정비법+지방교육재정교부금=개정
  → 39년 전 제정된 수도권정비법이 수도권 대학의 총정원
    을 동결시키고 있음
  → 50년 전에 제정된 지방교육재정교부금을 내국세의 일
    정 비율을 지방 교육청에 무조건 배정
  → DT·AI 시대 미래의 대학 교육을 살리기 위해 개정

16장. 언론

언론재갈·징벌법

언론중재법 개정안이 민주당 단독으로 8월 25일 새벽 3시 국회 법제사법위원회에서 강행 처리됐다. '언론재갈법·언론징벌법'이라 불린다. 언론재갈법은 권력에 대한 감시와 견제를 봉쇄하고 국민의 알 권리를 침해함으로써 민주주의를 갉아 먹는 독버섯일 뿐이다. 외국 언론 99%가 반대, 세계적으로 유례가 없는 악법이라고 비판에 가세했다. 집권 세력에게 묻고 싶다 징벌손해가 언론개혁인가? 조급한 개혁은 반드시 실패하는 것이 역사의 교훈이다. 여당은 강행을 접었다.

현황

▷ **언론 상대 소송**
　○ 언론중재위 '2019년 판결'

○ 민사소송 가운데 약 70%는 고위공직자와 기업 공적 인물
○ 권력자가 언론 보도를 틀어막기 위한 보호 용도로 악용
○ 언론중재법은 일반인 구제가 아니라 권력층 보호법 성향
○ 법 시행일 내년 대선 이후 하지만 전직 고위공직자 혜택

▷ **주요 쟁점**
○ 징벌적 손해배상제 : 전 세계 사례 없음. 손·배상 최대 5배
○ 고의·중과실 추정 : 취재 법률위반, 언론사 고의·중과실
○ 구상권 청구 요건 : 기자 개인 책임 전가 취재 활동 위축
○ 정정보도 청구 표시 : 낙인찍기
○ 기사 열람 차단 청구권 : 사실상 삭제 효과

문제

▷ **개악**
○ '명백한 고의 또는 중과실'로 인한 허위 조작 보도의 경우 손해액의 5배까지 배상 조항에서 '명백한'이라는 문구를 뺌
○ 이중 처벌 등 위헌 소지가 큰 데다 허위나 조작이 어느 정도인지 모호하다는 지적이 끊이질 않았는데 징벌 규정을 더 포괄적으로 해석할 수 있도록 한 것
○ 고의·중과실 추정 요건을 "보복적이거나 반복적인 허위·조작 보도로 피해를 가중하는 경우 항목에서 피해를 '가중시키는 경우'는 삭제

▷ **의도**

○ 일반인이 고의 또는 중과실을 입증하기도 쉽지 않은데 명백한 이라는 표현을 넣으면 더 구제되기 어렵다는 논리
○ 보복, 반복, 피해 가중 등의 규정 자체가 모호한데 피해 가중을 아예 뺀 것은 손쉽게 언론사를 상대로 징벌적 손해배상을 하겠다는 의도

▷ **정당성 상실**
○ 위헌 지적 등이 쏟아짐
○ 논의가 숙성되지 않음, 워낙 졸속으로 추진한 법안
○ 골격은 그대로 두고 표현만 바꾸는 꼼수를 부림
○ 여당 단독 1시간 반 뚝딱 논의 문구 수정 독소조항 넣음
○ 진보·보수 대부분의 언론단체 '폐기하라' 한목소리

▷ **정치공학 사고뿐**
○ 지지층을 결집하겠다는 정략적 술수에만 사로잡힘
○ 비(非)언론인 출신 친문 강경파 의원 주도 언론 악법을 주도
○ 언론자유에 대한 어떤 해약을 미칠 것인지 생각하지 않음

▷ **예전에 있었다면**
○ 국정농단 태블릿 PC 보도가 가능했겠는가
○ 최순실이 일부 사실과 다른 내용을 들어 거액의 손배소를 제기했을 것
○ 조국 전 장관, 윤미향 의원의 가족들이 인격권을 내세워 기사 열람 차단을 요구했다면 '내로남불'이 드러났겠나
○ 과거 군사독재의 힘으로 언론을 탄압하고 겁박했다면 이제

는 돈으로 언론을 통제하는 시대를 만들고 있음

▷ **직접 수혜**

    ○ 퇴임 후 문 대통령이 최대 수혜자

▷ **해외 시각**

    ○ 미국 국무부, "언론을 포함한 표현의 자유와 정보에의 접근은 번영·안정적인 민주사회의 근본"이라고 논평

    ○ 미국기자협회 공동의장, "이런 종류의 법은 기자들에게 자기 검열을 하게 만든다. 민주주의 국가에서 이런 법안이 통과되는 첫 사례가 되지 않겠느냐"고 함

    ○ 일본 아사히신문, "언론 압박 비판" 사설

    ○ 유엔 반대 서한까지 공개하지 않고 야당과 언론에 숨김

공약(公約)

▷ **비전 : 가짜뉴스 없는 세상**

▷ **목표 : 언론의 자유 보장과 책임**

▷ **핵심공약**

    ○ 언론중재법 폐기

       → 언론 중재 및 피해구제 등에 관한 법률'(언론중재법) 폐기

       → 유튜브에서 양산되는 가짜뉴스 엄벌 법안으로 대체

○ 비위 드러난 의원의 입법 제한
　→ 언론 보도로 비위 드러난 5인방이 언론에 재갈을 물리
　　는 반(反)민주 폭거에 앞장서고 있는 상황

17장. 지역발전

지역균형발전

수도권의 집중 폐해는 재론할 필요도 없다. 우리나라 인구의 도시 집중화는 세계에서 가장 높은 90% 이상이다. 전체 국토 면적의 11.8%에 불과한 수도권에 인구 50%, 전국 소득 55.6%를 차지하고 있다. 국토 면적의 0.6%인 서울에 18.8%의 인구가 살고 있고, 전국 339개 대학 중 34.2% 116개 대학 수도권에 몰려 있으니 서울의 주택은 항상 부족 가격은 상승한다. 국가 균형발전만이 살길이다.

현황

▷ 서울 집중

○ 서울에는 상장회사 72%, 예금 70%, 입법부와 사법부 주요 기업 및 금융사, 방송사, 대학들이 몰려 있음

○ 주요 신용카드사 개인 회원 사용금액의 81%가 수도권에서 사용되고 있음. 돈과 일자리가 집중화되는 상황
○ 양질의 일자리가 많다 보니 지방에서 사람들이 몰림
○ 사람이 몰릴수록 서울 아파트값은 폭등

▷ **인구 집중**
  ○ 수도권의 인구가 전체 인구에서 차지하는 비율은 산업화 시대 이후 계속 늘어남
  ○ 세종시와 혁신도시 이전이 활발했던 2011년부터 2015년 사이에는 49.3%로 정체
  ○ 하지만 2016년 이후 수도권 인구 비중이 다시 늘어나 전체 인구의 50%를 돌파

▷ **지방 소멸**
  ○ 지방에서 수도권으로 인구 유출이 심각한 상황
  ○ 지방 인적 자본의 유출은 지역경제의 순환구조 및 산업 구조, 성장 경로에 악영향을 미침
  ○ 지방의 읍·면 소재 78개 초등학교는 전교생이 5명 이하이며 향후 30년 228개 시·군·구 중 85개와 읍·면·동 40%가 소멸할 것으로 전망
  ○ 저출생, 고령화, 지방 소멸 등 문제가 심각

코로나19 영향

▷ **경제 격차**

○ 신종 코로나바이러스 감염증(코로나19) 여파로 서울과 지방의 경제 격차가 더 커지고 있는 상황

○ 지역 총생산 중 수도권의 비율은 2006년 49.3%로 정점을 찍은 뒤 2012년 48.2%까지 하락

○ 국가균형발전 추진을 멈춘 2013년부터 상승세로 돌아섰고 2017년 50%를 넘음

○ 코로나19로 인해 지방의 광공업 생산증가율이 수도권에 뒤처짐. 서비스업은 마이너스 성장

○ 지방은 수출도 수도권 대비 더 많이 감소하고 실업자는 수도권보다 많이 늘고 있음

○ 경기 편차는 비수도권 지역에서의 인구 유출을 촉진할 가능성이 높음

○ 서울과 지방 사이의 아파트 가격의 격차도 더 커짐

국가균형발전

▷ **국가균형발전이란**

○ 지역 간 발전의 기회균등을 촉진하고 지역의 자립적 발전 역량을 증진함으로써 삶의 질을 향상하고 지속 가능한 발전을 도모하여 전국이 개성 있게 골고루 잘사는 사회를 구현하는 것

○ 정부에서는 지방정부의 자율성을 제고하는 자치분권과 지역 혁신체계, 균형발전 거버넌스 구축 등을 차별적으로 제시하고 있음

▷ 해결방안

- 지역혁신도시는 명실상부한 혁신도시로 진화해야 함
- 공공기관이 이전하고 그 지역에 신도시나 신시가지를 건설한다고 곧바로 혁신도시가 되지 않음
- 공공기관 몇 개가 모여 있다고 해서 혁신도시가 아님
- 세종시에 이전한 정부 부처들 역시 그 지역의 혁신을 선도하는 역할은 하지 못하고 있음
- 혁신도시가 되기 위해서는 보다 더 세심하고 치밀한 계획을 기반으로 추진해 나가야 하고 또한 이를 뒷받침하는 실천이 뒤따라야만 함
- 공공기관 이전이 혁신도시 성공을 이끄는 전략이 돼야 함
- 선도전략, 거점 공간전략, 체인전략, 전문화전략, 클러스터 전략 단계를 거치면 성공할 수 있음
- 공공기관이 선도적으로 지방 이전을 통해 거점 공간을 확보하면 관련 업체가 연쇄 이전하게 됨
- 그 후 특정 분야를 전문화하면 관련 산업이 군집하게 되어 결국 산업 클러스터 생태계가 조성
- 민간과 공공기관의 협력 파트너십이 필요
- 민간 기업의 요구나 수요를 무시한 공공의 일방적 계획 추진에는 문제가 있음
- 공공이 잘할 수 있는 일과 민간이 잘할 수 있는 일을 구분
- 공공은 민간이 하기 어려운 일에만 전념하면 됨
- 주변 지역 및 도시와 연계해야 함
- 공공기관 이전 계기로 혁신도시가 주변 지역과 연계되지 못한 일종의 고립된 섬이 되지 않아야 함

○ 혁신도시 조기 정착을 위해 인근 도시의 축적된 사회적 자본을 적절히 활용해야 함

○ 혁신도시와 기존도시 주변 지역 간 연계는 발전 공간적 확산 효과를 유도하고 발전 역류 효과를 방지하기 위해서 반드시 필요한 조건

○ 지역에 혁신적인 산업이 뿌리내릴 수 있도록 재정과 정책 지원을 해야 함

○ 국가균형발전의 핵심은 지역에 좋은 기업, 양질의 일자리, 우수한 인력, 혁신 산업으로 이어지는 선순환 산업 생태계를 만드는 것

○ 지역에 혁신 기업을 활성화하는 정책을 펴기 위해서는 지역별로 특화된 혁신 산업을 구축할 수 있도록 지역별 최적화된 특화 산업을 선정해야 함

○ 이는 현재의 산업보다 미래 산업이어야 하며, 이를 위해서 지역에만 맡기는 것이 아니라 국가적인 차원에서 정책을 추진해야 함

○ 수도권 중심으로 교통망을 확장해 나가는 정책을 펴야 함

○ 편리한 교통망 구축이 우선

○ 성공한 대표적인 사례가 축구장 16개 규모의 삼성전자 평택 2공장과 LG 화학의 오창·청주 공장. 일자리가 있으니 사람들이 모여든다

○ 공장 유치가 완전히 도시 모습을 바꿈

○ 지방 간 격차와 지역 내 격차의 두 가지 문제를 동시에 해결해야 함

○ 투트랙 접근 방식을 지닌 국가균형발전 정책으로 확대

○ 인구·산업을 분산시키는 정책은 더 이상 성과 낼 수 없음

○ 행정부와 공공기관 이전으로 주중 인구만 이동함

○ 본 주거지는 대부분 서울. 일자리가 있는 산업과 기업은 수도권에 그대로

○ 지역에 일자리 창출 없는 국가균형발전 정책은 의미 없음

○ AI 시대에 맞는 국가균형발전 계획을 추진해야 함

○ 산업화 시대의 발상을 AI 시대로 전환해야 함

○ 제조업 산업단지에 얽매인 지방 균형발전 정책은 더 이상 약발이 먹히지 않음

○ 시대가 변함. 인구의 이동 경로가 변함

○ 수도권 인구가 집중되는 것은 양질의 일자리가 있기 때문

○ 일자리와 교통, 교육, 상업 등 기본 인프라가 잘 갖춰져 생활이 편리하기에 집중화됨

○ 지역 특성이 반영된 신산업에 의한 생태계가 구축돼야 일자리가 생김

○ 지역 간 격차 해소를 위해 일자리 창출 및 경제 회복 필요

○ 단기적으로는 일자리 창출 및 지역경제 활력 회복에 역점을 두고 장기적으로는 지역산업 활성화를 지속시키기 위해 지역 뉴딜 정책 추진이 시급

○ 신산업과 신기술을 선도할 비즈니스 모델을 만들어야 함

○ 광주광역시에서 추진하는 'AI 중심도시 만들기' 모델 사례

○ 대학을 지방으로 이전해야 함

○ 지방의 특화 산업에 맞는 대학과 지역 중소기업이 협업해 제품 개발하면 경쟁력을 높일 수 있음

○ 청년들이 원하는 양질의 일자리가 창출될 수 있음

○ 서울로 이주하는 인구의 70%가 지방 청년. 지방 청년들은 대학 진학 때 1차, 대학 졸업 후 2차로 서울에 집중

○ 청년들의 지방 탈출을 막으려면 교육, 취업, 생활이 가능한 특화된 산업 생태계를 구축하면 됨

○ 졸업 뒤에도 지방에서 거주할 수 있게 공기업의 지방 인재 채용 할당제를 확대해 일자리를 창출하면 됨

○ 공공기관 이전은 더 강력히 추진돼야 함

○ 외국의 도시는 처음부터 중앙집권으로 조성되지 않아 이전이 필요하지 않음. 우리나라와 다른 상황

○ 참여정부 시절 이전된 공공기관의 업무 추진에 전혀 문제가 없음. 지방에 있다고 해서 우수인력 모집에 이상이 없음. AI 시대에 업무 효율성에도 상관없음

○ 현재 우리나라는 저성장, 양극화, 저출생, 고령화, 지방 소멸 극복과 포스트 코로나 이후 AI 비대면 사회의 시대적 흐름에 대응하는 과제에 직면해 있음

○ 코로나19로 인한 비수도권의 경제위기를 돌파하고 지속 가능한 지역 발전하기 위해 국가균형발전이 필요

○ 국가균형발전의 최종 목표는 국가경쟁력 향상과 국민 행복 지역혁신 뉴딜 정책을 국가균형발전 프로젝트로 추진

지방분권 패러다임 변화

○ 권한을 주민에게 돌려주는 방식

○ 지방분권이 아니라 지방자치가 우선

○ 중앙 정부 권한과 권력을 지방으로 분권

○ 수도권 집중화로 인한 지방 불균형을 근본적 해소
○ 세금 부담 능력과 서비스 수혜자 부담원칙으로 재설계

누구나 잘사는 농어촌 패러다임 변화

○ 살고 싶은 행복한 농어촌 만들기
○ 농어촌 소득 7,200만 원 시대의 개막
○ 역동적이고 풍요로운 농어촌 모습 만들기
○ 가족이 살기 좋은 교육, 의료 시설의 확충
○ AI 기술을 활용한 농어촌 소득의 안정망 구축

공약(公約)

▷ **비전 : 지방과 함께 발전하는 대한민국**

▷ **목표 : 서울공화국 해체와 지방 균형 발전**

▷ **핵심공약**
○ 수도권과 비수도권의 상생 발전
→ 균형 분권 회의 상시화
☞ 중앙 행정부와 지방 행정부 간 협력 시스템 구축
☞ 지역 간 균형발전에 관련 중요 정책의 심의 결정
☞ 대통령, 국무총리, 각 부처 장관, 지방자치장 참석
○ 전국 5개 메가시티, 2개 특별자치제로 개편
→ 공공기관의 2차 지방 이전을 신속히 추진

      ☞ 수도권에 남아 있는 365개 공기업 지방 이전

      ☞ 즉시 이전 가능 124개. 지방 혁신도시 10개 이전시킴

○ 지방분권

   → 지방정부로 명칭 변경

   → 주민발의, 주민투표, 주민소환, 주민참여 예산제 확대

○ 자치입법·재정권

   → 자치입법권 확대

   → 100만 이상 도시 광역시. 행정권한 확대

   → 시 도지사 자치 국무회의제 도입

○ 세종시

   → 세종시 행정수도 지정

   → 청와대, 국회 세종시로 이전

   → 서울에는 청와대 분원, 국회 분원 운영

18장. 탈(脫)탈원전

탈(脫)탈원전

··

월성 1호기 경제성 조작 사건 재판에 제출된 검찰 공소장에는 산업부와 한수
원 실무자들이 청와대 등의 집요한 압력에 시달리는 모습이 담겨 있다. 대통
령 지시를 이행했던 산업부 국장과 실무자는 구속기소, 과장은 불구속기소로
재판에 넘겨졌다. 향후 수사를 통해 탈원전 추진에 대한 실체를 밝혀야 한다.

탈원전 압박

▷ 청와대 → 산업부

○ 2017년 5월 문재인 정부 출범 직후 네 차례 월성 1호기 조
기 폐쇄는 신중해야 한다는 의견을 청와대에 보고

○ 10월 청와대에 불려간 산업부 과장 2명은 청와대 산업정책
비서관에게 에너지 기본계획부터 바꾼 후 월성 1호기 폐쇄

를 추진하자는 방안을 보고했지만 묵살

○ 산업부 공무원들은 "못 해 먹겠다.", "절차를 지키며 추진하는 게 좋겠다."라고 반발하자 청와대 오지 말라고 함

○ 2018년 4월 '월성 1호 즉시 가동 중단 계획을 세워라'는 청와대 지시를 전달받은 산업부 과장은 "합법적인 범위 내에서 가야 하는 거라 좀 힘들다."라며 난색을 표현

○ 그러자 청와대 측은 "이거(월성 1호기 가동 중단)는 대통령 머리 깊이 박혀 있는 거다."라고 함

○ 담당과장은 청와대 지시를 산업부 장관에게 보고하면서 "2년 반 가동"을 말했다가 "너 죽을래?" 험한 소리 들음

○ 그는 조기 폐쇄 계획 확정 뒤 청와대의 한 행정관에게 "이건 나하고 국장하고 책임질 수밖에 없게 됐다. 산업부도 퇴로가 끊겼다."라고 말함

○ 결국 대통령 지시를 이행했던 산업부 국장과 실무자는 구속기소, 과장은 불구속기소로 재판에 넘겨짐

▷ **청와대 → 한수원**

○ 한수원 본부장은 담당자에게 출근하면 탈원전 지시를 받게 되니 아예 휴가를 가라고 했음

○ 이에 1명은 휴가, 1명은 해외 출장

○ 실무자는 지인에게 "우리보고 원전 폐지 계획을 세우라니 어떻게 헤쳐 나가야 하나, 누구라도 붙잡고 하소연하고 싶다."라는 문자를 보냄, 잘못된 길로 내몰리는 고립무원의 심정이 느낌

▷ 공소장

○ 검찰의 101쪽 공소장에는 '대통령'이 46번, '문재인'이 3번 등장
○ 모든 책임은 문재인 대통령 한 사람에게 있다는 뜻

한전

▷ 적자

○ 해마다 적자가 커지는 상황
○ 원전 이용률이 급락하고 액화천연가스(LNG) 증가
○ 탈원전 기조 적용으로 원자력의 발목을 잡지 않는다면 과거 수준의 이용률인 90% 회복 가능
○ 미국 지난 5년 평균 원전 이용률은 92%가 넘음
○ 한전은 향후 늘어날 전력수요 중 상당 부분을 원자력으로 충당한다면 전기요금 인상 없이 적자를 해소할 수 있음

공약(公約)

▷ 비전 : 안전 원전과 함께 친환경 에너지 사회 구현

▷ 목표 : 탈원전 정책 폐기

▷ 핵심공약

○ 탈(脫)탈원전 정책 추진
→ 문재인 정부가 추진한 탈원전 정책 완전 폐기
→ 탄소제로의 핵심축을 친환경 원전

19장. 탄소제로

Net Zero

....

온실가스 배출 감소를 위한 유엔기후변화협약 파리협정이 체결된 지 6년이
흘렀다. 정부가 2050년 탄소중립을 실현하기 위한 에너지, 산업, 수송 등 각
분야의 구체적 실행 방안을 제시했다. 석탄과 액화천연가스(LNG) 발전을 중
단 또는 최소화하고 온실가스 순배출량을 최대 100% 감축한다는 목표다. 하
지만 현실성이 전혀 없고 실현 불가능한 탁상공론을 발표했다. 우선 2030년
에 실현 가능한 로드맵과 세밀한 실행계획이 시급하다.

탄소중립

▷ 개념
　　○ 인간의 활동에 의한 온실가스를 최대한 줄임
　　○ 남은 온실가스는 흡수, 제거(CCUS)해 실질적 배출 제로

○ 배출되는 탄소와 흡수되는 탄소량을 같게 하는 Net Zero

　　※ CCUS: Carbon Capture Utilization and Storage 이산

　　화탄소 포집, 저장 활용 기술

▷ **필요성**

○ 지구 온난화로 폭염, 폭설, 홍수, 태풍, 산불 등 이상기후 현상이 지구 곳곳에서 나타나고 있음

○ 2015년 파리협정의 목표는 산업화 이전 대비 지구 평균온도 상승을 2도보다 훨씬 아래(well below)로 유지하고 나아가 1.5도 억제하기 위해 노력하는 것

○ 지구 온도 상승을 1.5도 이내로 억제하기 위해서는 2050년까지 탄소 순배출량이 0이 되는 탄소중립 사회로의 전환이 필요

○ 기후변화에 대한 정부 협의체 IPCC는 2도 목표 제시

○ 2018년 10월 송도개최 48차 IPCC 총회 1.5도 승인

○ 2도 목표 달성을 위해 2010년 대비 탄소배출 약 25%, 2070년 탄소중립인 Net Zero 달성해야 한다고 제시

▷ **탄소중립 사회**

○ 운송, 냉난방, 산업 등 에너지를 상용하는 전 분야에서 온실가스 실질 배출량이 '0'이 되어야 함

○ 매연을 뿜어내는 내연기관차는 전기자동차로 대체

○ 가정집과 건물의 냉·난방은 재생에너지나 원자력 기반 무(無)탄소 전력으로 공급해야 함

○ 탄소중립을 목표로 에너지 전환을 추진하면 전력수요가 지

금의 2배 이상 늘어날 것

현황

▷ **Trend**
　○ 기업과 단체, 지방정부도 잇달아 탄소중립 로드맵 발표
　○ 비즈니스 현장의 체감온도는 더욱 뜨겁게 달아오름
　○ 세계 주요 기업은 탄소 감축을 자사뿐 아니라 공급사도 압박

▷ **기회이자 위기**
　○ 정부, 소비자, 투자자, 기업 모두에 탄소중립은 최대 화두
　○ 탄소중립을 실현하기 위한 국가·기업 생존을 위해 무한 경쟁

2050 탄소중립 시나리오

▷ **1안 : 저(低)석탄 (석탄발전 7기 7.3GW 유지)**
　○ 수명이 다하지 않은 석탄발전소 7기를 유지
　○ 기존 에너지를 활용, 탄소 포집·저장·활용 등 친환경 기술
　○ 순배출량(2,540만 톤)을 2018년 대비 96.3% 줄임

▷ **2안 : 무(無)석탄 (석탄 사용 완전 배제)**
　○ 1,870만 톤 석탄발전은 완전히 중단 2018년 대비 97.3%
　○ LNG 발전은 에너지 불안정을 대비해 유지
　○ 산업은 연료전환과 전력 다소비 업종의 에너지 효율 추진

▷ 3안 : 넷 제로

  ○ 석탄, LNG와 같은 화석연료 발전을 중단

  ○ 그린 수소 보급, 전기 수소차를 97%까지 확대 보급

  ○ 온실가스 순배출량이 제로인 이른바 'Net Zero'를 실현

문제

▷ 탄소중립 법안

  ○ 21년 8월 19일 새벽 국회 환경노동위원회 여당 단독 통과

  ○ 업계·기업과 상의 없이 2030년 온실가스 배출량 2018년
    대비 35% 이상 감축 명시. 기존 목표는 26.3%

▷ 절차의 방법과 속도

  ○ 탄소배출이 많은 제조업 중심의 산업 구조

  ○ 탄소배출을 줄이는 관련 기술 개발에 소요되는 기간

▷ 산업 현장

  ○ 기업이 감내할 수 없는 수준 목표를 일방적으로 제시

  ○ 탄소배출 급격히 줄이려면 생산라인을 멈추거나 해외 이전

  ○ 산업위축이나 대량 실직 등 제조업 생태계 부정적 영향

  ○ 내연기관 시장축소와 전기차 부품 감소 이중고 생존 위기

▷ 업체·기업

  ○ 기업의 탄소배출은 스코프(Scope·유효범위) 1, 2, 3구분

→ 스코프 1 : 제품생산 단계 중 시설에서 발생하는 탄소배출

→ 스코프 2 : 에너지·열·증기를 만들기 위해 배출하는 탄소

→ 스코프 3 : 기업의 가치사슬(Value Chain) 전, 후방 모두

○ 스코프 1·2에 대한 파악과 절감 활동만 해도 현실 어려움

○ 스코프 3까지 포함한 책임 있는 감축을 요구하고 있음

▷ 재생에너지

○ 탄소중립 목표 도달하기 위해 재생에너지 3배 이상 증가

○ 수요·공급 불일치, 전력망 주파수 변화, 안정성 저해

○ 전력 저장하는 설비 ESS, 전력 유동성 시스템 구축 필요

▷ 탁상공론

○ 해외 의존의 수소 공급

○ 무(無)탄소 신(新)전원의 불확실성

○ 에너지 저장 장치 ESS의 부재

○ 현재 석탄발전 40%를 2050년 5%로 이하 낮춤

○ 지나치게 낙관적인 재생에너지 확대(CCUS 기술 개발)

▷ 탈원전 기조

○ 2040년 잔여 9기 원전 11.4GW

○ 현재 전력 생산 30% 담당 10년 뒤 18%로 낮춤

○ 현재 가동 24기의 원전 중 11기를 2034년까지 폐쇄

○ 원전 비율을 낮추고 짧은 시간에 어떻게 탄소중립 실현

▷ 전력 구성

○ 1안의 매우 저조한 석탄발전 이용률 30.3%

○ 1, 2안의 4GWy에 육박하는 동북아 그리드

○ 최소 5GW 용량의 발전을 공산권 의존, 차단 시 대혼란

○ 2. 3안 사이 연료전지와 무탄소 신(新)전원 구성비 현격 차이

○ 재생에너지 대폭 증가에도 양수 발전 포함하지 않음

▷ 비현실성

○ ESS 설치에 최대 1,248조 원

○ 석탄 화력과 LNG 발전소를 모두 폐기

○ 재생에너지 비율 최대 71% 늘림, 원전 7% 낮춤

○ 에너지 섬인 우리는 인접국에서 전기를 사 오지도 못함

○ 암모니아·수소발전, 무탄소 신(新)전원 미래기술 상용화 불
투명

○ 서울지역 10배(여의도 48에서 76배) 태양광 생산된 전기
전력망 구축 난제

▷ 정부, 기업에 압박

○ 2050년 탄소중립 목표, 탄소중립법 제정해 기업 압박

○ 비현실적인 감축 목표 의무화, 기업은 해외 나갈 수밖에

○ 탄소감축 책임을 기업 떠넘기고 정작 정부는 탄소감축 역행

○ 석탄발전 57/58 풀가동, 원전 없는 탄소중립 헛된 망상

▷ 공상 과학(SF)이라는 비판

○ 실현 가능성 없는 졸속 계획, 비과학적 선동

→ 무탄소 신(新)전원 21.4% 현실성 전혀 없고 비과학적

→ 제철·정유공장 나오는 부생수소 비료·화학공장 전량 소모 철강·석유화학·시멘트 400조 원, 석유화학 270조 원 소요

→ 암모니아 연소열 천연가스의 34%, 인체·환경 독성, 초미세먼지 발생, 대기오염 유발

→ 수소환원제철 기술은 세계 어디에서도 상용화되지 않음

→ 일본 철강 연맹 수소 환원 제철 상용화를 2100년 내다봄

→ 석유에서 나오는 나프타를 바이오 원료로 대체할 수 없음

○ 기술에 대한 비전이 전혀 없다는 것이 핵심

→ 탄소중립은 기술 혁신에 의해서만 가능

→ 재생에너지 78%, 하지만 간헐성·변동성 보완 수단 없음

○ 재생에너지 전장 장치(ESS) 구축 1,248조 원 필요

→ 10년마다 교체, 리튬이온배터리는 탄소 덩어리

→ 태양광 발전을 위해 서울시 면적의 10배가 더 필요

○ 탄소중립 기본법 83개 조 구성, 이 중 20개가 조직 구성

→ 탄소중립성장위원회 산하 정의로운 전환 지원센터, 탄소중립지원센터, 실천연대, 협동조합 등 시·도·군·구까지 전국에 조직을 만듦

→ 정치적 친정부 단체를 만드는 것은 아닌지

▷ **무리한 온실가스 감축 목표(2018년 대비 2030년 40%)**

○ 탄소중립과 탈원전을 동시에 추진할 수 없음

○ 정부가 제조업 위주의 국내 산업 구조, 탄소 저감 관련 기술 개발에 걸리는 시간 등을 전혀 고려하지 않고 있음

○ 획기적인 기술 없으면 목표 맞추려 산업계는 감산 불가피

○ 수소 환원 등 온실가스 줄이는 기술 2030년 상용화 불가
○ 2030년 국가온실가스감축목표(NDC) 산업계 고려하지 않은 무리한 목표. 포스코는 수소 환원제 상용화 시점을 2050년으로 잡고 있음
○ 시멘트·석유화학·온실가스 감축 기술 상용화 시점 불투명
○ 철강·석유화학 감산하면 산업경쟁력 타격
○ 제조업 경쟁국인 중국은 2060년 탄소중립을 목표로 하면서도 2030년까지는 온실가스 배출량이 늘어날 것을 전제로 하고 있음
○ 단기적 탄소 감축 목표가 낮은 외국으로 공장 이전할 것
○ 국내 산업 생태계를 세밀하게 고려한 정책 설계가 필요

공약(公約)

▷ **비전 : 탄소중립 경제**

▷ **목표 : 2050년 Net Zero**

▷ **핵심공약**
○ 2050년 탄소중립 현실적 실행계획으로 수정
→ 업계와 기업의 의견을 들어 현장 중심의 로드맵 입안
○ 2030년 국가온실가스감축목표 전면 수정
→ 2030 탄소중립 목표를 산업계 현장에 맞춰 전면 수정
→ NDC(Nationally Determined Contribution) 목표 수정

→ NDC는 기후변화에 대응하기 위해 각국이 스스로 목표
를 정함
○ 저탄소화 경제구조로 전환
→ 미래 모빌리티로 전환
○ 미래 신 저탄소 산업 생태계 조성
→ 신 유망 산업 육성
○ 탄소중립 사회로 전환
→ 지역 중심의 탄소중립 실현

▷ **기본방향**
○ 깨끗하게 생산된 전기·수소의 활용 확대
○ 디지털 기술 연계 혁신적인 에너지 효율 향상
○ 탈(脫)탄소 미래기술 개발 및 상용화 촉진
○ 순환 경제(원료·연료투입↓)로 지속 가능한 산업혁신 촉진
○ 산림, 개펄, 습지 등 자연·생태의 탄소 흡수 기능 강화
○ 석탄·석유 공사 부채 21조 7,561억 원

20장. 층간소음

층간소음

지난해 아파트 등 공동주택의 수는 약 1,400만 호로 전체주택의 77.2%를 차지한다. 이 가운데 아파트 수는 1,128만 7,000호로 공동주택의 80.6%에 이른다. 공동주택의 80%가 넘는 우리나라에서 층간소음은 이제 국민 생활에 큰 사회적 문제로 대두됐다. 층간소음을 해결하려는 제도적 장치는 매우 미흡하다.

현황

▷ 층간소음 폭력
  ○ 코로나로 인한 층간소음 민원이 2배 이상 늘어남
  ○ 위층 아래층의 층간소음 때문에 살인사건까지 발생
  ○ 당사자 간 해결하라고 내버려 두는 사이 피해자 분쟁 확대

▷ 불가피한 현실

- ○ 코로나 유행으로 '집콕' 생활이 일반화되면서 심각
- ○ 층간소음은 위층만 조심한다고 해결될 문제가 아님
- ○ 위 아래층 서로가 층간소음에 불행과 우울증 호소

문제

▷ 구조적

- ○ 공동주택 설계의 구조적인 문제
- ○ 벽식 구조는 벽을 타고 윗집의 소음이 그대로 전달
- ○ 벽식 구조는 기둥식에 비해 공사 기간이 짧고 비용 절감
- ○ 15층에서 아이들이 뛰면 14층 물론 13층까지 쿵쿵 울림

▷ 제도적 장치 미흡

- ○ 정부와 지방자치단체가 운영하는 상담센터가 있으나 인력과 예산 등의 부족으로 제 역할을 하고 있지 못함
- ○ 건설회사 98%가 사전 인증받은 등급보다 하락
- ○ 이 중 60%는 최소 성능에도 못 미침, 층간소음 허위 광고

특징

- ○ 층간소음에 한 번 노출된 사람은 평생 피해 호소
- ○ 귀트임 현상으로 위층 소음이 저절로 들리는 현상 발생
- ○ 층간소음의 문제는 오히려 아래층 사람이 키를 쥐고 있음
- ○ 아이들이 뛰거나 어른이 걷는 소리가 대표적 직접 충격음

○ 저주파로서 진동도 함께 느껴지기 때문에 참기 힘든 상황
○ 최근에는 강아지나 고양이의 반려동물의 민원이 급증
○ 냉장고·김치냉장고 붙여 놓아 공명현상 발생 아랫집 피해
○ 층간소음 1년 넘으면 이왕 죽을 거 같이 죽자며 범행

해법

○ 층간소음 발생 6개월 이내에 해결 접점 찾음
○ 소음의 범위와 한계를 정하고 서로의 노력을 인정
○ 구체적으로 소음과 발생 시간대 윗집과 아랫집에 통보
○ 서로 이해하는 마음, 역지사지 정신이 필요

공약(公約)

▷ **비전 : 층간소음 없는 세상**

▷ **목표 : 층간소음 없이 편히 쉴 수 있는 내 집**

▷ **핵심공약**
　○ '층간소음 AI 관리 시스템' 운영
　　→ 시공사 건축 설계 층간소음 규제 강화
　　→ 입주 후 층간소음 발생하면 전면 보수 명령제 도입
　　→ 층간소음 원 스트라이크 아웃제 도입 차기 입찰 제재
　○ 'K-층간소음 중재 시스템' 운영
　　→ 피해자 직접 상담·중재해 얻은 상담 데이터 분석

→ 상담 빅데이터를 분석 각종 원인과 유형별 대처방안
제시
○ 층간소음 전문 상담가 확충 및 법안 제정
→ 층간소음 피해 구제 법안 제정
→ 이웃 사이 센터 지원을 통한 층간소음 전문가 양성

21장. 동물복지

동물복지

국내 반려동물 양육 가구가 638만 가구로 전체 가구 2,304가구 대비 27.7%에 육박한다. 가구당 평균 가구원 수 2.24명을 고려하면 반려동물 양육 인구는 약 1,530만 명에 육박한다. 반려견 수는 602만 마리, 반려묘는 256만 마리다. 가장 많이 양육하는 반려동물은 개 81.6%, 고양이는 28.6%를 차지한다. 한국의 글로벌화와 반려견 양육 인구 급증으로 개고기는 혐오 식품으로 인식됨에 따라 식용 금지를 해야 한다.

현황

▷ 등록제 무실
　　○ 반려견에 대한 동물등록제를 2008년 처음 시행
　　○ 2014년 1월 1일 전국적으로 의무화

○ 하지만 동물 등록률 30%가 채 되지 않음

▷ **등록률 저조**
○ 미흡한 홍보, 동물 등록 실효성 논란
○ 느슨한 단속으로 사실상 의무 사항으로 느끼지 않음

문제

▷ **유기**
○ 반려동물을 무책임하게 버리거나 잃어버리는 일 증가

▷ **제도의 일원화**
○ 동물등록을 내장형 마이크로 칩으로 일원화
○ 선진국 내장형 마이크로칩 의무화 본받아야

공약(公約)

▷ **비전 : 반려동물과 함께 행복한 삶**

▷ **목표 : 반려동물과 함께 행복한 나의 생활**

▷ **핵심공약**
○ 犬 식용 금지
→ 임기 시작부터 바로 시행
→ 업종 전환에 따른 세제 혜택

○ 'K-반려동물 시스템' 운영

　　→ 내장형 등록제 실시

　　→ 등록 안 된 반려동물 동물병원 치료 시 신고 의무화

○ 반려동물의 합법적 거래 시스템 운영

　　→ 전국 반려동물 거래 투명화, 불법 거래 금지

▷ **세부 추진**

○ 반려동물 전국 진료 시스템 운영

　　→ 진료 항목과 진료비 표준화

　　→ 반려동물 의료보험 도입

　　→ 반려동물 공제조합 설립

○ 반려동물 학대 처벌 강화

　　→ 학대 행위자 처벌 강화

　　→ 반려동물 전담팀 예산 및 인력 보강

22장. 과학기술

과학기술

AI 시대 세계 질서 대전환의 촉매는 AI·ICT 기술의 획기적 발전이다. 글로벌 산업구조 재편, 인류 생존 가능 한계를 위협하는 지구 온난화 극복, 급격한 초고령화 사회 진입 등을 해결하려면 과학을 기반으로 해야 한다. 과학기술 전략을 국가 핵심과제로 추진해야 한다. 과학기술에 관한 이해 없이 국가를 경영할 수 없다.

과학기술 전략

▷ **기본방향**

　　○ 국가 융성과 국민 행복 실현을 위한 과학기술 활용

▷ **제5차 과기 기본계획**

○ AI 시대 담대한 청사진

　→ ALL Digital 시대를 겨냥한 포괄적 로드맵

　→ DX 혁명 여파로 물리적 현실 세계와 사이버 가상세계 공존

　→ 신문명 생태계 재구축은 오롯이 과학정보통신기술 발전

○ 자연공학 중심에서 벗어나 인문사회과학을 포함

　→ 자연과학과 인문사회과학을 고도로 융합

　→ 인류 행복 증진과 창조적 영감을 분류하는 내용을 포함

　→ 최첨단의 과학기술은 인간과 사회의 총체적 이해에 기반 경제·사회적·환경적 가치 창출이 불가결하기 때문

○ 탄소중립 실현 등 글로벌 의제에 주도적 역할

　→ 과학기술혁신 과제 결과로 실현되는 점진적 접근

　→ 우리가 소망하는 미래상에 과학기술 역량을 결집

　→ 포스트 코로나 시대의 탄소중립 실현 비전과 모델 개발

　→ 도전적 연구과제 개발전략(backcasting approach) 구상

○ 2030년 관점의 과학기술의 역동성 확보

　→ ICT 기반 강화

　→ AI 초유기체 테크놀로지 시대 대비

　→ Moon Shot 프로젝트 출범해 MZ세대 과학기술에 가세

○ 성과를 내기 위한 논리 체계화(logic chart)

　→ 단기, 중기 목표에 도달하는 경로를 성과지표와 연계

　→ 코로나19 위기를 과학기술로 돌파하는 혁신을 주도

　→ 미래 뉴 대한민국의 길을 열어가는 그랜드 디자인 필요

역대 대선공약

▷ **과학 지원 정책 초점**
　　○ 과학기술 인력 및 교육
　　○ 4차 산업혁명 관련 정책
　　○ 연구지원은 어떻게 : R&D 정책

▷ **구체적인 진단과 본질적 접근 미흡**
　　○ 눈앞에 닥친 현상에 과학기술로 해결하려는 의지만 강함
　　○ 법적 대응만 중시하는 공약, 근본적 원인실태 파악 미흡

▷ **연구개발 정책**
　　○ 연구개발비의 자원 배분과 지역개발을 연계하는 정책뿐

▷ **거버넌스 측면**
　　○ 컨트롤 타워 필요성 강조
　　→ 과학기술부 설치, 대통령 직속 위원회 신설

▷ **운영 방식**
　　○ 중앙 집중 하향적 분산

문제

▷ **과학이 중립적이거나 만능 해결사가 아니라는 인식 부족**

▷ 과학기술의 정치적인 속성, 어떻게 정책 설계 녹여낼 것인가
에 대한 고민이 더 필요

패러다임 변화

○ 과학적 국정운영
○ 과학이 있는 민주주의
○ 연구 현장 중심의 공동 연구
○ 토론과 검증 및 연구의 자율성 보장
○ 정보공개, 기후변화, 미세먼지 등 새로운 이슈 대응

공약(公約)

▷ 비전 : 2050년 과학 대국 도약/과학 기술인이 대접받고 존
경받는 사회

▷ 목표 : 과학기술 중심의 국정운영/2025년까지 과학기술 선
도국가 진입

▷ 핵심공약
○ 과학기술인 연금확충 및 혜택 확대
○ 연구개발혁신 촉진을 위한 지원법안
○ BSS, 정통부 장관 과기부총리제 승격
○ 과학기술인 정년 연장, 우수연구원 비율 확대
○ 과학기술인 임금 피크제 폐지, 성과 임금 보장

○ 연구자 행정부담 경감을 위한 행정업무 이관
○ 연구 현장의 목소리 반영하는 AI 시스템 구축

▷ **세부 실행**

○ 과학기술 전문 인재 10만 명 양성
→ 청년 과학자 육성 확대
→ 과학 영재 양성을 위한 학·연의 유기적 협력체계 구축
→ 사이언스 빌리지 공급으로 과학기술인 주거 안정
○ 연구 자율성 보장을 통한 책임성 강화
→ 전문 연구원 제도 활성화
→ 성과 중심 평가제도 개선
→ 인력·예산·평가제도의 개선
→ 박사 졸업 후 연구지원 확대
→ 중견 과학자 생애 기본연구비 지원
→ 과학 연구에 대한 실명 이력 제도 실시
→ 순수 기초연구비 3배 확대, 현장 중심의 예산 수립
→ 전문 연구 요원 제도 안정적 유지, PBS와 임금체계 개편
→ 연구개발 프로젝트 참여 연구원, 학생 근로계약 의무화
→ 연구과제 기반 Tenure 부여 우수 연구자 장기 연구 보장
○ 과학기술 단독 행정 체제
→ 올디지털 혁신부 신설
→ 자율적 연구보장, 예산권 보장
→ 신성장 혁신부총리 임명 실시
→ 과학기술 사이버 안보부 창설
→ 과학기술 컨트롤 타워 민간 협력체제 구축

○ 대전·대덕 첨단 산·학·연 클러스터 조성

　　→ 과학과 AI·ICT 융합된 시너지를 창출

　　→ 학·연의 긴밀한 협력 체제 구축 및 운용

　　→ 혁신 클러스터 조성, 대기업 투자 유도

○ 민간 주도의 과학기술 시스템 혁신

　　→ 국가 주도는 전문성 부족, 관료주의, 단기성과 위주 혁신

○ 기업가 정신 강조 및 창업가 우대

　　→ 초·중·고 과정에 창업 기업가 정신 과목 신설

　　→ 창업자에 대한 혁신 안전망 설치

　　→ 혁신 아이디어 실증 지원센터 설립 및 운영

○ 미래를 대비하는 과학기술

　　→ 스마트시티, 농축산 AI·ICT, 복지 AI·ICT 사업 확대

23장. 국가부채

국가부채

....

재정 건전성만큼은 세계 최고임을 자부했던 한국이 빚 걱정을 하게 됐다. 정부 수립 후 70년 동안 쌓인 국가 부채의 60%에 해당하는 나랏빚을 문재인 정부 단 5년 만에 늘려 놓았다. 역대 대통령 시절의 모든 나랏빚을 합친 것보다 많다. 한마디로 퍼주기 정부다. 2022년 집권 5년 예산 51% 늘려 604조 원, 국가부채 408조 원 증가 1,068조 원이다. 408조 원은 매일 1,120만 원 사용해도 10만 년 걸린다.

현황

▷ **국가 채무란**

　○ 중앙·지방정부가 갚아야 할 국가채무에 더해 국가가 공무원·군인에게 향후 지급해야 할 돈까지 합친 것

▷ 급증하는 국가부채 : 2,000조 원 진입
- ○ 2016년 1,433조 원, 2017년 1,555조 8,000억 원
- ○ 2018년 1,683조 4,000억 원, 2019년 1,743조 7,000억 원
- ○ 2020년 1,985조 3,000억 원

▷ 재정 건전성
- ○ 이명박 정부 말 442조 원, 박근혜 정부 말 627조 원
- ○ 문재인 정부 말 1,068조 원(400조 원이 늘어남)
- ○ 국세 증가율 2022년 338.6조 징수(19.8% 55조 9,065억 원)
- ○ 1인당 국가채무 내년 2,060만 5,119원
- ○ 사회 보장성 국민부담률 28.6%, 2025년 29.2%로 급증

▷ 국가 부채 비율 : 너무 빠르게 증가
- ○ 정부 수립 후 70년 동안 쌓인 국가 부채의 60%가 문 정부
- ○ GDP 대비 국가 부채 이전 정부 36% → 문 정부 50.2%
- ○ 국가 신용평가사들이 경고해온 국가신용등급 강등위험선 40%대 중반을 훌쩍 넘음

▷ 2020 회계연도 국가결산 보고서
- ○ 재무제표 1,985조 3,000억 원
  - → 1년 전보다 241조 6,000억 원 13.9% 급증. 역대 최대
- ○ 지난해 국민총생산(GDP)인 1,924조 원을 뛰어넘음
  - → 갚아야 할 시기·금액 등이 정해진 확정 부채 작년 111조

6,000억 원

→ 지급 시기·금액이 확정되지 않은 미래 부채 성격의 비확정 부채 130조 원 증가(공무원·군인 연금 충당 부채)

→ 연금 충당 부채가 지난해 1,044조 7,000억 원, 1년 만에 100조 5,000억 원 증가 국가부채의 52.6%

→ 연금 충당 부채도 재정으로 메워야 하는 현실을 고려하면 D4 기준으로 GDP 대비 국가 부채 비율이 106% 넘음

문제

▷ 문 정부의 방만한 세금 퍼주기

○ 애초 잘못된 소득주도성장 정책 추진

→ 소주성 정책 실패로 고용 대란 부작용을 자초

→ 이를 가리려고 천문학적 세금을 뿌림

→ 4년간 100조 원 넘는 일자리 예산으로 아르바이트 일자리 양산

○ 포퓰리즘의 현금 복지 제도 남발

→ 2021년 4인 가구당 100만 원 총 14조 원 뿌림

→ 2022년 9월 국민 88%에게 25만 원

→ 지자체 포퓰리즘 경쟁 가세 총 2,000개 현금복지제도 남발

▷ 실패한 정책마다 세금으로 땜질 : 실패의 악순환

○ 정책 실패하면 재정으로 땜질하는 나랏빚 내는 악순환

▷ 세금 퍼주기 말고는 할 줄 아는 게 없는 정부

○ 선거 때마다 각 지자체에 타당성 조사 면제

→ 지역 민원 사업 예산은 너무 방대

▷ 정치 공학적 측면만 생각

○ 국가 재정은 부실화되든 말든 선거만 이기면 된다는 식

○ 유력 대선주자마저 표를 겨냥해 선심성 공약 남발 경향

▷ 문제의 본질

○ 미래 세대는 아직 선거권이 없음

→ 아직 무엇을 주장할 위치가 아님

→ 빚 부담을 떠넘겨도 된다는 인식

→ 미래 세대에 대한 범죄 행위

▷ 국민이 갚아야 할 국가채무

○ 3년간 187조 원 급증 : 1년 새 1인당 226만 원 증가

▷ 미래 세대 부담

○ 올해 태어난 신생아 고교 졸업

→ 1인당 1억 원 넘는 나랏빚 떠안음(한국경제연구원 분석)

○ 현재 생산가능인구 1인당 국가 부채 부담액 2,600만 원

→ 올해 신생아가 만 18세 성인이 되는 2038년 1억 500만 원, 27세가 되는 2047년엔 2억 1,000만 원

▷ 정부의 항변

○ 주요국 대비 한국의 재정건전성이 양호한 수준 항변
  → 2019년 기준 OECD 37개국의 국가채무비율 65.8%
  → 한국 41.9%는 평균보다 낮은 수준이라고 주장
○ OECD 기축통화국과 비(非) 기축통화국 분류
  → 비(非) 기축통화국 평균 41.8%로 한국은 평균 상회
  → 미·일·영 등 기축통화 사용하는 23개국 80.4%
○ 기축통화국이 아닌 한국 나랏빚 급증 경제 위기 경고
  → 국가 신용도 하락, 환율 상승으로 이어져 경제 위기
  → 재정건전성을 악화시키는 망국적 포퓰리즘은 미래 세대에 시한폭탄을 떠넘기는 것이나 다름없음
○ 한국은 국가채무비율 계산할 때 D1의 오류
  → OECD 37개 회원국 D3·D4 6개국 불과 직접 비교 어려움
  → OECD 회원국 대부분 민영화로 공기업 많지 않음
  → 한국과 달리 연금에 대해 국가가 보증을 서지 않음
  → IMF도 이런 점을 감안해 한국에 D4 활용을 권고
  → 문 정부 OECD D2 평균 109.2%라며 포퓰리즘 재정 펴는 것은 통계 왜곡이며 대국민 사기 행위

공약(公約)

▷ **비전 : 재정 건전성 세계 1위 국가 회귀**

▷ **목표 : 나랏빚 걱정 없는 국가 물려주기**

▷ **핵심공약**
　○ 재정 준칙의 법제화
　○ 재정 건전성을 위한 독립적 조직 신설
　○ 채무증가 속도를 완화

▷ **채무 상환 로드맵 구축**
　○ 채무증가 속도 예측과 채무 상환 AI 시스템 운영
　○ 공무원연금, 군인연금 구조조정(적자 해소)

▷ **공무원연금법과 군인연금법 개정**
　○ 공무원연금 적자 국가보전금 2021년 2조 5,000억 원, 2021년 4조 1,000억 원으로 64% 증가 예정, 2040년이면 12조 2,000억 원에 이를 전망
　○ 군인연금 2021년 2조 9,077억 원 적자 예상
　○ 두 연금 충당 부채 2020년 1,044조 원, 4년 만에 300조 증가
　○ 연금재정이 고갈되면 국가가 대신 갚는 연금 충당 부채
　○ 2001년 제정된 공무원연금법 개정
　○ 1973년 제정된 군인연금법 개정
　○ 공무원연금 같은 사회보험은 자기 부담 원칙에 따라 가입자의 부담금을 포함한 자체 수입으로 지출을 해결해야 함
　○ 인구구조 변화를 반영 더 내고 덜 받는 구조개혁을 해야
　○ 재정 안정을 위해서는 공무원의 부담률을 월급의 15% 이상으로 올리고 지급률은 1.5% 이하로 낮춰야
　○ 군인연금 개혁은 손도 못 댐. 공무원연금만 부담률을 9%,

지급률은 1.7%로 조정한 이후 연금개혁 논의는 실종

○ 문 정부 공무원 11만 명이 넘게 증원돼 더욱 부담

○ 공무원의 노후까지 국민이 책임지는 것은 문제

○ 인기 없는 공적 연금개혁을 반드시 이뤄내야

○ 상위 1% 고소득 근로자가 전체 소득세의 41%, 근로자 40%는 세금을 한 푼도 내지 않음

○ 상위 1% 기업이 전체 법인세 83%, 하위 49%는 한 푼 내지 않음

▷ **6천억 적자 공기업 직원 연봉 8,000만 원 넘음. 구조조정**

24장. 중소벤처

중소벤처

한국의 중소기업은 우리나라 전체 기업 수의 99.9%나 되며, 고용인원 90% 전후를 차지하고 있다. 부가가치 창출액의 합계는 대기업 전체와 비슷한 수준이다. 중소기업은 이만큼 우리 경제의 바탕이 된다. 그런데 중소기업은 항상 어렵고 크게 발전하지 못하고 있다.

연혁

▷ 중소벤처기업부

- 1948년 상공부 설립에서 시작
- 1960년 상공부에 처음으로 '중소기업과' 생김
- 1960년 중소기업협동조합 대기업과 경쟁 대응하기 위함
- 중소기업, 중기중앙회, 중소기업은행 출범

○ 1966년 중소기업기본법 제정, 본격 중소기업정책 가동
○ 1970년대 정부 주도 대기업 중화학, 제조업 지원
　→ 대기업에 중소기업이 납품을 유도 '계열화' 촉진
　→ 대기업에 중소기업이 납품하는 '하도급' 관계 확대
　→ 제조업에서는 50%가 하도급을 맺고 있는 상황
○ 1980년대 경공업 중심 중소기업과 대기업 격차가 벌어짐
○ 1970년대 말부터 중소기업에 대한 진흥책이 쏟아져 나옴
　→ 중소기업 고유 업종 제도, 신용보증기금(1976년), 중소
　　기업진흥공단(1979년)
○ 1996 중소기업청 통상산업부에서 분리, 1973년 독립청,
　1995년 통상산업부 산하 벤처기업협회 생김
○ 1998년 IMF는 중소기업 시련의 시절

전제

○ 국가는 중소기업을 보호 육성해야 한다(헌법 123조).
○ 중소기업 9988. 기업의 99%, 종업원 수 88%를 차지
○ 중소기업이 무너지면 대다수 국민의 생계가 무너짐
○ 대기업 경제에서 중소기업 중심 경제로 전환해야

발전의 중요성

▷ 산업발전의 요람이자 텃밭
○ 벤처·중소기업, 중견기업, 대기업, 초일류기업의 산업구조
○ 가장 열악한 환경 중소벤처 기업은 두말할 나위 없음

○ 중견, 대기업도 벤처중소기업에서 출발 초일류기업 성장

▷ 산업생태계에서 중소기업은 핵심, 압도적 비중

○ 사업체 수 373만 1,000개로 99.99% 차지 압도적 비율

○ 기업 종사자 1,730만 명 중 89.8% 중소기업 종사자

○ 중소·벤처 없는 한국경제의 산업이 존재할 수 없음

▷ 대기업과 혁신기업도 중소기업부터 출발

○ 대기업·중소기업도 따지고 보면 중소벤처기업부터 스타트

○ 혁신적 기업이 지속적으로 출현하는 것이 산업발전 이룸

○ 산업화 선진국들의 자본과 기술도입 모방 시대

○ 디지털 트랜스포메이션 시대 중소벤처 창의·모험적 역할

▷ 일자리 창출과 양극화 해소의 중심

○ 사회 양극화, 일자리 창출 중소벤처의 창업과 성장

○ 중소벤처 부가가치 창출 늘어나 종업원 채용과 소득증가

▷ 창의적 모험적 도전정신 엔터프리너의 산실

○ 대기업 중심 자본주의에서 창업 기업가형 자본주의 전환

○ 새로운 기술과 아이디어로 기업 창업하느냐가 중요

○ 한 국가 경제의 모태이자 새로운 엔터프리너의 산실

문제

○ 중소기업 지원자금은 은행 대출자금보다 금리가 낮은 또

다른 대출로 빚이라는 현장의 목소리
- ○ 일시적 자금지원보다는 지속 생존하기 위한 구조 변화
- ○ 지원받는 순간 부처에서 "시설 확충해라, 불량률 낮은 장비에 투자하라" 등 지시
- ○ 기술 R&D 연구비로 기술 개발 해봤자 초정밀·고도 기술 아닌 이상 어차피 다른 업체에서 베끼는 건 시간문제
- ○ 결국 중소기업 지원자금 명목으로 예산을 투입해봤자 경쟁력 향상과 효과를 기대하기 어려운 구조

근본적 부실 원인

- ○ 중소기업의 생산성 및 수익성 장기적으로 하락
- ○ 정부의 과도한 반복적 각종 지원으로 자생력 저하
- ○ 금융지원정책은 일시적 도움 되지만 결국 부실 심화
- ○ 노동 생산성이 지속 하락, 대기업에 종속 구조

부실 대책

- ○ 부실 징후 기업에 대한 자문 서비스
- ○ 건전한 구조조정과 퇴출을 지속 추진
- ○ 신보와 기보 관련 제도개선 및 발상의 전환
- ○ 선의의 부도 중소기업인을 재활시켜야
- ○ 구조조정 정책 효과 위해 부실 단계별 정책을 연계
- ○ 재무 상황, 사업 기회 반영한 다양한 구조조정 수단 마련
- ○ 파산 선고에 앞서 법인 회생을 먼저 고려해야

○ 중소기업 스스로가 경쟁력을 키우고 정부는 지원만

과제

▷ **공정거래**
　○ 대기업과 중소벤처의 공정거래 속 상생이 중요
　○ 다양한 분야에서 착취의 대상이 아니라 협력의 대상

▷ **창업**
　○ 창업은 언제나 어려운 환경, 원활하게 하는 제도
　○ 창의적 혁신적 기업 창출을 위한 생태계 환경 조성 필요
　○ 규제 프리존 설치 등 새로운 적극적 시도가 필요

▷ **향후 과제**
　○ 정책영역의 명확화
　　산업정책, 기업정책, 사회정책 영역
　　기능별·규모별 지원의 중복성 해소 및 연계 강화
　　고용, 복지, 산업, 교육, 지역 정책 vs 중소기업 정책
　○ 시장 친화적 지원체제 활용
　　→ 지원의 시장 왜곡 고려, 신용보증, 정책자금, 신용평가
　　→ 중소기업 지원 서비스의 민간부문 활용 및 기반 형성
　○ 정책조정 기능 확충과 집행체계 개편
　　→ 정책 수행에서 집행까지 중소기업 입장 고려
　　→ 정책 사업개발보다는 정책조정 기능 강화
　　→ 정책 집행은 지역 밀착형, 분권화, 자율화

○ 지원방식에 대한 자체적인 검토와 지속적인 개선

　→ 가능한 정책 전달 기구가 필요, 중앙조정과 지역 집행

○ 정책 목표에 상응한 중소기업 범위 조정

추진

○ 대기업과 임금 격차 확대

　→ 외환위기 이전 대기업의 80%, 최근 62% 수준

○ 대기업의 불공정 관행의 철폐

　→ 중소기업 근로자 임금 상승을 막는 중요한 요인으로 하도급 대금 후려치기, 인력 유출, 기술 빼가기

○ 중소기업의 성과 공유 모델 활성화

　→ 대기업과 중소기업 임금 격차 요소는 기본급(75%)보다는 초과근로수당과 성과급 등 특별급여(2배 차이)

○ '핵심 인력 성과보상금' 추진

　→ 장기 재직이 필요한 인력이라고 기업이 지정한 근로자와 기업이 1 : 2 비율로 5년간 매달 일정 금액을 적립하고, 근로자가 만기일까지 재직하면 적립금을 성과보상금으로 지급하는 제도. 기업 납입금은 정부가 세제 혜택을 줌

○ 선진국형 중소기업 임금 체제 유도

　→ 선진국은 작은 회사일수록 일이 많고 힘이 더 드니까 임금이 높음, 대기업과 같은 수준으로 노동시장 유연

○ 법으로 보호하고 제도로 지원하는 것보다 구조를 바꿔야

　→ 막대한 지원금 쏟아봤자 일시적 자금 순환에만 도움

○ 중소기업 기술 유출 막을 강력한 제재 법안도 무용지물
　　→ 기술을 가진 하청 업체 사이에 대기업의 친인척이 운영
　　　하는 1차 업체 끼어 기술을 대기업에 전달하는 경우 대
　　　기업에 직접적 책임을 물을 법적 근거가 없음

▷ **중소기업의 튼튼한 성장 환경 구축**
○ 신기술 개발 통한 혁신 역량 제고
　　→ 스마트공장 확산, 개발 인프라 확충, 기술 탈취 근절
○ 정책금융 성장 촉진 및 금융안전망 지원 시스템 강화
　　→ 정책자금 지원, 신용보증 공급, 매출채권 보험 운용
○ 내수시장 확대를 위한 유통망 진출 촉진
　　→ 공공부문의 중소기업 제품 구매 지원, 마케팅 지원
○ 경제영역 확대, 국제협력 추진, 해외 진출 지원

▷ **대·중소기업 간 상생협력**
○ 불공정거래 근절 및 상생협력 확산 - 기업 간 공정거래 환
　　경 조성, 상생 협력 생태계 확산
○ 협력을 통한 혁신역량 발전 - 중소기업 간 협업 유도, 전략
　　적 동반성장 확대
○ 지역 중소기업 육성을 통한 균형발전 - 일자리 창출 중심
　　지역특화산업육성 지원, 지역 특구 운영

▷ **규제·행정 혁신 및 기업 애로 지원**
○ 규제 철폐 및 행정 혁신
○ 정책 정보 제공 및 One Stop 기업 애로 지원

○ 중소기업 컨설팅 지원
○ 중소기업 옴부즈맨(Ombudsman)제도 운영

▷ **중소기업의 해외 진출 방안**
　○ 신흥국의 새로운 정책이나 발전 전략 파악하여 유망한 진출 가능 분야를 발굴할 필요
　○ 정보 접근 어려운 중소기업에 유용한 정보 제공 확대
　○ 제품의 홍보 및 설명회 확대, 현지 대리상 발굴
　○ 경쟁력 제고와 함께 충분한 사전 진출 준비가 필요

▷ **코로나19 피해에 대한 지원 대책**
　○ 원부자재 안정적 확보 위한 환위험관리 지원과 연계
　○ 수출용 원자재 수입 위한 저리 융자와 정책 지원 강화
　○ 수입 원자재 환율 변동분 납품단가 반영되도록 상생 협력
　○ 수출시장 다변화, 내수 진작 위한 비대면 상거래 활성화
　○ 수출기업에 대한 모니터링 강화, 수출 체력 고갈 방지 지원
　○ 스마트 바이오, 헬스 등 분야 전문 중소기업 육성 지원
　○ 기술 개발 R&D 지원강화, 스마트일터 혁신, 에듀테크 진출
　○ 포스트 코로나 중소기업 정책 수립, 글로벌 공조 체제 확립

▷ **중소기업 기술혁신 역량 향상 방안**
　○ 중소기업의 총요소생산성을 증가시키기 위해서는 기술혁신과 기업경영 향상을 위한 정책이 개발되고 지원 대기업처럼 기술혁신을 이룰 수 있는 정책지원 필요
　○ 대기업과 중소기업 간 기술 격차를 줄이기 위한 정책 필요

○ 기술 양극화는 한국산업의 동력이나 생산성을 전반적 악화 시킬 수 있기 때문에 개선하는 정책이 필요

공약(公約)

▷ **비전 : 벤처 창업 국가 실현**

▷ **목표 : 강소 중소벤처 기업 100개 육성**

▷ **핵심공약**
　○ AI 벤처 붐 조성
　　→ 창업 종잣돈인 모태펀드 10조 원으로 확대
　　→ 기업형 벤처캐피탈 CVC 제도 조속 출범
　　→ 기술신용보증기금 자본금 늘려 기술기업 보증
　○ 중소벤처 기업의 자생력 확보
　　→ 연구개발(R&D) 능력 배양
　　→ 우수인력 육성
　　→ 벤처투자 조달력 강화
　　→ 대기업과 공정한 동반성장
　○ 중소벤처 혁신적 창업 생태계 구축
　　→ 지원체계를 수요자인 기업 중심으로 전환
　○ ESG 인증 중소벤처 우대
　　→ 대기업 기술 탈취 방지, ESG 기업 세제 혜택

25장. 메타버스

메타버스

코로나19 팬데믹으로 비대면 사회가 확산, 대용량 정보를 고속으로 전송할 수 있는 5G 통신망이 확충, AR/VR 기술 발달로 가상 세상인 메타버스 붐이 일어나고 있다. 경제활동이 시작된 메타버스의 미래를 준비해야 한다.

메타버스 : Metaverse

▷ **의미**
- 초월과 변화를 나타내는 메타(Meta)와 우주를 의미하는 유니버스(Universe)의 합성어
- 현실 사회를 디지털로 만든 가상의 온라인 세상

▷ **기원**

○ 1992년 출간된 SF 작가 닐 스티븐슨의 소설 '스노 크래시'에서 처음으로 등장
○ 30년이 흐른 현재 3차원 3D 가상의 현실을 자유롭게 넘나들 수 있는 가상(AR)·증강(VR)현실 기술 발전 구현

▷ **특징**
○ 영속성(Be Persistent)
  → 리셋하거나 중단되거나 종결되지 않고 무한하게 계속
○ 동시적이며 실시간(Be Synchronous)
  → 메타버스는 진행되고 있는 경험이며 이는 모두에게 일관된 방식으로 실시간으로 존재
○ 동시적 참여에 제한이 없음(Have no real cap to concurrent participations with an individual sense of presence)
  → 누구라도 메타버스의 일부를 구성할 수 있고 특정한 행사, 장소, 활동을 동시에 참

▷ **MZ세대**
○ 메타버스의 새 시대를 MZ세대가 열고 있음
  → MZ세대(밀레니엄+Z세대, 1981~2004년생)일수록 전통 미디어를 접하는 비중은 점점 작아지고 있음
○ 인터넷과 모바일에 익숙한 채 성장한 MZ세대는 사회적 관계를 구축함에 있어 오프라인보다는 온라인을 더 중요시하는 경향
○ SNS나 메타버스 속에서 더 많은 시간을 보내고 있음

○ MZ세대가 메타버스의 열풍을 이끌어 주목을 받음
○ MZ세대 마음을 잡으려면 메타버스 안에서 소통해야

▷ **영향력**

○ 메타버스 공간의 가치와 힘은 더욱 커짐
→ 정치·경제·사회 등 각 분야에 영향력이 확대
○ 정치인 선거 유세에 활용
→ 정치인은 지금까지 유권자와 소통하기 위해 TV 토론, 방송, 미디어, 현장 방문 등 전통적 방식을 활용
→ 미래 가치를 주장하는 정치인도 메타버스를 유세에 활용하기 시작
→ 이제는 선거 유세도 가상 세상 안에서 하는 시대
→ 2016년 미국 대선에서는 힐러리 클린턴 민주당 대선후보가 포켓몬 고를 선거 캠페인에 사용
→ 지난해 바이든 후보는 메타버스에 선거 캠프를 차림 닌텐도 게임 '모여봐요 동물의 숲' 안에서 선글라스를 끼고 산책을 즐기면서 바이든 이름이 새겨진 티셔츠를 입고 "헛소리는 그만(No Marlakey)"이라고 외침

대선

▷ **선거 활용**

○ 소통 능력
→ 메타버스 세상에선 기존의 정치 구조가 전혀 힘을 쓰지 못함

→ 권위, 지역, 자본, 인맥보다 실력이 우선이기 때문

→ 막강 자금력, 조직 동원력, 다선 따윈 중요치 않음

→ 당내 경선도 새로운 변화가 불어 닥칠 것

→ 메타버스 가상 세상 안에서는 공정하게 소통하며 마음을 얻는 능력이 있는 후보가 대세가 됨

○ 정책 공간

→ 유권자와 진정한 소통을 원한다면 정치인은 기존의 오프라인 방식에서 벗어나 메타버스 속으로 들어와야

→ MZ세대와 소통하기 위한 터전은 현실 공간이 아닌 메타버스

→ 메타버스 안에서 정책별 공간을 만들어 국민이 쉽게 이해할 수 있도록 홍보해야

○ 여론 장악

→ 어떤 후보보다 앞서 메타버스를 선점하는 것이 중요

→ 가상 세상 여론을 장악하면 현실로 전달되고 현실 여론은 다시 베타버스 공간과 융합해 대세를 형성

▷ 정치 혁명 리드

○ 메타버스 정치혁명을 리드할 지도자는 정권 잡음

→ AI 시대 메타버스 정치 혁명을 이해 못 하고 활용하지 못한 대선 주자는 경쟁에서 멀어질 것

→ 과거의 정치에 얽매여 변화를 모색하지 못한다면 본선 진출은 요원해질 수밖에 없음

▷ 메타버스 물결

○ 메타버스의 물결이 하루가 다르게 거세지고 있음
  → 내년 대선 승기를 잡기 위해서는 메타버스 정복은 선택이 아닌 필수
  → 메타버스 공간에서 대선 후보 1위가 된다면 현실의 대통령보다 더 큰 영향력을 갖는 그런 가상 세상이 다가오고 있음
  → '바보야, 문제는 메타버스야!'

세상 변화

▷ 각 분야 변화
○ 학교
  → 가상에서 자신의 아바타로 대학 입학식 참석
○ 팬 사인회·공연
  → 아이돌 그룹은 가상 메타버스 공간에서 사인회 개최
  → 아바타로 나를 설계하고 시공간 제한 없이 새로운 삶

▷ 기술 발전
○ VR 기술의 발전
  → 가상현실(VR, Virtual Reality)은 가상세계를 현실로 느껴지도록 만드는 기술
  → 실제와 유사하지만 실제가 아닌, 인공적 만들어진 가상세계에서 실제와 같이 체험할 수 있도록 구현
  → VR 전용 헤드셋을 착용하고 게임하면 마치 게임 속에 존재하는 듯 느끼게 됨

○ AR 기술의 발전

→ 증강현실(AR, Augmented Reality)은 현실에 가상 이미지를 반영하는 기술

→ 가구 제조기업은 앱을 통해 원하는 공간에 배치 가능

→ 카메라를 비추면 신발·옷을 선택 착용한 모습 보여줌

▷ **3차원 가상공간**

○ AR·VR에서 한층 발전된 메타버스

→ 현실 세계와 같은 사회·경제·문화 활동을 그대로 재현 가능한 3차원 가상공간

○ 메타버스 플랫폼 다양

→ 로블록스, 마인크래프트 같은 게임에서 제페토 같은 SNS에 이르기까지 다양

→ 공통된 특징은 이용자들이 소비할 콘텐츠를 스스로 선택하고 더 나아가 새로운 콘텐츠를 생산한다는 점

→ 직접 게임을 개발, 유통하고 다른 사람들이 개발한 게임을 선택해 즐김

○ 경제활동

→ 메타버스 공간에서의 경험은 단순히 일회성으로 끝나지 않고 아바타를 통해 새로운 인생으로 축적

→ 아바타들은 상호작용하며 가상공간 내 현실감을 높임

→ 누구나 아바타 아이템 만들어 다른 이용자에게 판매

○ 업무, 행사 등 상업적 목적 활용

→ 추후 메타버스 플랫폼이 연결되면 외국 여행하듯 가상공간을 이동할 수 있음

▷ **잠재력**

　○ 메타버스 산업 생태계 구축

　　→ 메타버스 전략적 제휴(Alliance) 강화

　　→ 민간 주도의 협력체계 구축

　　→ 여러 영역의 개방형 플랫폼 기획, 실현

▷ **법 제도 정비**

　○ 부작용에 대한 우려

　　→ 가상화폐 인정 여부

　　→ 이용자 프라이버시, 청소년 대상 범죄

　　→ 가상공간 내 아이템 가치 산정, 거래와 사기

　○ 윤리·문화적 법 제도 정비

　　→ 법 제도를 정비하기 위한 전문가 협의체

　　→ 바람직한 메타버스 윤리의식을 고양하고 만들어야

공약(公約)

▷ **비전 : 광개토대왕 정신으로 디지털 영토 확장 / 문화(한류) 미래 메타버스 세상을 선도**

▷ **목표 : 디지털 경제·문화 영토 개척**

▷ **핵심공약**

　○ 가상세계 영토 개척

→ 경제 : 국내 기업의 해외 신기술 M&A 지원 및 촉진

→ 문화 : 영상 컨텐츠 다국어 디지털 번역 시스템 구축

→ 교육 : 교육판 넷플릭스, 국민 정보 포털, 교육 플랫폼

○ 메타버스 정부 구현

→ 높은 수준의 민간 협력

→ 메타버스 대전환의 시대를 준비

○ 문화 콘텐츠 번역 생태계 구축

→ 문화콘텐츠 번역 생태계에 앞장서 급속히 팽창하는 한류 디지털 문화콘텐츠 산업을 글로벌화 확산

○ 메타버스 가상 올림픽 개최

→ 창업을 촉진하기 위한 경진대회 개최와 시상

→ 메타버스 관련 창업 자금·기술 등 종합 서비스 지원

26장. MZ세대

MZ세대

....

MZ세대는 자기가 좋아하는 일에 푹 빠져 자신을 있는 그대로 드러내며 최선
을 다하고 후련해한다. 실속과 공정을 중시하는 이들에겐 기성세대들의 명분
이나 방식이 잘 통하지 않는다. 가족을 부양하는 것도 중요하지만 내면에서
가치와 의미를 찾아야 비로소 만족한다. 요즘 10대의 젠더 혐오는 더 심각해
갈등을 넘어선 젠더 전쟁이 펼쳐질 수 있다.

정치 Trend 변화

○ 1980~1990년대 : 지역구도

○ 1990~2010년대 : 민주화 vs 반민주화

○ 2021~2022년 : 낡음 vs 새로움, 꼰대 vs 신진, 내로남불 vs
   공정·정의·상식, 무능 vs 능력

MZ

○ Millennial + Generation 합성어
○ 밀레니얼 세대 : 1981~1996년생 22%
　Z세대 : 1997~2010년생 14%.
　MZ세대 합계 : 36%
　1954년 이전 : 14%
　베이비부머 세대 : 1955~1964년생 15%
　X 세대 : 1965~1980년생 25%
○ 디지털 세대라는 공통점 때문에 한데 묶어 MZ세대

특징

▷ **스윙보터(Swing Voter)**
　○ 집단적 세력화
　○ 중도층에 필적할 집단세력
　○ 대선 파괴력, 지지율 유지에 중요
　○ 정치 주변부에서 MZ세대의 반란
　○ 이념 초월, 계파 탈피, 지역을 넘어섬
　○ 20대 청년층 예측 불가능한 투표 성향
　○ MZ 원하는 정치는 공정과 정의, 문제의 해결
　○ 시대의 변화와 세대교체의 염원을 강력히 원함
　○ MZ세대의 집단적 응원을 받은 이준석 현상은 일종의 팬덤
　　현상

○ 부동산 가격 폭등+일자리 참사=자신 이익 훼손=정권 교체 요구

▷ **Internet 세대**

○ 세계화·정보화 속에서 양극화 겪음
○ 당돌하고 호기심이 많으며 진취적
○ Internet 세대로 적극적인 메시지 표출
○ PC와 인터넷, 스마트폰을 순차적으로 접해 신기술 익숙
○ 스마트폰과 한 몸, 때와 장소 구애받지 않고 세상을 접함
○ SNS, 공정·평등·기후변화 등 사회 이슈 적극적 목소리

▷ **성향 : '우리는 남이다', 유연 느슨한 관계 추구, 융화**

○ 자신의 가치 중시, 남의 가치 존중, 즐기며 소비 투자함
○ 수입은 적지만 명품과 한정된 제품 척척 구매
○ 퇴근 후 회식에는 참석하지 않고 모르는 사람과 소모임
○ IMF, 2008년 글로벌 금융위기 겪은 탓 안정적 직장 선호
○ 취업 후 노동소득보다 자본소득이 더 빠르게 불어남을 인식
○ YOLO 경험 → Fire 꿈꾸며 → 주식, 암호화폐에 투자

Keyword

▷ **공정 : 민감**

○ 평창 동계올림픽 당시 아이스하키 남북 단일팀 문제
○ 인천국제공항공사 비정규직 문제인 '인국공' 사태 결정적

○ 노력한 만큼 성과를 받겠다는 공감대, 예측 가능한 사회

▷ 다양성 : 살롱문화, 유튜브
○ '다만추 세대' : 다양한 만남을 추구하는 세대
○ 직장은 경력 관리를 위해 거쳐 가는 정류소로 생각
→ 잠재된 가능성의 확장에 더 열중
→ 미래를 대비 다양한 준비, 다른 기회 잡을 욕구 강함
○ 현재의 삶이 아닌 다양한 삶과 만남을 끊임없이 추구
○ 새로운 삶에 대한 열망, 다양한 삶을 만나며 가능성 확장

▷ 작은 참여
○ 어떤 변화를 위해서라면 한 줌의 힘이라도 보태려고 함
○ 착한 기업, 인물 있다면 적극적으로 호응 스스로 도움 줌
○ 도덕적 감성 강함, 정치 사회적 이슈에 더 적극 참여
○ 개념에 민감, 좋은 일에는 개념 있다는 것만으로도 호응
○ 무개념에 분노하고 냉정하게 대처, 일본 상품 불매운동
○ 사회에 해학을 끼치는 행위를 해서는 안 된다는 공감대

▷ 후렌드 : Who+Friend, 느슨한 관계망
○ SNS 만난 흔히 말하는 '인친', 의리와 우정은 애초 배제
○ 취향, 가치관, 라이프 스타일 등의 요소들이 교집합 관계
○ 가상 플랫폼 속에서 절친 됨, 취향은 존중 절교는 쉽게
○ 어떤 애틋함이나 미련 없음, SNS에서 부합되지 않으면 단절
○ 우리는 완전히 남이다, 순간 틀어지면 '언팔'하면 그만
○ 질척거리지 않는 선에서 적정 거리가 필요

▷ 놀이터

- ○ 톱다운 방식의 클래식 미디어는 이들에게는 무용
- ○ 타인 취향 존중, 자신 의견 토로하는 데 주저하지 않음
- ○ SNS 플랫폼에는 전통적 미디어에 없는 광범위 콘텐츠
- ○ 콘텐츠 홍수 속에서 후렌드와 소통하는 놀이터 관계망
- ○ 이벤트를 통한 참여를 유도, 바이럴(Viral) SNS 확산
- ○ 상식적으로 이해되지 않아도 단박에 눈길을 끌 수 있어야
- ○ 재미있어 몰입할 수 있는 놀이의 개념 요소를 삽입해야
- ○ 지정된 모자, 신발 착용 고객에게 한정 제품 획득 기회
- ○ 정작 참여하는 이들에게는 이 자체도 어떤 놀이로 여김

▷ 스마트 소비

- ○ 남는 것이 싫음, 과잉 소비보다는 절제 소비를 실천
- ○ 밸런스가 중요, 남는 것이 없는 잉여 제로에 초점을 맞춤
- ○ 창고형 마트가 이들에게 크게 매력적이지 않음
- ○ 한 번 먹을 만큼 포장된 음식 선호, 빨래방 선호
- ○ 번거롭고 귀찮지 않으며 불편을 없애는 쪽으로 소비 성향

젠더 갈등

▷ 젠더 혐오

- ○ 젠더 혐오는 이미 10년 전 싹을 틔움
- ○ 남녀갈등은 한국 사회의 가장 강력한 단일 변수
- ○ 이미 2000년대 온라인상에선 젠더 갈등이 광범위

○ 못해도 5년, 길게는 10년은 더 갈등이 지속될 것

▷ **원인**
   ○ 1990년대생이 사회에 진입하면서 갈등 수위가 올라감
   ○ 남초·여초 커뮤니티로 나뉜 미디어 환경도 영향을 끼침
   ○ 90년대생은 10대부터 스마트폰 사용, SNS에서 비교, 평가 절하, 과시 같은 심리적 위계 확산이 일상화됨

MZ의 분노

▷ **부동산 가격 폭등 → 자산 불평등**
   ○ 20대는 자산을 가진 적이 없음
   ○ 돈을 모으거나 부모에게 자산을 물려받아야 하는데 부모는 물려줄 게 없음
   ○ 5년 전엔 집값이 지금 같지 않았음
   ○ 평생 월급을 모아도 내 집 마련하기 어려운 세상
   ○ 부동산 문제는 남의 나라 이야기 주식, 코인하며 체념
   ○ 몇억씩 오르는 서울 집값 문제를 바라보며 허탈감 빠짐

▷ **진보세력의 가식**
   ○ 진보가 국정농단 세력보다 도덕적·평등 우위라는 믿음
   ○ 하지만 진보의 도덕적 마케팅 실패 보수와 다를 것 없음
   ○ 내로남불 부끄러움도 모르는 진보 세력에 실망

과제

▷ MZ세대 지지

○ 성별 구별 없이 한꺼번에 지지를 받을 수 있을까

→ 투표 성향 예측 불가 : 갑자기 어느 순간 지지 성향을 바꿈

→ 남녀 반반 갈라져 있어 우위를 점하기가 쉽지 않음

▷ MZ 마음잡기

○ 답답함 토로하지 못하는 상황, 대리 만족을 느끼게 해야

→ 속 시원한 사이다 발언과 공약 제시

→ 고시 부활, 사형제 부활, 수시 폐지 등

○ 국민과 직접 소통 안 하는 문 대통령에 대한 반감

→ 현안에 대한 직접 의사 표시와 재미

→ 명료한 의사 표현, 카타르시스를 주는 재밌는 캐릭터

▷ 기회 사다리 보장

○ 노력을 통한 상향 기회를 보장해주는 사회적 약속

대선주자 청년 공약

▷ 현금 뿌리는 포퓰리즘

○ 청년 기본대출 1,000만 원, 연 100만 원 청년수당

○ 군필 청년 3,000만 원 지급, 청년 교육 카드 2,000만 원

○ 20년 적립형 1억 원 통장,

○ 국민연금 개혁, 한국형 주택자금 1억 원 융자

공약(公約)

▷ **비전 : MZ세대 미래를 보장하는 나라**

▷ **목표 :**
　　○ 청년 위한 일자리 창출
　　○ 청년 주거비 부담 경감
　　○ 대학 등록금 부담 경감
　　○ 청년 창업 활성화 지원

▷ **핵심공약**
　　○ 일자리 정책
　　　　→ 정기 채용 실시 기업에 세제 혜택
　　　　→ 취업 준비생 '청년 취업 교육 지원금' 지원
　　　　→ 기업 청년 인턴제 상시 도입 활성화
　　　　→ 청년 기업 비중 높인 기업에 세제 혜택
　　○ 경제정책
　　　　→ 소득 수준 낮은 청년 교통 요금 할인
　　　　　☞ 노인 지하철 우대 65세에서 70세 인상
　　　　　☞ 대신 청년 지하철 우대 요금 시행
　　　　→ 장학금 확대, 대학 등록금 할인
　　　　　☞ 기초·차상위·다자녀가구 대상 국가장학금 확대
　　　　　☞ 온라인 교육에 따른 등록금 인하
　　○ 젠더 정책

→ 성교육 전문성 강화

☞ 성교육 전문가 양성 지원

→ 성인지 예산 효율화

☞ 예산 낭비 방지, 예산 집행 과정 투명 공개

→ 젠더 교육 이수제 인정 및 혜택

☞ 젠더 교육 이수 시 문화상품권 지급

○ 세금 부담

→ 재정 악화로 인한 미래세대 부담 줄여줘야

☞ MZ세대의 미래 부담을 줄여주는 구조 개혁 내놔야

27장. 치매

치매

알츠하이머병은 노인성 치매의 주요 원인으로 기억상실, 언어장애, 정신기능 진행성 상실 등의 증상을 나타낸다. 아직은 발생 원인을 정확히 밝혀내지 못하고 있다. 치료에서도 증상을 늦출 수는 있으나 완전한 치료법은 없는 상태다. 현재는 예방이 최선이다.

알츠하이머병

▷ 치매는 다양한 형태로 나타남. 노화가 시작되면 뇌 기능과 인지기능이 떨어지면서 발병되는 노인성 치매로 흔히 알려진 알츠하이머병이 가장 높은 비율을 차지

▷ 유발 원인

알츠하이머병을 유발하는 원인 중 하나로 뇌 속에 베타아밀로이드라는 단백질이 축적되면서 치매가 발생하는 것으로 알려져 있음. 조기 발견 시 진행의 완화가 가능한 질병임에도 불구하고 정확한 조기진단 방법이 개발되지 않고 있음

▷ 확진의 어려움

치매는 경미한 인지장애에서 시작하지만, 증상이 심화하면 일상이 어려움을 겪기에 조기 발견이 중요하다. 치매 확진을 위해 사용되는 신경인지지능검사, 뇌척수액(腦脊髓液)을 뽑아내 베타아밀로이드의 양을 측정하거나 양전자 단층 촬영(PET)을 사용하고 있음. 하지만 뇌척수액 추출은 상시 측정이 불가하며 환자가 고통스러움. 양전자 단층 촬영은 고비용의 진단이 요구됨

▷ 치매 조기 진단

치매는 조기 진단을 통한 선제 대응만이 유일한 해법이자 희망. 현재 치매 진단에 사용되는 고통을 동반 침습적(侵襲的), 고비용 검사방법의 문제점을 개선하고 있음. 최근에는 혈액검사로 무증상 치매 조기 진단이 가능. 아밀로이드 베타 농도를 측정함으로써 찾아내는 방법. 또한 콧물로부터 베타아밀로이드 침착 정도 및 발현 수준을 분석해 고위험군(高危險群) 조기 발견이 가능한 방법을 개발 중

▷ 디지털 치료제

세계적으로 치매 치료제 의약품은 아직 없음. 디지털 치료제

는 디지털 약이다. 디지털 시대를 맞아 치매 분야에도 디지털 치료제(DTx, Digital Therapeutics)가 도입되고 있음. DTx는 의약품은 아니지만 디지털 기술을 이용해 치매를 예방·관리·치료할 수 있는 소프트웨어로서 앱, 게임, VR(가상현실), AI(인공지능) 기술 등이 활용되고 있음. DTx는 모바일 시대에 IT와 AI 응용, 의학 치료 기술이 융합 탄생한 새로운 산업 분야

▷ 디지털 치매

PC와 모바일 기기, 스마트폰에 너무 의존해 기억력, 계산능력 등이 현전하게 떨어지는 증상을 디지털 치매. 디지털 기기 속에 파묻혀 사는 사람들은 디지털 치매에 매우 취약. 단순 계산은 물론 전화번호도 기억하기 어려움. 뇌의 불균형을 바로잡고 뇌의 기초체력을 강화해야 함

고령 사회의 심각한 문제

▷ 치매 친화 사회

현재 우리나라의 고령화 속도는 전 세계에서 가장 빠르게 진행되고 있음. 65세 인구가 14% 이상 차지해 고령화 사회를 넘어 고령사회로 진입했다. 2050년에는 60세 이상이 인구 절반을 차지할 것. 고령사회에서 가장 문제 되는 질병이 치매. 우리나라 65세 이상 중 치매 환자 수는 75만 488명, 치매 유병률(有病率)은 10.16%, 10명 중 1명꼴로 치매를 앓고 있는 셈. 치매 환자는 지속해서 증가해 2024년에는 100만 명, 2040년에 200만 명, 2050년에 300만 명을 넘어설 것으로 추정. 누구라

도 치매 환자가 될 수 있다는 것을 자연스럽게 받아들이고 치매 친화 사회를 만들어야 함

▷ **사회·경제적 비용 부담**

치매는 개인뿐만 아니라 가족들에까지 영향을 미침. 4인 가구 기준으로 현재 약 300만 명 이상이 고통을 받고 있음. 65세 이상 치매 환자 1인당 연간 관리 비용은 약 2,042만 원, 전체 연간 진료비는 약 2조 5,000억 원. 2018년 총요양 비용은 약 4조 원, 국가 치매 관리 비용은 약 16조 원으로 GDP의 1%에 근접하고 있음. 생산가능 인구 100명이 돌봐야 하는 치매 노인은 2.0명, 2030년 4.0명, 2060년에는 6.2명으로 치매 부양 부담이 점점 심화할 것. 치매 환자 관리는 궁극적으로 국가 경쟁력과 직결됨

노인 장기 요양보호 제도 필요

▷ **요양보호 제도**

치매의 특성상 생활 전반에 10년 이상 가족들의 보살핌이 지속적으로 필요. 치매 환자뿐 아니라, 신체적·정신적·경제적 부담을 떠안아야 하는 치매 환자 가족의 고통은 사회 전체의 문제. 치매 환자 가족들의 부담을 덜어주기 위해 주간보호, 방문보호, 요양병원 등을 지원하고 있음. 앞으로 고령화 사회 진입에 따른 가족의 노인 부양 역할 변화, 비용 부담을 덜어주기 위해 치매 환자를 위한 요양보호 제도가 필요

▷ 역대 정책

지금까지 정부는 치매 환자의 조기 발견 사업 강화, 치매 전문 요양시설 확충, 치매 전문 의료기관 건립, 방문 서비스 강화, 치매 원격진료 정보통신망 구축 운영, 치매 종합 연구소 설치, 치매 전문 교육 시행, 치매 상담 센터 운영, 치매 전문 요양 시설과 치매 요양병원 건립비 지원. 하지만 수요에 비해 터무니 없이 적음. 치매 환자를 위한 정책은 저소득층을 위한 노인복지 서비스 범위 내에서 제한적으로 실시되고 있는 상황

▷ 치매 복지 서비스 유형

재가복지와 시설복지 서비스가 있음. 재가복지서비스는 다소 증상이 약한 환자들의 이용 욕구가 높음. 가정 봉사원 파견, 주간보호, 실비 주간보호, 단기보호가 포함됨. 시설복지 서비스는 증상이 심한 환자들이 주로 이용. 노인전문요양시설, 유료 노인전문요양시설, 노인전문병원, 최근에는 요양보호 시설을 등급별로 나누어 이용자들이 쉽게 요양 시설 평가를 확인하도록 체계를 갖추고 있음

치매 예방은 정부의 책무

▷ 정부에서 관리

치매 유병률은 해마다 증가하고 있어 이제는 단순히 개개인의 질병이 아닌 국가에서 관리 및 예방해 사회적 비용을 감소해야 함. 치매 예측 산업은 국가의 사명이자 건강한 사회를 위한 핵심 미래기술. 고령사회 도래로 인한 치매 환자 급증과 이에

따른 사회적 비용의 폭발적 증가에 선제적으로 대응해야 함

공약(公約)

▷ **비전 : 치매 없는 사회**

▷ **목표 : 치매 예방 국가 책임제**

▷ **핵심공약**
  ○ 치매 예방
    → 조기 치매 예측, 예방 'AI 전국 치매 예방 시스템' 구축

28장. 가상화폐

가상화폐

....

가상화폐 광풍이 휘몰아쳤다. 2030 청년들이 지푸라기를 잡는 간절한 심정으로 가상화폐 투자에 매달리고 있다. 최근 폭등과 폭락을 거듭하고 있는 가상화폐에 대해 정부는 제도적인 보호 장치를 둬야 한다.

용어 구분

▷ 디지털 화폐(Digital Currency)

가상화폐와 암호화폐 등을 모두 포함하는 개념. 화폐의 형태가 디지털. 금전적 가치를 디지털 암호화해 저장한 후 디지털 방식으로 사용하는 화폐. 일반적으로 IC 카드에 디지털 형식으로 저장해 사용. 화폐 구분은 법정 화폐

▷ 전자화폐 (Electronic Money)

IC 카드 혹은 인터넷 등 모발일 기기에 현금을 대체해 전자적으로 저장한 화폐. 디지털 캐시, 사이버 머니, E-머니 등으로 불림. 네이버페이, 삼성페이, 카카오페이, 티머니 등이 해당. 사용처는 가맹점이며 발행기관은 금융기관. 법정통화로 충전하고 잔액은 법정통화로 환급이 가능

▷ 가상화폐(假像貨幣, Virtual Currency)

가상화폐는 가상공간에서 쓰이는 돈을 의미. 가상화폐는 디지털 화폐의 일종인데 특정 집단에서만 별도로 운영되고 있는 화폐. 기존 개발자나 개발업체가 신뢰를 상실하거나 서비스를 종료하면 화폐의 가치도 사라진다는 한계(限界). 이러한 이유로 진짜 화폐처럼 널리 통용되기는 어려움. 사용처는 인터넷 공간이며 발행기관은 비금융기관. 가상화폐를 법정통화로 교환할 수 없음

▷ 암호화폐(暗號貨幣, Cryptocurrency)

인터넷에서만 존재하는 디지털 화폐로 암호화 기술인 블록체인 기반의 가상화폐. 실물 없이 컴퓨터 정보의 형태로만 존재하며 인터넷으로 거래되는 전자화폐의 일종. 법정화폐와 달리 처음 디자인한 사람 혹은 기관에 의해 정한 규칙에 따라 가치가 달라짐. 정부, 중앙은행이 관리하지 않고 블록체인 기술을 활용해 유통되므로 정부가 가치를 보장하지 않음. 비트코인, 이더리움 등을 말함. 사용처는 가맹점이고 발행기관은 없음. 법정통화와 자유로운 교환이 가능

▷ 법정화폐와 암호화폐의 차이

법정화폐는 실물이 존재하고 중앙은행이 통제하며 온라인 이체 과정에서 제삼자(은행)가 필요. 또한 공급에 제한이 없음. 하지만 암호화폐는 실물이 존재하지 않고 누구에게도 통제받지 않으며 개인과 개인 간 거래인만큼 제삼자가 필요 없음. 그리고 공급 제한이 있음

▷ 용어 사용

비트코인도 가상의 공간에서만 거래된다는 의미에선 가상화폐이며 디지털 환경 내에서 사용하기에 디지털 화폐라고 볼 수 있음. 대부분 언론사는 가상화폐나 암호화폐를 상대적으로 많이 사용하고 있음. 하지만 정부 공공기관에서는 화폐라는 용어는 사용하지 않고 가상통화라고 함. 이는 Currency가 화폐가 아닌 통화라고 해석하기 때문. 거래소마다 암호화폐, 디지털 화폐, 비트코인 등 다른 용어를 사용하기도 함. 외국에서는 암호화폐가 가장 널리 사용되는 용어

현황

▷ 시장 규모

최근 전 세계 암호화폐 시장 규모는 2.22조 달러(약 2,480조 원)로 집계. 미국 뉴욕증시 시가총액 1위인 Apple(2조 1,100억 달러) 규모를 뛰어넘는 수준. 비트코인, 이더리움, 리플 등 주요 가상화폐가 줄줄이 폭등해 글로벌 시장 규모가 대폭 확

대. 그중 비트코인이 1.17조 달러로 반수 이상을 차지. 2022
년 1분기 국내 암호화폐 신규 가입자 249만여 명 중 20대가
816,000명, 30대가 769,000명으로 총 63.5%를 차지. 이미
가상화폐 거래액은 코스피를 훌쩍 넘었고 1~2월에 445조 원
이 거래. 하루 가상화폐 거래액은 2018년에 비해 3배로 급증
한 상태

▷ **문제점**

(1) 투기 과열

　　미국 전기자동차 기업 테슬라가 암호화폐 결제 허용을 계
기로 온라인 결제기업 페이팔도 가세. JP 모건, 블랙록 등
글로벌 굴지의 기관 투자가들이 잇달아 투자 의향을 밝히
면서 전 세계 유동 자금이 가상화폐 시장으로 빠르게 유입
돼 투기 과열을 부추기고 있음. 최근 주식시장에서 가상화
폐 시장으로 '영끌' 투자자들이 이동해 이른바 코인 광풍이
불고 있음. 문제는 코인은 누구도 그 가치를 보장해주지 않
는 상품이라 그 피해를 고스란히 개인이 진다는 것. 증시가
출렁이고 금리가 들썩여 갈 곳 잃은 돈만 700조 원에 이름.
지금은 5대 시중 은행에서 떠도는 30조 원이 가상화폐 대
기 수요로 기다리고 있는 투기 과열 상황. 코인 대박을 꿈
꾸는 사람들에게는 가상화폐가 제2의 봄이라고 인식하고
있음. 지난 2017년과 이번 가상화폐 광풍 간에 가장 큰 차
이는 개인 투자자뿐 아니라 기관 투자자들이 시장에 들어
왔다는 것

(2) 김치 프리미엄(Kimchi Premium)

한국 암호화폐 거래소에서 원화로 매입할 때와 외국 거래소에서 달러화 혹은 달러 기반 스테이블 코인으로 암호화폐를 살 때 가격 차이를 말함. 국내 가격이 비싸면 김치 프리미엄, 국내 가격이 낮으면 김치 디스카운트라고 부름. 주로 비트코인 가격이 기준이 되는데 이런 거래를 재정거래(Arbitrage)라고 함. 투기 열기가 과열되면서 국내 가상화폐 가격이 해외보다 높게 형성되는 김치 프리미엄 현상이 심화하고 있음. 일부 투자자는 국내외 가격 차이를 이용해 해외 거래소에서 산 뒤 국내 거래소로 이전하는 방식으로 차익 거래에 나서고 있음. 통상 5% 정도 시세 차이를 김치 프리미엄의 적정 수준으로 봄. 2017년과 2018년 가상화폐 광풍이 불 때 50%까지 오르기도 했음. 하지만 김치 프리미엄은 시장의 매수·매도 불균형으로 발생하기에 매도세가 매수세보다 강해지면 언제든지 사라짐

(3) 2030 투자 열풍

2030 세대에 가상화폐 투자 열풍이 불고 있음. 대표적인 가상화폐인 비트코인뿐 아니라 고수익 고위험인 도지코인(Dogecoin), 알트코인에도 투자자들이 몰리고 있음. 문제는 가격 등락이 워낙 커 원금 손실 피해를 보는 사례가 급증하는 데 있음. 현재의 가상화폐는 하루 1,000만 원 이상 롤러코스터를 타고 있는 최고 위험 투기 상품이라 거품이 꺼지는 날에는 그 피해를 가늠할 수 없음. 가상화폐에 투자해 막대한 수익을 올리는 투자자는 극소수이고 원금을 잃은 사례가 계속해서 나타나 사회적 문제로 대두되고 있음. 2030 세대는 부동산 대신 국내 주식 해외 주식에서 암호

화폐로 눈을 돌림

(4) 2030 분노

정부 당국자가 가상화폐를 화폐로도 금융상품으로도 인정하지 않고 제도권 편입 의사가 없음을 분명히 하면서 투자 심리를 급격히 위축시킴. 또한 가상화폐 과세 및 거래소 폐쇄로 젊은 층의 분노가 커지고 있음. 2030 세대는 가상화폐가 현실적인 투자 대안으로 부상했지만, 정부의 방치에 가까운 가상화폐 정책에 비난의 목소리가 높아짐. 특히 소득에는 과세한다면서 투자자는 보호할 수 없다는 논리에 배신감과 억울함을 드러내고 있는 실정. 청년 세대는 고용불안으로 아예 주거 사다리에 오르지도 못해 코인이 마지막 기회라고 생각함. 올라갈 사다리가 없어진 상태에서 2030 세대는 마지막 희망의 사다리가 가상화폐라고 생각하고 있음

(5) 투자자 보호

가상화폐 거래 계좌가 900만 개인데 투자자 보호 장치는 제로. 청년층의 투자자 관심이 폭증해 사기 및 사건이 빈번해지고 있음. 최근에도 700억대 암호화폐 투기 사기가 발생. 문제는 금융자산이 아닌 가상화폐라 사고가 나더라도 금융 사고로 보기 어렵다는 것. 가상화폐 보호는 사각지대에 놓여 있는 상황. 특정금융정보법이 시행되면 거래소가 집중적으로 관리될 전망. 현재는 대형 거래소만 운영

해법

2030 세대에서 가상화폐가 현실적인 투자 상품으로 자리 잡고 있다. 2022년 대선에서는 2030 세대 민심을 누가 잡느냐에 승패가 갈릴 수 있다. 그렇다면 가상화폐 투자자 보호를 위해 어떻게 해야 할까.

○ 가상화폐의 성격 규정과 개념부터 정립해야 한다. 자산과 가상화폐를 인정할 것인지 우선 결정해야 한다. 금융 당국은 암호화폐를 미술품과 비교하면서 금융 소득이 아닌 기타소득으로 분류했지만, 현실과는 동떨어진 시각이다. 가상화폐의 법적 지위를 확립한 후 단계적으로 투자 과열에 따른 불법 행위와 사기 피해를 막기 위한 제도가 필요하다.

○ 가상화폐 법적 지위 인정 이후를 대비해야 한다. 거래 익명성을 없애야 한다. 거래소에 등록되는 모든 거래에 대해서 누구의 소유인지 분명히 해야 한다. 허가 거래소와 비허가 거래소를 분명히 구분해야 한다. 이를 통해서 허가 거래소 안으로 유입되어 거래되도록 만들어야 한다. 주식도 거래소 거래와 사적인 거래를 구분하듯이 가상화폐도 마찬가지다. 법 정비를 해야 한다. 법적 지위를 통해 규제와 통제가 이루어져야 투기로 변하지 않는다.

○ 제도적 장치를 통한 보호에 나서야 한다. 정부는 가상자산을 금융상품으로 보지 않기에 은행법이나 보험법, 자본시장법 등처럼 법을 만들지는 않고 있으며 아직 구체적인 법규 제정 움직임도 보이지 않는다. 하지만 금융 선진국에선 제도화를 시행하고 있다. 싱가포르는 지불서비스법을 통해 가상자산 사업과 시장을 규제하고 있다. 일본은 암호화폐

를 금융 상품으로 지정해 금융규제를 적용하고 불공정 거래 행위를 금지토록 하고 있다. 미국은 지난해 암호화폐 수탁을 은행권에 공식 허용했다, 신뢰성이 높은 대형은행이 수탁을 맡아 암호화폐 시장의 신뢰도를 제고하고 기관투자자의 시장 참여도 끌어내고 있다. EU는 2024년까지 가상화폐 포괄적 규제안을 마련할 계획이다.

○ 가상화폐 4대 거래소를 철저히 감독해야 한다. 대형거래소는 시장 점유율이 93%, 하루 거래량이 16조 원이 넘으며 이미 은행에 실명 확인 계좌를 갖고 있기에 폐쇄는 현실적인 대안이 아니다. 중소 거래소만 없어지면 대형 거래소에 몰려 결국 폭탄 돌리기가 될 수 있다. 문제는 가격 변동성이 큰 잡코인이다. 국내에 상장된 가상화폐가 178개로 너무 많다. 미국의 코인 베이스는 50여 개, 일본 비트 플라이는 5개에 그친다.

○ 과세 유예다. 개정소득세법에 따르면 내년 1월 1일부터 가상자산(암호화폐)을 양도 대여해 소득이 발생하면 기타소득으로 간주해 과세한다. 연 250만 원까지 기본공제하고, 세율 20% 분리 과세한다. 2030 세대의 분노하는 민심을 고려해 제도가 정비될 때까지 유예하는 것이 바람직하다.

○ 정책 당국자는 언행에 신중해야 한다. 설사 정책 방향이 맞더라도 시장에 충격을 주고 코인에 물린 청년 세대에게 불안 심리를 안겨줘서는 안 된다. 또한 책임회피 발언은 곤란하다. 하루 20조 원이 넘는 금액이 거래되고 대다수 청년 세대가 관심을 두고 있는 상황에서 제도권 안이나 밖이냐는 무의미하다. 정부가 나서야 하는 이유다. 청년 세대가

왜 이렇게 가상화폐 투자에 매달리는지에 대한 사회·경제적 통찰과 공감 능력이 절실하다.

○ 공직자 재산 신고에 넣어야 한다. 현재 공직자윤리법에 규정이 없다. 이는 법적 실체와 지위가 불명확하기 때문이다. 공직자가 거액의 가상화폐를 보유하고 신고하지 않아도 공직자윤리법 위반이 아니다. 가상화폐가 공직자윤리법에서는 사각지대에 놓여 있다. 정부가 가상화폐를 금융자산으로 인정하지 않는 것과 별도로 이해충돌 방지 차원에서 가상화폐 거래 현황을 신고해야 한다.

○ 변동성 위험이 없는 K-스테이블 코인을 보급해야 한다. 스테이블 코인(Stable Coin)은 가치 인정 화폐다. 여러 방식으로 안정화를 꾀하기 때문에 비트코인이나 이더리움보다 안정적이다. 미국 통화 감독청은 은행이 결제 및 송금에 스테이블 코인을 활용할 수 있다는 법률 해석을 내놔 스테이블 코인에 힘이 실리고 있다.

○ 블록체인 산업을 발전시켜야 한다. 블록체인 기술 발전에 따라 암호화폐 시장 규모는 엄청나게 커지고 있다. 디지털 트랜스포메이션 시대에 한국경제 미래 먹거리 한 축으로 집중 투자해 블록체인 생태계를 구축해야 한다. 한국판 디지털 뉴딜의 주요 프로젝트로 추진해 양질의 일자리 창출에 기여해야 한다.

○ 가상화폐 거래소를 만들어 안전한 거래 환경을 구축해야 한다. 가상화폐 투자를 제도권 안으로 들여와 안전한 시스템 정착이 필요하기 때문이다. 정부가 가상화폐를 법정화폐로 인정하지 않더라도 안정된 시장 거래와 규율을 세워

야 한다. 증권거래소처럼 시장을 양성화해 지속 가능하게 암호화폐가 상장 거래될 수 있다면 금융 시장 규모도 키울 수 있다. 또한 시중 5대 은행에 가상자산 수탁 서비스를 혁신금융서비스 형태로 도입해야 한다.

○ AI 혁명 시대에 블록체인 기술은 핀테크 사업의 핵심이며 가상화폐 산업의 육성은 양질의 일자리 창출로 이어진다. 청년들이 원하는 일자리는 블록체인 기술을 이용한 양질의 일자리다. '블록체인 강국 대한민국'을 만들어 일자리 넘치는 'Jobs Korea'가 되기를 기대한다.

공약(公約)

▷ **비전 : 디지털 영토 개척**

▷ **목표 : 가상화폐 신시장 선점**

▷ **핵심공약**
　○ 가상화폐 산업 육성
　　→ 블록체인 기술 활용한 창업 지원
　　→ 코인 시장 활성화를 위한 제도 보완 및 법률 제정

29장. ESG

ESG

···

세계는 지금 ESG 열풍이 불고 있다. 바이든 대통령 취임 후 행정 서명이나 정책 등은 뉴욕 월가의 시대적 패러다임인 'ESG 규범'이라는 지향점이 있다. 바이든은 신경영·투자 흐름을 전략적 프레임으로 삼고 있다. 최근 시진핑 주석에게 언급한 인권·불공정경제 등은 ESG를 국제사회의 보편적 질서로 확신시키려는 강한 의지로 표현된다. 'ESG 규범'이 국제 정치에 등장하고 있음에 따라 대한민국의 새로운 지도자도 ESG 국가경영을 해야 하는 것은 시대적 흐름이다.

ESG

▷ 개념

　○ 환경(Environment), 사회(Social), 지배구조(Governance)

의 앞 글자를 딴 단어

○ 'E'(환경)는 온실가스 등에 대응하는 친환경, 'S'(사회)에는 노사관계, 인권 등, 'G'(지배구조)는 반(反)부패, 기업의 투명성, 민주적 요소 등 정치색이 강한 개념

○ 기업에 투자할 때 재무적 요소 이외에 환경, 사회공헌, 윤리 등을 함께 고려하는 '사회책임투자'를 강조

○ 이제는 기업이 돈을 벌기 위해서 제품만 잘 만드는 것을 넘어, 사회의 한 구성원으로서 환경에 미치는 영향, 사회에 미치는 영향, 기업의 지배구조까지 모두 신경을 써야 하는 시대가 도래함

▷ **'ESG' 구성요소**

○ 환경 : Environment

→ 기후변화 대응, 탄소배출 저감, 대기 및 수질 오염, 생물의 다양성, 산림 벌채, 에너지 효율, 폐기물 처리, 자원 절약, 재활용 촉진, 청정 기술 개발, 물 부족

○ 사회 : Social

→ 노동환경 개선, 사회적 약자 보호, 인권 존중, 고용 평등 및 다양성 지향, 고객 만족, 데이터 보호 및 프라이버시, 성별 및 다양성, 지역사회와의 관계, 인권, 노동 기준

○ 지배구조 : Governance

→ 투명한 기업 운영, 고용 평등, 법과 윤리 준수, 반부패 및 공정성 강화, 이사회 구성, 감사위원회 구조, 뇌물·부패, 임원 보상, 로비, 정치 기부금, 내부 고발자 제도

바이든 대통령

▷ **'ESG' 국가경영**
  ○ 바이든 대통령의 E(친환경)는 이미 세계 유가증권 시장에서 전기차·배터리, 수소차 등을 새로운 스타로 급부상시킴
  ○ ESG가 적용되면 자유롭지 못한 대표적인 국가는 중국
  ○ 바이든이 막대한 기금의 '은퇴연금' 법안을 개정하는 것도 ESG 규범에 맞지 않는 국가에 투자하지 말라는 의미
  ○ 중국의 내수와 투자를 중심으로 하는 '쌍순환 정책'을 방해하기 위한 ESG가 전략산업을 키우기 위해 외국 자본이 필요한 중국에 장벽을 쌓음
  ○ 월가의 우월적 지위를 활용해 글로벌 투자자들에게 바이든 'ESG호'에 합류하라고 신호를 보내고 있음
  ○ 바이든 정부는 세일가스를 등에 업은 트럼프식 일방향 미국 우선주의가 아니라 다자주의 색채가 강한 ESG 규범으로 중국과의 패권 다툼에 나서고 있음
  ○ 북한도 바이든의 ESG 규범을 피하지 못할 것
  ○ 대한민국도 안보와 미래 먹거리 확보를 위해 준비해야

▷ **'ESG' 국가경영이 중요한 이유**
  ○ 국가가 혹독한 글로벌 시장 환경 변화에서 살아남기 위해 가장 중요한 의제로 등장
  ○ 코로나 팬데믹으로 전 세계적으로 친환경에 대한 인식과 환경 문제에 관한 관심이 증가했기 때문
  ○ 과거 '경제 성장 지표'가 국가 생존의 가장 중요한 요인

○ 그러나 예기치 못한 팬데믹 상황, 급격한 기후변화, 각종 비리 사건 등 기업을 둘러싼 경영 환경의 불확실성이 높아져 국가가 지속적으로 성장하기에 더욱 어려운 환경이 됨

○ 이제 국가가 미래에도 지속적으로 성과를 내기 위해서는 경제 성장뿐만 아니라 '비경제적 성과'도 고려해야 하는 시대가 됨. 이때 고려하는 비재무적 요인이 바로 ESG이고, ESG를 고려한 경영 전략을 ESG 국가경영이라고 함

▷ **'ESG' 기업경영**

○ 기업이 고객·주주·직원에게 얼마나 기여하는가, 환경에 대한 책임을 다하는가, 지배구조는 투명한가를 다각적으로 평가하는 것

○ 단순히 재무적 이익만을 추구하는 것이 아니라 윤리적인 책임을 다하는 기업에 투자할 수 있는 '사회적 책임투자'를 위한 지표

○ 아무리 시공 능력이 뛰어나도 산업재해를 예방하고, 친환경 제품을 최우선으로 사용하며, 폐기물 처리에도 능숙한 건설사가 더 높은 평가를 받게 됨

○ 품질 경쟁력이 앞선 기업보다 고객을 먼저 생각하는 아낌없는 서비스를 제공하는 착한 기업을 선호

○ ESG 경영의 최종 목표는 장기적인 관점에서 지속적인 성장을 추구하고, 사회적 이익에 큰 영향을 주는 것

▷ **ESG 경영의 특징**

○ CSR : Corporate Social Responsibility

→ 기업이 영리 활동을 하며 발생시키는 사회 불평등, 환경 오염 등에 대한 책임감을 갖고 사회적 의무를 수행하는 활동

○ CSV : Creating Shared Value

→ 사회적 가치를 창출하면서 동시에 경제적 수익을 추구하는 기업 활동

○ ESG : Environment, Social, Governance

→ 비재무적 성과를 판단하는 기준으로 투자자 관점에서 지속 가능 경영 수준을 평가하는 것

▷ **ESG 한계와 문제점**

○ 중소·중견 기업의 ESG에 대한 비용 부담이 증가

○ 중소·중견 기업들엔 ESG 전담 내부 기구나 조직을 갖출 여력이 없음

○ 대기업 경영 리스크 막기 위해 협력사 ESG 평가, 거래 영향

○ ESG는 기업에 경제적 성과뿐만 아니라 환경적 가치의 보존 및 사회적 문제 해결을 함께 요구하고 있으나 이러한 문제는 근본적으로 공공재의 성격, 기업 혼자만의 노력으로 해결하는 데 한계

○ ESG 가치투자가 경제적 가치투자보다 더 좋은 성과를 거두는 것은 아님

○ ESG 워싱(Washing) 문제 대두, 기업이 부실하거나 부도덕함에도 불구하고 ESG를 내세워 면죄부를 받으려는 행위

○ ESG가 본연의 '지속 가능성'이 아니라 '위기 모면용'으로 활용되고 있음

공약(公約)

▷ **비전 : ESG 국가 경영 실현**

▷ **목표 : 포스트 코로나 시대 공공기관 ESG 경영**

▷ **핵심공약**
- 공공기관 ESG 경영
  - → 공공기관, 공기업 준정부기관 ESG 조항 신설 평가 반영
- 공적 연기금 ESG 운용
  - → 883조 원(21년) 68개 공적 연기금 ESG 원칙 도입
- 국민연금법 ESG 요소 반영
  - → 연금 기금 운용 ESG 요소를 고려하기 위한 개정
- 조달 사업법 ESG 요소 반영
  - → 조달 절차에서 환경, 인권, 노동 고용, 공정거래, 소비자 보호 등 사회적 환경적 가치를 의무 규정 개정

30장. 소·부·장

소재·부품·장비

일본 정부가 한국에 수출하는 반도체 디스플레이 제조용 몇 가지 수출규제를 전격 단행한 지 2년여가 지났다. 수출 규제 발표 이후 생산 시스템에 균열이 생겼고 외적 요인에 의해 국내 생산에 일시적 차질이 발생했다. 코로나 여파로 소재·부품·장비 산업의 글로벌 공급망이 제대로 작동되지 않아 공장이 멈추고 생산량이 급격히 감소했다. 여기에 미·중 무역전쟁과 보호무역주의 확산은 한국경제의 불확실성을 높이는 요인으로 작용했다. 한국 제조업의 미래는 소·부·장 산업 육성에 달려있다.

소·부·장 산업

▷ **개념**

　　○ 반도체 소재와 자동차 부품, 제조를 위한 제조 장비 등 우

리나라 산업의 중심인 제조업의 뿌리가 되는 산업

○ 기술 자립도가 근간인 기초산업

○ 반도체만 해도 600개 이상의 공정에서 수백 개의 소재와 공정 장비가 필요

○ 우리나라는 일본의 수출규제 조치에 대응해 1년 내 20대 품목, 5년 내 80대 품목의 공급 안정화를 달성하기 위한 '100대 품목 소재·부품·장비산업 경쟁력 강화대책'을 추진

▷ **중요성**

○ 소재·부품·장비 산업은 제조업의 허리이자 경쟁력의 핵심 요소

○ 소재·부품·장비 기술은 부가가치 향상과 신제품 개발을 촉진하고, 산업 전반에 파급돼 제조업을 혁신하는 원동력

○ 친환경, 스마트화, 디지털 전환 등 4차 산업혁명의 주도권은 경량화, 융·복합화, 스마트화를 가능케 하는 소·부·장에 의해 좌우

○ 핵심 기술력과 안정적 공급 역량 확보를 통해 산업 체질을 근본적으로 개선해야 함

▷ **현황**

○ 코로나19와 보호무역주의가 확산, 아세안 등 신흥시장이 성장하면서 글로벌 분업체제가 빠르게 재편되고 있음

○ 글로벌 공급망 재편 양상이 신흥시장별 공급망 강화, 중국을 둘러싼 가치사슬 형성, 기업 간 투자 제휴 활성화 등으로 나타나고 있음

○ 동남아 중남미 등 신흥시장에서 부품 조달과 제품 생산, 판매 유통을 현지에서 모두 소화할 수 있는 자체 완결 공급망이 조성되고 있음

○ 우리나라의 글로벌 공급망 의존도는 지난해 기준 55%로 미국 44%, 일본 45%, 독일 51% 등 주요국과 비교해 높은 수준

○ 글로벌 공급망 활용을 통해 교역 규모를 늘려온 탓

○ 2019년 교역 규모는 1조 456억 달러, 10년 전보다 3배 성장

▷ **경쟁력**

○ 소·부·장 산업은 최종 제품 생산을 위한 중간 제품

○ 현재 우리 소·부·장 산업이 처한 환경과 경쟁력은 천양지차

○ 소재 부품의 경우 다양한 수요 산업의 존재와 분업구조에 입각한 글로벌 공급기지의 역할을 수행하고 있다는 장점

○ 반면 중국의 자급률 강화, 보호무역주의 강화에 따른 글로벌 공급체인 개편으로 수요 축소 위험은 약점

○ 4차 산업혁명 신산업 분야의 고부가가치 첨단소재에 대해서는 취약한 국내 산업 기반과 낮은 기술력으로 전방 산업과의 연계성이 낮음

○ 원재료에 대한 해외 의존도가 높고, 소재를 가공하고 제조하는 장비에 대한 자급도 낮다고 평가

소·부·장 2.0 전략

▷ 핵심

○ 일본 수출 규제에 대한 대응 차원을 넘어 소·부·장 산업의 근본적인 경쟁력을 키움

○ 2022년까지 차세대 전략 기술을 확보하는 데 5조 원 이상을 집중적으로 투자

○ 공급 안정성 등 산업 안보 측면과 주력산업 및 차세대 산업 공급망에 미치는 영향을 고려해 반도체·디스플레이, 자동차, 전기·전자, 기계·금속, 기초화학, 섬유 등 일본 관련 100개 품목에서 338개로 확대 선정하고 바이오, 환경·에너지, 소프트웨어 등 신산업 분야에서 품목을 추가

▷ 육성

○ 소·부·장 산업은 글로벌 시장을 기반으로 해야 성공. 내수로만 경제성을 확보할 수 없기 때문에 글로벌 시장으로 확장 진출하지 못하면 그냥 육성 정책 발표만으로 끝남

○ 글로벌 경쟁력을 갖춘 중소·중견 소·부·장기업들이 탄생해야 함. 일본은 글로벌 경쟁력을 확보한 소·부·장을 한국에 수출해 이득을 남김. 한국은 그것으로 중간재를 만들어 중국에 수출하는 구조. 즉, 국제 분업을 통해 협력. 하지만 작년부터 글로벌 공급망 체제가 무너지면서 소·부·장 산업 전체로 피해가 확산. 산업 전반에 치명적인 문제가 발생함

○ 중소·중견 소·부·장 기업들이 경쟁력을 갖추기 위해서 기초 연구가 필요. 기초 연구 없이는 소·부·장장 산업 육성은 불가능하기 때문. 연구 개발에 집중 투자를 해야 그 결과가 몇 년 지나서 나옴. 눈앞 이익과 효율성만 중시한다면 소·

부·장 산업에서 일본의 가마우치 체제에서 벗어나기 불가

○ 소·부·장 산업 육성을 위해서는 정책 전환이 필요. 지금까지 국산화, 대일역조 해소. 수출산업으로서의 육성이 목표였으나 이제는 조업 부가가치 창출 역량 제고 관점에서 글로벌 전문 기업이 나올 수 있는 산업 생태계를 조성하기 위한 전략으로 전환해야 함

○ 한국 제조업의 가치사슬 완성도 및 안정성을 제고하고 부가가치를 창출시켜야 함. 가치 사슬에 대한 면밀한 분석을 토대로 한국의 소·부·장 산업이 새로운 가치를 창출할 수 있는 분야를 전략적으로 선별해 자원 배분의 실효성을 확보해 나가야 함

○ 일본 수출 규제로 공급 안정성에 위험성이 높은 분야에 대해서는 조기에 연구개발 투자를 집행해야 함. R&D 이외에도 기술을 획득할 수 있는 특허 구매와 전략적 제휴 등 다양한 방식을 구현해야 함

○ 중점 분야를 선정해 투자를 대폭 확대해야 함. 글로벌 시장에서 경쟁성, 기술 획득 가능성 등을 분석해 투자 포트폴리오를 구성해야 함. 기술개발의 위험이 크고 산업화가 어려운 분야의 특성을 고려해 장기간 대규모 투자가 가능하도록 투자 방식을 바꿔야 함

○ 중소·중견 소·부·장 기업이 글로벌 수준의 전문기업이 될 수 있도록 산업 생태계를 조성해야 함. 이를 위해서는 기업의 혁신 역량을 제고해야 함. 정책과 세제 지원 및 규제 완화를 통해 투자 의욕을 고취하고 성과를 창출할 수 있는 환경을 조성해야 함

○ AI와 빅데이터를 활용해 제품개발, 실증, 신뢰성 확보를 위한 투자 비용과 위험을 낮춰야 함. 연구기관의 개발 성과가 기업에 전달될 수 있는 시스템을 구축해야 함. 대학이 보유하고 있는 기술이 이전될 수 있도록 관련 연계 지원 프로그램을 활성화해야 함

○ 역량을 갖춘 중소·중견 소·부·장 기업이 글로벌 가치 사슬에 참여하고 새로운 글로벌 시장에 진출할 수 있는 시장 창출 전략이 필요. 글로벌 공급망과 연계하거나 현지 시장 개척을 위한 R&D 사업도 확대해 나가야 함. 국내 소·부·장 산업 육성을 위해 산업, 기술 정책과 통상 전략과의 연계가 중요. 최근 포스트 중국으로 부상하고 있는 신남방·신북방 지역에 대한 세밀한 진출 전략을 마련해야 함

○ 장기적인 지원 체계를 구축하기 위해 법적 기반을 공고히 해야 함. 최근 소·부·장 산업 분야 기술 흐름을 반영해 법적 지원을 제도화해야 함. 산업 환경이 융·복합화, 복잡화 되면서 산업 육성에 다양한 정책 조합이 필요. 범부처 간 협력을 촉진하고 강화할 수 있는 지원 체계를 만들어야 함

○ 일본의 소·부·장 특허 소송에 대비해야 함. 일본은 전통적인 소·부·장 산업의 강국. 한국의 대일 의존도 역시 여전히 높음. 국제무역협회에 따르면 기초유분의 대일 의존도는 94.8%, 반도체 제조 장비 86.8%, 디스플레이 제조 장비 86.4%, 합성수지 86.4%, 플라스틱 제품 83.3%, 정밀화학 원료 78.1%, 금속공작기계 73.3%에 달함. 한국의 소·부·장 국산화가 마무리 단계에 이를 때를 기다린 후 특허의 허점을 노려 공격할 수 있음. 일본은 특허의 핵심 내용을 교묘

하게 숨긴 채 권리 범위가 넓은 특허를 출원하는 경우가 많음. 섣부른 국산화는 일본 특허의 그물망에 걸릴 가능성이 큼. 국산화 시 소·부·장 산업 기초 기술에 대한 면밀한 검토가 필요

○ 전략적 제휴에 나서야 함. 4차 산업혁명 시대를 맞아 고부가가치 신기술을 선점하기 위한 글로벌 기업 간 합종연횡이 활발. 소·부·장 산업의 첨단 기술을 희망하는 기업 60%가 적극적 제휴를 추진 중. 소·부·장 산업 육성에 한국 수출 주력 제조업의 운명이 걸려 있음. 선택과 집중을 통해 장기적 관점에서 소·부·장 산업에 투자해야 함

공약(公約)

▷ 비전 : 소·부·장 산업 선진 국가 도약

▷ 목표 : 소·부·장 산업 글로벌 경쟁력 확대

▷ 핵심공약
○ 소·부·장 산업 일본을 따라잡음
→ '100대 품목 조기 공급 안정성 확보'를 위해 기술개발에 집중 투자하고, 개발과 생산 연계를 위한 기업지원 서비스를 강화
→ 소재·부품·장비 핵심 품목의 기술 자립 및 공급 안정화
→ 외부 요인에 흔들리지 않는 튼튼한 협력 생태계 구축

【 3부. 역대 대선공약 】

1장. 공약 이행

　후보들은 대통령에 당선되기 위해 한마디로 현실성 없는 공약을 발표하는 경우가 있다. 물론 이런 행위는 비판받아야 마땅하겠지만 유권자의 마음을 사기 위한 선거 전략의 일환이라고 어물쩍 넘어간다.

　역대 대통령 그 누구도 공약 이행에 대해서는 자유로울 수 없다. 그 시대의 경제·사회적 상황과 예기치 못한 위기로 공약 이행을 어렵게 만들 수도 있기 때문이다. 하지만 당선에 결정적으로 기여한 핵심공약에 대해서는 집권 후 당연히 추진하고 책임지는 모습을 보여줘야 한다.

　노태우 대통령은 대통령 직선제로 선출된 민주적 정통성이 있는 군부 출신 첫 번째 대통령이라 볼 수 있다. 1987년 제13대 대통령 선거 당시 임기 내 국민소득 5,000달러 달성, 연평균 7% 경제 성장, 실업률 4% 이하, 50억 달러 수준의 경상수지 흑자를 달성하겠다는 공약을 제시했다. 결과적으로 세계 경제 호황에 힘입어 경제 분야 핵심공약인 국민소득은 7,189달러, 실업률은 2.5%, 5년간 평균 경제 성장률은 8.4%를 기록해 대부분은 초과 달성됐다. 하지만 중간평가를 받겠다고 약속했던 공약은 지키지 못했다.

김영삼 대통령은 공약으로 집권 2년 안에 물가 상승률은 3%, 금리는 한 자릿수로 만들겠다고 발표했다. 하지만 5년 평균 물가 상승률은 5%, 금리는 3년 만기 회사채 금리 기준 5년 평균 12.9% 까지 올랐다. 그리고 임기 말기에 IMF 외환위기를 맞았다.

김대중 대통령은 후보 시절 DJP 연대 당시 약속한 내각제 개헌을 지키지 못했다. 외환위기 극복이라는 시대적 사명을 완수하기 위해 총력을 쏟았다. 결국 외환위기를 극복하고 IT 강국이 되기 위한 인터넷 고속도로망을 설치한 대통령으로 평가받고 있다. 공약 이행률은 18.2%다.

2002년 제16대 대통령 선거에서 당선된 노무현 대통령도 사정은 마찬가지다. 연 7%의 경제 성장률을 공약했으나 실제는 4.2%, 250만 개의 일자리 창출을 외쳤지만 102만 개를 만드는 데 그쳤다. 선거 전 노무현 후보는 신행정수도를 충청도에 건설하겠다고 공약했다. 그 당시 많은 전문가가 건설 비용과 효율성에 대해 의문을 제기했다. 노 후보의 이 공약은 충청 표심을 얻는 데 도움이 됐다고 해도 과언이 아니다. 공교롭게도 노 대통령 집권 후 신행정수도 이전에 관한 특별법을 제정했지만, 이 법률은 위헌결정을 받았다. 이러한 과정에서 국론분열, 비용 발생과 행정력 낭비를 불렀다. 결국 신 행정복합도시로 진행되었지만 경제 발전에 힘써야 할 국력을 공약 이행에 쏟아부었다. 현재 국민이 분노하는 세종시 공무원 특별공급 문제도 따지고 보면 여기서 발단이 된 것이라 볼 수 있다. 공약 이행률은 약 8%로 미미했다.

2007년 제17대 대통령 선거에서 이명박 후보는 747 공약을 선보였다. 7%의 경제 성장에 국민소득 4만 달러, 세계 7위 경제 대국을 만들겠다는 공약이었다. 하지만 대다수 국민은 실현 가능하다고 생각하지 않았지만, 경제를 살리겠다는 현대건설 사장 출신에게 표를 몰아주었다. 이 대통령은 핵심공약으로 한반도 대운하를 건설하는 공약을 내세웠다. 이 공약 역시 재원 조달, 효과, 환경 파괴와 관련 치열한 찬반 논란에 휩싸였다. 이명박 대통령은 당선되자 마치 국민이 대운하 공약에 동의한 듯 불도저처럼 공사를 밀어붙였다. 하지만 정권이 바뀌자 공사에 대한 각종 감사, 건설된 4대강 보를 철거해야 한다는 논란을 불렀다. 공약 이행률은 전임 대통령보다 좀 나은 편인 27.4%였다.

박근혜 대통령의 핵심공약 중 당선에 중요한 역할을 한 공약은 기초연금에 관한 공약이다. 이유를 분석하면 이렇다. 18대 대통령 선거 총유권자 수는 4,050만 7,842명이다. 이 중 60대 이상 유권자 수는 842만 8,748명으로 전체 유권자의 20.8%, 투표율은 80.9%로 681만 8,857명이 박근혜 후보를 지지했다. 그 당시 60대 이상 유권자 중 박 대통령의 지지율이 72.3%, 문재인 후보 지지율은 27.5%로 나타났다. 이는 60대 이상 유권자 중 약 493만 명이 박근혜 후보를 찍고 188만 명이 문재인 후보를 지지해 표 차이는 305만 표 정도다. 두 후보 간의 최종 표 차이가 약 100만 표가량 난다는 점을 고려하면 박근혜 후보가 60대 이상에서 압도적 지지를 받아 승리할 수 있었다고 분석할 수 있다. 60대 이상 유권자에게는 기초연금 공약이 중요했다는 것을 알 수 있다. 박 대통령은 집권 후 공약을 지키려는 노력을 좀 더 보여줬어야 했다.

2017년 제19대 대선 때 문재인 후보는 탈원전 정책을 공약으로 내세웠다. 문 후보는 원자력 제로를 목표로 신규 원전 건설 계획

백지화, 노후 원전 수명 연장 중단, 월성1호기 폐쇄, 신고리 5~6호기 공사 중단 등을 주장했다. 또한 원전 비중을 2030년까지 30%에서 18%로 낮추고 LNG는 20%에서 37%, 신재생 에너지는 5%에서 20%로 높이겠다고 발표했다. 당선 후에는 신고리원자력발전소 5~6호기 공사를 3개월간 일시 중단했다. 아무리 공약이라고 하지만 국민 대다수가 동의한 것이라고 할 수는 없다. 탈원전 관련 월성원전 1호기 관련 자료를 지우거나 삭제한 혐의로 구속기소 된 산업통상자원부 공무원들은 법정 판결을 기다리고 있다. 정권이 바뀌더라도 다시는 이런 일이 없어야 할 것이다. 모름지기 정책은 30년을 내다보고 세워야 하는데 5년 앞도 예상하지 못한 정책을 어찌 산업 정책이라고 말할 수 있을까.

2. 공약 비하인드 스토리

1) 노태우 : 중간평가

　1987년 10월 30일 노태우 후보는 여의도 100만 명 집회에서 "국민 여러분, 이 노태우 새로운 공약을 하나 발표하겠습니다. 국민 여러분께서 보통 사람 노태우를 대통령으로 당선시켜 주신다면 내년 가을 서울올림픽을 성공적으로 치른 뒤에 6·29 선언에서 공약한 것을 비롯해 이번 선거에서 공약한 것을 충실히 이행했는지에 대해서 국민 여러분의 심판을 받겠습니다."라고 중간평가 공약을 발표했다.

　36.7%의 득표율로 아슬아슬하게 당선된 노태우 대통령은 그후 중간평가 공약으로 톡톡히 곤욕을 치르게 된다. 중간평가 공약은 당시 노태우 후보의 선거팀 '한가람 기획'에서 나왔다.

　중간평가 아이디어를 낸 사람은 풍자문학가 백성남이다. 그의 진술에 의하면 "버스를 타고 가다가 우연히 생각했다. 노태우 후보의 약점은 국민의 불신이다. 민주주의 한다고 했다가 당선되면 같은 뿌리인 전두환 대통령처럼 군사 독재하는 게 아니냐 하는 국민의 의구심이 가장 큰 약점인데 어떻게 이런 의구심을 불식시키는 방법이 없을까. 문득 떠오른 것이 올림픽이 끝난 뒤 국민에게 재신임을 묻겠다는 중간평가였다. 기발한 아이디어로 평가해서 한가람 기획 전병민에게 넘겨주었다."

우여곡절 끝에 채택된 중간평가 공약이 노 대통령에게 족쇄가 될 줄은 미처 몰랐다. 이 공약이 2년 뒤 89년 3월 실시 여부를 둘러싸고 6공 정권의 아킬레스건으로 등장했다. 집권 후 2년이라는 세월은 순식간에 흘렀다. 아직 5공 청산이 완전히 되지 않은 상태에서 중간평가란 노태우 정권에게 매우 위험한 도박인 셈이다. 전병민 씨에 의하면 "중간평가 대책단장을 맡은 박철언 씨를 비롯한 참모들에게 두고두고 욕을 먹었다. 박철언 주도의 3당 합당이 성사되고 DJ의 20억 원 수수설이 불거지면서 중간평가 논란이 사라졌다."라고 말했다.

선거가 다가올수록 어느 후보도 마음을 놓기 어려운 상황이 된다. 정국이 혼탁하고 당선에 대한 불확실성이 커질수록 많은 사람이 극단적인 아이디어를 내놓기 마련이다. 대선에서 승리하기 위해서 후보는 옥석을 가릴 줄 아는 안목이 있어야 한다. 누가 인재인지 어떤 정책이 국민에게 먹히는지 분별하는 능력을 갖춰야 한다. 그런 지도자를 뽑기 위해서는 똑똑한 국민이 필요하다.

2) 김영삼 : 지역감정

1992년 민자당 김영삼 대통령 후보는 검증된 '선거 기술자들'인 전병민 임팩트 코리아 대표와 최병렬 의원을 선거 캠프에 기용했다. YS 선거기획팀인 '동숭동팀'의 전병민 씨는 "정주영 국민당 후보는 '주책없는 할아버지'로 몰아세웠고, DJ와는 지역 대결로 승부했다."라고 전했다. 대선 직전에 터진 '초원복집' 사건은 YS 캠프에 먹구름을 드리웠다.

초원복집 사건은 제14대 대통령 선거를 앞두고 정부 기관장들이 부산의 '초원복집'이라는 음식점에 모여 선거에서 이기기 위한 목적으로 지역감정을 부추기자고 모의한 것이 도청으로 드러나 문제가 된 사건이다.

당시 민주자유당 후보인 김영삼을 당선시키기 위해 1992년 대선을 1주일 앞둔 12월 11일 오전 7시 부산 초원복집에서 정부 기관장들이 모여서 지역감정을 부추기고, 정주영 통일국민당 후보, 김대중 민주당 후보 등 야당 후보들을 비방하는 내용을 유포시키자는 등의 관권 선거와 관련된 대화를 나눈 사건이다.

비밀회동의 녹취록을 살펴보면 그 유명한 "우리가 남이가.", "이번에 안 되면 영도다리에 빠져 죽자.", "민간에서 지역감정을 부추겨야 해."와 같은 지역감정을 부추기는 발언이다. 아파트값을 반으로 내리겠다는 공약 등으로 보수층을 잠식하던 정주영 후보 측이 민자당의 치부를 폭로하기 위해 전직 안기부 직원 등과 공모하여 도청 장치를 몰래 숨겨 녹음했다.

최병렬 당시 선거대책위 기획위원장은 "유세를 마치고 돌아온 YS가 고래고래 소리치며 김기춘 장관을 욕하는 등 분위기가 험악했다."라고 전했다. 그는 YS를 63빌딩으로 데려가 "결코 불리한 사건이 아닙니다. 두고 보십시오."라고 위로했다. YS도 빙그레 웃었다. 다음날부터 경상도 민심은 '우리가 남이가'로 모였다. 초원복집 사건의 정치적 영향은 참 아이러니하다.

김영삼 후보 측은 이 사건을 음모라고 규정했으며, 주류 언론은 관권선거의 부도덕성보다 주거침입에 의한 도청의 비열함을 더 부각해 분위기는 이상하게 흐르게 된다. 이 때문에 통일국민당이 오히려 여론의 역풍을 맞았고, 김영삼 후보에 대한 영남 지지층이 결집하는 결과를 낳았다. 이 여세를 몰아 김영삼이 14대 대통령에 당선됐다.

3) 김대중 : 초고속 인터넷

1997년 김대중 새정치국민회의 대선 후보는 '준비된 대통령'론을 내세웠다. DJ는 1971년 처음 대선에 나간 이후 자신의 철학과 비전을 꼼꼼히 기록해 놓는 습관을 갖고 있었다. DJ는 공약집 문장의 조사와 부사까지 바로잡고, 500여 개의 세부 공약을 빠짐없이 외우고 수시로 체크했다.

1998년 집권 당시 한국은 IMF 위기에 경제가 엉망인 상황이었다. 실업률과 물가는 뛰고 집값은 폭락했다. 이런 엄중한 경제 상황에서 당선 직후 손정의, 빌 게이츠 회장을 청와대로 초청했다. 김대중 대통령은 직설적으로 손 회장에게 조언을 구했다. "이러다가는 정말 한국이 망할 것 같은데 어떻게 하면 좋겠냐, 손 회장께서 좋은 아이디어가 없느냐?"고 물어봤다.

손정의 회장은 3가지의 방법이 있다고 말했다. "첫째도 브로드밴드, 둘째도 브로드밴드, 셋째도 브로드밴드"라고 말하자 고개를 끄덕이며 알았다고 했다.

김 대통령은 손 회장의 대답을 듣고서 빌 게이츠 회장에게 이에 대해 "어떻게 생각하느냐."고 물었다. 그러자 빌 게이츠도 "100% 찬성한다."라고 했다. 김대중 대통령은 "두 분께서 모두 그렇게 말한다면 나도 한번 그렇게 해 보겠다."라고 답했다. 손 회장은 그 자리에서 "세계에서 최초로 한국은 인터넷 통신망으로 세계 제일이 되겠다고 말하는 그런 대통령이 된다면 한국은 일어날 수 있다."라고 말했다. 김 대통령은 알았다고 말한 뒤 다음 주에 대통령령을 발표했다. 진짜 이렇게 발표했다. "정보통신망에서 세계 제일이 되고 모든 학교에 인터넷 회선을 보급하겠다." 과연 한국의 인터넷은 세계 제일이 됐다.

DJ는 전자정부 실현, 정보통신 벤처기업 1만 개 육성 등 정보통신 국가로의 리모델링을 강조했다. IT 강국은 DJ의 신념이었다. 집권 당시 여러 채널로 '한반도 대운하' 건설을 제안해 왔으나, 토목사업보다는 IT 육성이 더 시대에 맞는다고 판단해 정책으로 채택하지 않고 IT에 집중하게 됐다고 회고했다.

4) 노무현 : 한·미 FTA

노무현 전 대통령도 원칙을 강조했지만 중요한 순간마다 유연성을 버리지 않았다. 이념 대신 국익을 선택한 노 전 대통령의 뚝심은 한·미 자유무역협정(FTA) 체결이란 역사적 성과를 냈다. 지지 세력의 거센 반발에도 이념과 고집을 잠시 접어두고 철저히 국익만 생각했다.

한·미 FTA를 체결한다. 노 전 대통령은 역대 어느 대통령보다 한·미 관계에 공을 들였다. 2003년 1월 17일 당선인 신분의 노 전 대통령은 주한 미국상공회의소를 찾았다. 회고록에서 "좌파이면서 반미 대통령이라는 이미지 때문에 암참(AMCHAM, 주한미국상공회의소)에서 우려가 나왔다."라며 "한·미 간 원만한 관계를 과시할 필요가 있었다."라고 했다.

노 전 대통령의 친미 행보는 이어졌다. 지지 세력의 불만은 2003년 3월 이라크 파병에서 폭발했다. '한국은 미국의 요구를 무조건 들어줘야 하는 것인가'란 비판의 화살이 쏟아졌다.

노 전 대통령은 그럴 때마다 "현실을 직시하라."며 어르고 달랬다. 그는 회고록을 통해 "남북문제나 동북아시아 문제를 풀기 위해선 친미도 하고 친북도 하고 친중, 친소, 친일도 다 해야 하는 것 아니냐."라며 당시를 되돌아봤다.

'개방의 폐해는 IMF 체제 때 증명되지 않았느냐'는 진보 진영의 공격에도 노 전 대통령은 특유의 화법으로 방어했다. 그는 "나도 야당일 땐 안줏거리처럼 비판하던 게 경제협력개발기구(OECD) 가입이었고 세계무역기구(WTO) 가입도 반대했다."라며 "한국의 진보주의자들은 역사적 사실을 존중해야 한다."라고 타일렀다.

노무현 대통령은 한·미 FTA 협정 체결, 제주도 해군기지 건설 등 진영의 유불리를 떠나 국가의 미래를 위해 결단한 것으로 높이 평가받고 있다.

5) 문재인 : 탈원전

문재인 대통령은 더불어민주당 대표 때 재난영화 '판도

라'를 2016년 12월 18일 본 이후 시사회에서 "탈핵·탈원전 국가로 만들어 나가자."라고 말했다. 대통령 취임 후 6월 19일 '원전 중심 발전 정책의 폐기'를 선포한다. 판도라 관람 6개월 뒤이다. 위 두 가지 사실만 본다면 문 대통령이 판도라 관람을 계기로 탈(脫)원전 정책을 추진하기로 결심했다는 정치권 일각의 주장이 거듭 제기돼 논란이다. 배우 김남길 주연의 영화 '판도라'는 지진으로 원전 폭발 사고가 발생, 수많은 인명이 피해를 본다는 내용이다. 지난 2016년 12월 7일 개봉했다. 그러나 문 대통령은 영화 개봉 이전인 2012년 대선 때부터 탈원전 정책을 주장해왔다.

정치권에서 문 대통령이 '판도라'를 보고 탈원전 정책을 결정했다는 주장은 낯설지 않다. 안철수 국민의당 대표는 그 당시 이 같은 주장을 펼쳤다. 안 대표는 "영화를 보고 탈원전을 결심했다는 대통령 발언부터가 코미디"라며 "낭만적 감상주의에서 시작된 탈원전이 결국 국정운영 시스템과 공직기강의 파괴, 법치의 유린으로까지 귀결됐다."라고 주장한 바 있다. 야당의 대변인도 논평에서 "대통령의 영화 관람으로 시작된 현 정부의 탈원전 정책으로 대한민국은 '기후 악당국가'라는 오명을 쓰게 됐다."라고 말했다. 이 같은 정치권의 주장은 문 대통령이 '판도라'를 보고 원전 공포에 사로잡혀 탈원전 정책을 추진하기로 했고, 이를 무리하게 추진하는 과정에서 여러 문제가 발생했다는 취지로 분석된다. 그러한 정치권의 주장은 신빙성이 있는가. 그렇지 않다. 문 대통령은 '판도라'가 개봉되기 이전부터 탈원전 정책을 주장해왔다. 영화가 개봉하기도 전인 지난 2012년 대선 당시에도 공약집에

'탈원전 구상'을 공약에 담았다.

문 대통령은 2012년 11월 11일 발간한 공약집에서 "더 이상 안전하지도 경제적이지도 않은 원전에만 우리의 에너지를 의존할 수 없다. 단계적으로 탈원전으로 전환하겠다."라고 약속했다. 당시 문 대통령의 공약집에는 신규원전 건설 금지, 설계 수명 종료한 노후원전 가동 중단 및 폐로, 안전상 심각한 문제가 있는 원전 조기 폐로 검토 내용이 포함됐다. 이는 2011년 3월 11일 동일본대지진 여파에 따른 후쿠시마(福島) 원전 사고의 영향으로 풀이된다.

문 대통령은 2012년 6월 일본을 방문, 주일 한국 특파원 간담회에서 "손정의 소프트뱅크 회장과 만나 원전이 안전하지 않고, 폐기 비용을 고려하면 저렴하지도 않은 만큼 장기적으로 원전 비중을 줄여야 한다는 데 공감했다."라고 언급한 바 있다.

문재인과 탈원전 타임라인을 살펴보면 2012년 7월 18대 대선 '탈원전 발표, 2013년 11월 '탈원전 토론회' 주최, 2014년 7월 새정치민주연합 원전대책특위 위원장, 2014년 9월 노후 원전 가동 재검토 필요, 2016년 9월 원전 정책 재검토 필요, 2016년 12월 판도라 영화 관람, 2017년 6월 탈원전 정책 발표다. 문 대통령이 영화 한 편으로 탈원전 정책을 수립했다는 주장은 시기적으로 맞지 않는다.

3장. 역대 대통령 공약

1) 전두환

전두환 정권 집권 초기 경제 안정화 시책을 밀어붙인 것은 잘한 일이다. 1980년은 2차 오일쇼크가 한창인 시기였는데 정국 불안까지 겹쳤다. 경제는 엉망이고 그해 소비자물가가 28.7%나 폭등했고 경제 성장률은 -1.5%까지 내려갔다.

경제학 원리는 물가를 잡으려면 긴축을, 경제 성장률을 올리려면 부양이 필요하다. 산업화 시대는 두 자리 성장하지 못하면 나라가 망한다고 여길 정도로 오로지 성장을 강조하는 시기였다. 당시 전두환은 성장 대신에 물가부터 잡아 서민 생활을 안정화하는 승부수를 던졌다. 전두환은 경제수석에게 모든 것을 맡기는 스타일이다.

긴축은 고통이 따르는 만큼 인기 없는 경제 정책이다. 게다가 성장을 통해 위기를 극복해야 한다고 믿는 관료·정치인·학자들이 곳곳에 수두룩하게 포진돼 있었다. 안정화 시책에 대해 여기저기 반발이 만만치 않았다. 전두환은 각료와 수석들에게 여론지도층을 두루 만나 안정화 시책의 필요성을 설명하고 설득하라고 지시했다. 본인도 직접 협조를 구했다. 소비자물가 상승률은 81년 21.4%, 82년 7.2%로 낮아지더니 83년 3.4%까지 내려갔다. 물가가 안정되면서 성장률은 81년 6.2%, 82년 7.3%, 83년 10.8%로 올라갔다. 80년대 후반의 호황은 물가 안정화 시책을 토대로 만들어졌다고 해도 과언이 아니다.

〔경제 정책〕

1980년대 전반기에는 1960·1970년대 경제개발의 후유증으로 외채 문제가 주요 현안으로 떠올랐고, 장영자사건, 명성그룹사건, 국제그룹 해체 등 많은 문제가 표면화됐다. 그러나 80년대 중반 이후로 정부의 긴축정책과 국제 원유가(原油價)의 하락, 달러 가치의 하락, 금리의 하락 등 3저 현상이 지속되어 물가가 한 자릿수로 잡히고, 수출이 호조를 보였으며, 부가가치가 높은 자동차, 전자, 기타 반도체 첨단산업이 활기를 띠고 성장했다.

1986년 현대자동차 포니, 엑셀이 미국으로 수출된 것은 우리나라가 자동차산업에서 선진국과 어깨를 겨루게 되는 첫 신호탄이었다. 한편, 선진국의 시장개방 압력이 높아지면서 공산품뿐만 아니라 농축산물도 수입자유화의 폭이 확대되어 1986년 현재 수입 자유화율은 91.5%에 도달했으며, 외국자본의 투자 비율도 점차 확대하여 100%까지 허용했다.

정부의 시장개방정책은 대기업에는 유리한 환경을 제공하였으나, 값싼 외래 농축산물의 수입으로 농촌경제는 심각한 타격을 입었다. 양곡자급률은 1970년의 86%에서 1985년에는 48.4%로 낮아졌다. 그리하여 한국인의 밥상에는 외래 농축산물이 큰 비중을 차지하는 시대가 되었다.

10대 대기업이 국민총생산에서 차지하는 비율은 1979년의 33%에서 1989년에는 54%로 증가하고, 30대 대기업의 계열기업은 1970년 126개, 1979년 429개, 1989년 513개로 늘어났다. 이와 대조적으로 농촌인구는 급속히 감소하고, 이농민의 절대다수는 도시 빈민층을 형성하여 막노동에 종사하거나 산업노동자 혹은 서비스업으로 전환하였다. 수출 호조에 힘입어 국민총생산이 급속히 성장하여 매년 평균 성장률이 10% 내외를 유지하게 되었으며, 1인당 GNP가 1987년 현재 3천 달러를 넘어서서 중진국에서 선진국으로 넘어가는 문턱에 서게 되었다. 1980년부터 컬러 TV 방송이 시작된 것도 경제 성장의 한 징표였다.

[외교정책]

반공의 기치 아래 한·미·일 삼각동맹을 추진했다. 제5공화국은 전 정권에 이어 친미(親美) 일변도의 정책을 추진하여, 한국에 있어서 미국은 혈맹관계라고 지칭될 만큼 전통적인 우방이었다. 이러한 정책은 학생들의 반미주의 운동을 조장한 측면도 있다. 5·18 광주 민주화 운동에 대한 미국의 개입 또는 방조 의혹은 이 시기 학생운동의 한 테마였다.

일본과는 일본의 역사 교과서 문제, 재일한국인 지문날인 제도, 일본의 대북 접근 등 주로 일본이 야기한 각종의 현안 때문에 갈등을 빚었다. 한국은 북한에 대해 민족화합민주통일 방안과 남북 정상회담을 제의하였으나, 북한은 아웅산 묘역 폭탄테러 사건, 대한항공 858편 폭파 사건을 일으켰다. 서유럽과는 정치적 이슈가 크지 않았고, 경제·통상 부문에 집중하였다.

〔교육·문화정책〕

국민의 민주화 염원을 무력으로 진압하고 정권을 장악하면서 싸늘해진 민심을 달래고, 국민의 정치적 욕구를 돌리려고 이른바 3S(Sex, Screen, Sports) 정책을 시행했다. 3S는 공식적인 명칭 같은 것이 아니라 인구에 회자하다가 굳어진 표현으로 보인다. 당시 언론 기사에도 이 단어가 인용됐다.

1984년의 한 신문 사설은 "백성들에게 최면을 거는 수단은 시대적 상황에 따라 다양하겠지만 현대국가에서는 이른바 3S 정책이 이용되고 있다."라는 점을 지적하며 정부가 축제 분위기로 사람들의 혼을 빼놓고 있다는 우려를 표했다.

1981년 일본 우익 거물 세지마 류조(이토추 상사 고문)의 제안을 받아들여 민심 수습책의 일환으로 올림픽 유치에 전력을 다했다. 계속하여 급조된 프로야구·프로축구 출범, 컬러 TV 방송 전격 실시, 영화 및 드라마 성적 표현 검열 완화, 교복 자율화 등이 이어졌다. 1981년 국풍(國風)이라는 이름의 대규모 축제를 벌였으나 국민으로부터 외면을 당하기도 했다.

〔긍정적 평가〕

박정희 유고 후 경제 회생에 노력을 기울여 일명 '한강의 기적'이라 불리는 헌정사상 최고의 호황을 맞이했다. 1986년 아시안 게임, 1988년 하계 올림픽을 성공적으로 유치한 점 등이 긍정적으로 평가되고 있다.

경제기획원이 관치를 펼쳐 전임 박정희 정권에 비해 임기 동안 평균 물가상승률을 6.1%로 안정시켰다는 평가를 받기도 한다.

과외 과열로 인해 계층 간 위화감이 심각해진다고 보고 국가보위비상대책위원회의 7·30 교육개혁 조치에 따라 대학 졸업 정원제와 함께 교육 정상화와 과열 과외 해소라는 이유로 과외 금지 조치를 시행했다. 학교 밖에서의 과외수업은 일절 금지하고 미인가 교습자와 과외를 한 학부모는 명단을 공개하여 세무조사를 실시하고, 직장인은 면직처분을 내렸으며, 과외를 받은 학생은 적발되는 경우 입시 자격을 박탈하고 형사 입건하였다.

대중의 정치적 관심을 무마하기 위한 수단으로 야구 1982년, 축구 1983년 프로리그를 만들었다. 이를 통해 1988년 하계 올림픽 개최로 이어져 한국 스포츠 발전에 기여했다는 평가가 존재한다. 부정적 평가는 너무 많아 기술하지 않겠다.

(출처·인용 : 전두환 회고록)

2) 노태우

〔국정방향〕

노태우 정부가 내세운 대표적인 국정 방향 2가지는 '위대한 보통 사람들의 시대·북방정책'이다. 특히 '북방 외교정책'은 공산주의 국가들과의 관계를 개선하는 것이다. 이는 노태우 정부의 주요 업적으로 손꼽힌다.

노태우는 집권 이후 제 2세계의 상징과도 같았던 소련과 국교를 맺었고, 이후 헝가리 등과 같은 다른 공산주의 국가들과도 차례로 국교를 맺었다. 그뿐만 아니라 냉전 이후인 1992년에는 한국 전쟁 적성국이었던 중국과도 국교를 맺는 데 성공한다. 그러나 중공과의 외교관계 수립은 오랜 우방이었던 중화민국과의 관계를 악화시키는 결과를 얻게 된다.

'위대한 보통 사람들의 시대' 역시 대표적이다. 그는 민정당 대통령 후보 시절인 1987년 국회 연설에서 "위대한 보통 사람들의 시대를 열겠다."라고 다짐한 바 있는데 그 이유는 '이 시대는 권위 체제로는 효율적으로 관리할 수 없는 다원의 시민사회이기 때문'으로 나와 있다. 하지만 그것은 끝내 오지 않았다, 그의 주장은 정치적 선전으로 그치면서 실패로 돌아갔다.

〔외교정책〕

외교적으로는 이른바 '북방외교'를 천명하고 소련, 중국 등 공산권 국가와 수교하였으며, 이를 바탕으로 1991년 9월 국제연합 입성을 끌어냈다. 그는 7·7 선언 이래 북방정책을 꾸준히 추진하였고 1990년 6월 샌프란시스코 방문 시 보좌진을 파견해 미하일 고르바초프 소련 서기장과 연결하여 한·소 정상회담과 한·러 관계를 다시 복원시켰다.

〔경제정책〕

핵심은 자유화와 개방화의 확대다. 경제는 연평균 8.5%라는 고속 성장을 누렸고, 1988년의 서울 올림픽 개최는 발전한 한국을 전 세계에 알리는 계기가 됐다.

1988년 수출은 600억 달러를 돌파하였고 1986년 대한민국은 대외 교역 사상 최초로 무역수지 흑자를 기록한 이래 그 폭이 매년 확대, 1989년 대한민국은 마침내 채무국에서 채권국으로 반전하였다. 그러나 수출은 1990년대 초 경기침체로 부진을 겪었다.

〔정치적 평가〕

6·10 민중항쟁의 뜻을 조건부 수용하여 대통령 직선제를 받아들이고 이를 골자로 하는 6·29 선언을 받아들였다. 이를 통해서 5년 단임의 대통령제를 기반으로 하는 헌법을 제정했다. 이는 권위주의적인 전두환 정권과는 차별화 전략을 시도한 것으로 보인다. 서울 올림픽을 성공리에 개최하여 진행하였고 이후 5공 청문회를 하는 등 제5공화국의 비리를 근절·청산하려는 시도가 있었다. 노 대통령은 1972년 이후 15년 만에 민간인 직접 선거로 선출된 대통령이라는 데에는 의미가 있다. 대통령을 소설이나 풍자물에 등장시킬 수 있도록 허용하는 등의 기존의 권위주의적인 질서를 타파하려 노력하였다는 점에서도 긍정적으로 평가받는다. 한·러 국교 회복과 한·중 국교 회복에 새 전기를 마련하고, 남북 관계 개선에 노력했다는 평가도 있다.

〔경제적 평가〕

경제 정책의 핵심은 성장과 분배의 조화에 두었다. 당시에 자주 거론되던 표현으로 "샴페인을 너무 일찍 터뜨렸다.", "아시아의 용에서 지렁이로 전락하다.", "소득 수준 5천 불에 소비 수준 2만 불의 과소비 망국" 등이 있었을 정도로 1980년대 후반 3저 호황의 끝자락에서 재임 기간에 경제 성장이 예전보다 침체했다는 인식이 있었다.

노태우 정부 집권 30여 년간의 경제 성장의 과실이 국민에게 고루 분배되고 중산층이 넓게 형성됐다. 아울러 이 시기에 자가용이 대중화되고 해외 여행객 수도 급속히 늘어났다. 연평균 7~8%에 달하는 고속 성장을 유지하면서도 지니계수도 동아시아 국가 중에서는 낮은 편이었고, 1997년 외환위기 이전까지는 소득 분배가 양호했다.

빈부격차를 측정할 때 쓰이는 지니계수는 낮을수록 빈부격차가 낮은데, 노태우 정부 시기에 대한민국의 지니계수는 가장 낮았고 이외에 다른 계산 방법인 10분위 배율, 5분위 배율도 거의 동일한 결과가 나온다. 상대적 빈곤율도 가장 낮았다. 또한 연평균 최저임금 증가율은 17%로 1987년 개헌 이후 들어선 5년 단임제 역대 정부 가운데 최대 수치다. 게다가 1989년 갤럽조사에서는 전체 국민의 75%가 중산층이라고 응답했고, 1992년에는 76.3%가 중산층으로 조사되어서 역대 최고 수치를 기록했다. 이 때문에 진보적 성향의 정치학자인 손호철 서강대 교수는 강의에서 "역대 정부에서 가장 진보적인 경제정책을 추진한 지도자는 노태우 대통령이다."라고 말했다.

노 대통령은 조순 등 개혁적 인사들을 채용하고, 토지 공개념을 시행하려 애썼으며 최저임금제를 처음으로 도입했다.

국제 수지와 국가 재정에서 흑자 기조를 유지하는 등 장기 호황을 바탕으로 분배 정의가 강화되고 낮은 실업률 유지와 구매력 증가가 지속되었던 시기로 우리 경제 역사상 분배가 제대로 이루어진 유일한 시기라고 볼 수 있다는 견해도 있다.

〔부동산 정책과 재벌 견제〕

종합토지세, 택지소유상한제·토지 초과세, 개발이익 환수에 관한 법률 등 토지 공개념 3법을 도입하여 부동산 투기를 억제하고자 했다. 이 법안은 90년대 중후반에 차례로 헌재로부터 위헌결정을 받았지만, 민주화 이후 가장 진보적인 부동산 토지 정책이었다.

당시 정부는 150평 이상의 집을 소유하지 못하도록 하는 법률까지 제정하려 했지만 성사되지 못했다. 야당뿐만 아니라 여당까지 반대하였기 때문이다. 또한 5.8 조치를 통해 정부가 재벌과 대기업이 보유하고 있는 비업무용 부동산을 매각하라고 명령을 내렸는데, 이것은 역사상 가장 강도 높은 직접적 재벌 규제로 꼽혔다. 이 조치로 재벌과 대기업은 소유하고 있던 비업무용 토지 약 4천만 평을 처분하게 됐다.

노태우 정부는 3저 호황의 여파로 투기자금이 부동산으로 대거 쏠리면서 이로 인한 문제점이 커지자 토지과다보유세 부과와 8.10 부동산투기 억제 종합대책을 발표하였고, 주택 보급 확대와 주택 가격 안정을 위해 주택 200만 호 건설 계획을 발표하여 분당, 일산 등 1기 신도시를 적극적으로 기획 건설하였다.

1989년 공시지가 제도를 도입, 노후 아파트 재건축 사업을 처음으로 승인하는 등의 일련의 정책으로 부동산 가격 폭등을 억제하는 데 주력했다. 이 정책은 재임 초·중반기에는 큰 효과를 보지 못했지만, 본격적으로 신도시 아파트가 대량 공급되기 시작한 1991년부터 부동산 가격의 상승세가 꺾이는 성과를 거뒀다. 아울러 김영삼 정부 들어서도 부동산 투기 억제 정책 기조 자체가 유지되면서 김대중 정부 초기까지 부동산 시장을 안정시키는 등의 효과를 낳았다.

〔대기업 채용시장 저변 확대〕

그동안 서울 명문대 출신 졸업자 위주로 신입사원을 채용해온 주요 대기업들에 지방대 졸업자, 특히 지방 거점 국립대 졸업생을 중심으로 채용할 것을 권고, 기업 인력의 저변을 확대하고자 노력했다.

그러한 노력의 하나로 1989년 정부 투자기관 경영평가위원회는 지방대 졸업생들의 취업 촉진을 위해 정부 투자기관의 지방대생 채용 할당제를 시행하기로 했다. 본사가 지방에 있는 정부 투자기관과 지방사무소 정원이 서울 본사보다 많은 투자기관은 대졸 신규 채용 인력의 60% 이상을 지방대 졸업자로 뽑도록 했다. 나머지 투자기관과 4대 국책은행은 50% 이상 채용토록 했다. 채용 결과는 정부 투자기관 평가 때 반영하게 하는 방식으로 사실상 의무화했다.

〔외교적 평가〕

'북방 외교 정책'을 추진하여, 사회주의 국가들과 외교를 맺기도 했다. 1990년대 초 남북이 공동으로 유엔에 가입하고, 공동 탁구대회도 개최했다. 한·러 국교 회복과 한·중 국교 회복에 새 전기를 마련하고, 남북 관계 개선에 노력했다는 평가도 있다. 또한 7.7 선언 등은 미국에 절대 의존적인 외교에 어느 정도 자율성을 부여했다는 긍정적인 평가를 받는다.

(출처·인용 : 노태우 회고록)

3) 김영삼

▷ **국정운영 기조**
　→ 깨끗한 정치 구현을 위해 대통령이 앞장선다.
▷ **국가 비전**
　→ 지역 간, 계층 간 갈등을 해소하고 국민 대화합
　→ 엄정한 법 집행으로 민생치안 주력, 강력한 정부 실현
▷ **정부 조직**
　→ 획기적인 행정쇄신으로 능률 행정
　→ 간소하면서도 능률적인 정부를 구현
　→ 학계, 재계 민간전문가로 구성된 '행정쇄신추진위원회' 설치
▷ **정치개혁**
　→ 부패방지위원회 설치
　→ 깨끗한 선거로 정치권 부패를 추방

▷ **경제정책**
  → 경제력 집중을 완화하고 건전한 경제 질서를 확립
  → 경제력 집중을 완화하고 기업경영 전문화 및 효율화 유도
  → 독과점 폐해를 방지하고 공정한 경쟁 질서를 확립해 소비자의 권익을 최대한 보호
  → 지역개발균형법을 제정, 지방 균형 개발 제도적 보장
  → 정보산업을 효율적으로 육성하기 위해 정보산업육성 특별법 제정
▷ **세제**
  → 세제 개편과 재정 개혁을 통해 효율과 형평성을 제고
▷ **부동산**
  → 부동산 관련 제도의 계속된 보완으로 부동산 투기를 근절
  → 시민 주택 위주의 주택 공급을 꾸준히 확대하여 부동산 가격 안정
  → 무주택 저소득 가구의 주택난을 우선으로 해결
  → 민간 임대주택 산업의 육성을 위한 제도를 정비
  → 주택 금융을 확충하여 저소득층의 주택 구매를 지원
  → 무주택 영세민에게 주거비 지원
▷ **노동**
  → 전국적인 취업 알선 망을 구축하고 고용보험제도 시행
  → 노동관계 법령 전향적으로 개정
  → 근로복지진흥법을 제정하여 근로복지기금을 조성
  → 무주택 근로자를 위해 매년 10만 호 이상 근로자 주택을 공급
▷ **복지정책**

→ 장애인이 사회적응 및 자립사업을 적극 지원

→ 대통령 직속으로 노인 및 장애인을 위한 사회복지대책위원회를 설치하고 노인 건강관리법을 제정

→ 모성보호 및 모성보호 비용의 사회적 분담을 촉진하여 안전한 출산과 육아를 제도적으로 지원

→ 아동이 안전하고 좋은 환경에서 보육 될 수 있도록 공공 보육 지원

▷ **교육정책**

→ 교육재정을 대폭 확충 학부모의 부담을 줄이고 대학 교육의 질을 향상하고 기초과학 교육 강화

→ 대학 입시 제도를 획기적으로 개선

→ 대학 정원을 확대하고 학사관리의 자율화를 과감히 추진해 대학 입학을 희망하는 청소년에게 문호를 개방

→ 대통령 직속의 교육개혁위원회를 설치

→ 다양한 평생교육 체계 확충으로 생활교육을 실천

▷ **일자리 정책**

→ 매년 6천 개 중소 제조업체를 창업 98년까지 10만 개로 늘린다.

→ 창업 절차를 대폭 간소화하고 창업지원기금을 확충

→ 전국 주요 지역별로 창업기금보육센터를 설립

→ 신규 창업자를 위해 아파트형 공장, 창업 중소기업 전용 공단 확대

→ 여성 및 중·고령자에게 일자리를 알선 공공직업훈련 3개소 증설 및 공동작업 훈련원 10개소를 신설해 생산적 기능 인력을 확대

→ 여성 인력의 개발과 고용을 적극적으로 촉진

→ 시군구 단위에 여성취업정보센터를 확대 운영

▷ **대북정책**

→ 통일을 위한 남북교류 지역을 개발한다.

→ 한·미 안보협력 체제를 전향적으로 발전시킨다.

▷ **국방정책**

→ 현역병 복무기간을 단계적으로 줄이고 군을 정예화

→ 징병 복지를 획기적으로 개선

→ 국민 편익을 위한 국방 행정을 구현

〔긍정 평가〕

하나회 숙청, 역사 바로 세우기, 금융실명제 실시, 인재 발탁, 문화 규제 완화, TV 다채널 구도의 첫 시작, 2002년 월드컵 한·일 공동 개최 발표

〔부정 평가〕

1997년 외환위기, 섣부른 OECD 가입, 3당 합당, 사고 공화국, 부실 대학 양산, 노동운동 탄압, 노동법 날치기로 비정규직 제도 도입, 친근·친인척 비리

(출처·인용 : 대통령기록관, 김영삼 회고록)

4) 김대중

김대중 정부는 취임과 동시에 100가지 국정과제를 제시했다.

〔경제 분야〕: 40개

1. 대통령 주재 '무역 및 투자 촉진 전략회의' 설치 운용
2. 경쟁 촉진과 유통구조의 획기적 개선으로 물가안정 기반 구축
3. 금융기관의 경쟁을 촉진하고 건전성 감독을 강화
4. 기업의 구조조정을 촉진하여 세계적으로 경쟁력 있는 기업의 출현을 유도
5. 중장기 위주로 외채구조를 개선하고 투기성 자금의 대응 노력을 강화
6. 조세의 투명성과 효율성을 제고하고 납세자 편의를 증진
7. 재정지출의 효율성 제고를 위해 재정 제도를 영점기준에서 개혁
8. 민영화와 경쟁 촉진으로 공기업의 경영혁신 유도
9. 정보화를 촉진하여 '1인 1PC' 유도
10. 정보통신 인력 양성 및 전략적 핵심기술 개발
11. 다채널화 시대 개막 및 디지털 TV 방송 시행
12. 국가 과학기술 사업의 효율성 제고
13. 기초과학 진흥과 과학기술인 우대 정책 강화
14. 중소기업 및 벤처기업을 경제발전 주역으로 육성
15. 지식 집약산업의 육성과 전통산업의 고부가가치화 유도

16. 기술혁신을 통한 성장잠재력 확충

17. 기후변화 협약 적극 대처 및 에너지 절약시책 강화

18. 시장구조를 경쟁형으로 개편

19. 전문화되고 신뢰받는 대기업상 유도

20. 공정거래 질서 확립과 소비자 보호 강화

21. 주곡의 안정적 공급과 양곡 관리제도 개선

22. 농산물 유통구조의 획기적 개선

23. 농림수산 관련 조직의 축소·조정으로 효율성 제고

24. 농업정책 금융을 통합해 자금 운용의 효율성 제고

25. 농업의 생산성을 높일 수 있도록 구조 개편 추진

26. 농어촌 부담 경감 등 농어업인의 복지 증진 지원

27. 해양 관리 강화와 해양 자원 적극 개발

28. 해양 환경 보전과 해양 안전 확보

29. 해운·항만산업의 경쟁력 강화

30. 수산업의 구조조정과 어촌의 체계적 개발

31. 실업자 지원을 강화하고 직업훈련을 내실화

32. 노동시장의 유연성 제고

33. 근로자 복지 강화와 산재, 고용보험제도 정비

34. 노사정이 상호신뢰하는 새로운 틀 마련

35. 지역 균형 개발과 토지 공급 확대

36. 기간 교통시설 확충 및 대중교통의 활성화

37. 수자원 개발 확대로 물 부족에 대비

38. 주택보급률 100% 달성으로 국민 주거 생활 안정

39. 개발제한구역을 합리적으로 개선

40. 대형 국책사업의 효율적인 관리

〔통일 · 외교 · 국방〕 : 20개

41. 남북기본합의서 이행으로 남북관계 개선 기반 마련

42. 정경분리 원칙으로 남북경제 협력을 적극적으로 추진

43. 민족 동질성 회복을 위한 사회문화 교류 협력 활성화

44. 이산가족 재회 및 편지 왕래의 조속한 실현

45. 남북한 주도의 한반도 평화 체제 구축

46. 대북 경수로 사업의 원활한 추진

47. 국민적 합의와 지지를 바탕으로 통일정책 추진

48. IMF 위기 극복을 위한 경제 · 통상외교 강화

49. 주변 4국과 미래 지향적 우호 협력 관계 정립

50. 외교 부문 효율성 제고

51. 세계화에 대비하여 범국민적 외교 역량 확대

52. 재외동포의 지도적 역할과 자조적 노력 지원

53. 확고한 한 · 미 안보협력 유지체제 발전

54. 국가 위기관리 능력 강화를 위한 체제 정비

55. 군 인사의 공정성을 제고하고 군의 사기와 복지를 증진

56. 군 구조 개편으로 전투 태세 강화

57. 투명하고 합리적인 방위력 개선 및 군수 조달 추진

58. 사회 지도층이 앞장서는 공정한 병역제도 마련

59. 국민의 편익 증진 및 권익 보호로 '국민의 군대상' 확립

60. 보훈 가족과 참전 · 제대 군인에 대한 명예 선양 및 복지지
    원 강화

〔교육·문화·복지·환경 분야〕: 20개

61. 학생 위주 교육으로 자기 주도적 학습 능력 및 다양성 제고
62. 학부모의 사교육비 부담 경감추진
63. 교원 근무 여건 개선 및 인사 제도 개선을 통한 우수 교원 확보
64. 교육 부문의 효율성 제고 및 교육 자치 기반 조성
65. 산업수요에 맞는 산업교육체계 구축
66. 문화예술 창작활동 활성화와 향수 기회 확대
67. 문화와 관광사업을 21세기 유망사업으로 육성
68. 국민의 생활체육을 진흥하고 국제경기 대회를 성공적으로 개최
69. 청소년이 꿈과 희망을 이루는 건강한 사회 건설
70. 세계화 시대에 부응하는 선진 방송체제 구축
71. 저소득층, 노인, 장애인 등 사회 취약 계층에 대한 복지 확대
72. 국민건강 보장을 위해 의료보험제도를 개선
73. 노후 생활 보장을 위해 국민연금제도 개선
74. 사전 예방적 건강관리 체계 강화와 식품 의약품 안전성 확보
75. 건강한 가정의례 및 음식문화 정착
76. 맑은 물 공급을 위한 상수원 수질 개선
77. 친환경적 생산체계 확립 및 첨단 환경 기술 개발 지원
78. 개발과 보전을 조화시켜 지속 가능한 사회 기반 구축
79. 대도시 공기오염 개선
80. 폐기물 관리체계 합리화

〔정무·법무·행정 분야〕: 20개

81. 남녀평등사회 구축을 위한 차별적 제도·관행 개선
82. 여성 고용 촉진 및 지위 향상
83. 인권보장 및 사법 서비스의 획기적 개선
84. 검찰·경찰의 정치적 중립 보장
85. 자치경찰제 도입 등 치안 능력 강화
86. 학교폭력 및 민생 침해 범죄에 적극 대처
87. 생명을 중시하는 교통사고 방지 체계 구축
88. 지방자치 단체의 자율성과 주민의 직접 참정 제도를 확대
89. 지방행정 계층 구조 개편과 조직 축소 추진
90. 지역 간 분쟁 조정 기능 강화
91. 지방재정 확충과 지방세제 전면 개편
92. 지방소재 기업의 경쟁력 강화 지원
93. 재난관리 체계의 획기적 개선
94. 민간운동의 체계적 추진과 지원 강화
95. 불합리한 행정규제의 과감한 철폐
96. 정부 조직 및 인사관리에 기업경영 방식 도입
97. 정부 기능의 민간이관. 지방이양 확대 및 일선기관 정비
98. 경쟁과 인센티브제 도입 등으로 공직사회의 생산성 제고
99. 정책 실명제와 행정정보 공개 확대로 열린 정부 구현
100. 감사 중점을 예방과 적극적 행정을 조장하는 방향으로
   전환

〔긍정 평가〕

취임 초기부터 정보화와 전자정부에 관심을 보여 왔으며, 외환위기 극복 이후 본격적으로 전자정부 추진 체계와 정책을 새로이 편성 및 수립하도록 했다. 취임 이후 곧바로 총무처와 내무부를 통합해 전자정부 행정을 담당할 행정자치부를 탄생시켰다. 총무처 시절부터 정부는 전자정부 구현을 위한 작업에 착수했고, 98년 3월에 '전자정부의 비전과 전략' 초안을 작성하면서 세계 최초의 전자정부 모델 안을 학계에 공개하였다. 2개월간의 숙의를 거쳐 1998년 5월 21일 개최한 제1차 정보전략회의에서 본격적인 전자정부 구현이 논의되기 시작한다.

국민의 정부는 전자정부특별위원회를 구성하였으며, IT 기반 민원 업무와 4대 보험 정보시스템의 구축과 정부 통합 전자조달 시스템 구축, 인터넷을 통한 종합 국세 서비스, 국가 재정정보 시스템 구축, 지방자치단체 행정 종합 정보화 시스템 구축, 전국 단위의 교육행정 정보 시스템 구축, 표준 인사관리 시스템 구축, 전자결제 및 전자문서 유통 정책 사업, 전자관인 시스템 구축 및 전자서명 시스템 확산 산업, 범정부적 통합 전산환경 구축 사업을 추진했다.

인사청문회 제도를 도입하고 행정 개혁과 공무원 폐단을 개선했다. 국가인재데이터베이스를 구축했다. 1997년 외환위기를 극복했다. IT 및 벤처 산업 붐을 조성했다. 국방력을 강화하고 군인에 대한 처우를 개선했다. 군사독재 시절의 민주화 운동에 앞장섰다. 화해와 용서로 권위주의를 타파했다. 문화 대통령으로서 한류의 기틀을 마련했고 한국문화 디지털 보존 사업을 시행했다. PP 등록제 시행과 TV 프로그램 제작을 자율화했다.

국민기초생활보장제도를 시행하고 4대 사회보험제도를 완성했다. 노사정위원회를 출범시켰다. 한미동맹을 강화하고 한일관계의 대대적인 정상화를 이뤄냈다. 동티모르 민간인 학살 제지 및 독립지원을 했다. 남북관계 회담으로 한반도 평화를 정착했다.

〔부정 평가〕

권력형 비리와 측근 비리, 게이트가 난무했다. 의원 내각제 불이행, 부실 대학이 증가했다.

(출처·인용 : 대통령기록관. 김대중 회고록)

5) 노무현

1. 한반도 평화 체제 구축
북핵 문제 해결과 군사적 신뢰 구축, 군 복무기간 단축, 군 정예화 등 국방 체계 개선, 평화 체제 구축을 위한 다각적 대화 통로 마련, 당당한 상호협력 외교, 동북아 평화 협력체제 등

2. 동북아 경제 중심 국가 건설
남북 경제교류 협력, 동북아 경제 협력 체제, 물류, 비즈니스 중심 국가를 위한 기반 구축

3. 자유롭고 공정한 시장 질서 확립

경제 시스템 개혁, 기업하기 좋은 나라(규제 개혁 등), 금융개혁, 세제개혁

4. 과학기술 중심 사회 구축

과학 기술자 사기 진작 및 과학기술 인력 양성, 연구개발비의 투자 확대, 기술혁신, 신산업 육성, 일자리 창출

5. 미래를 열어가는 농어촌

공익적 기능과 시장 지향, 농어업인 소득 안정, 농어촌 복지 증진 및 지역개발, 신 해양 시대의 어업 기반 구축

6. 참여복지와 삶의 질 향상

전 국민 건강보장제도 실현, 국민복지 증진(기초생활보장제, 보육, 고령화 대책, 장애인 등), 쾌적한 환경 조성, 주택가격 안정 및 주거의 질 개선, 농어민 생활 향상 대책

7. 국민 통합과 양성 평등사회 구현

5대 차별(성, 장애, 학벌, 비정규직, 외국인) 해소, 지역통합(국가균형발전위원회 설치 등), 계층통합(빈부격차 해소 등), 노사 화합(노사정위원회 등 노사협력 체제), 양성 평등한 가족정책과 여성 대표성 제고

8. 교육개혁과 지식문화 강국 실현

공교육 내실화, 교육의 자율성과 다양성 강화, 선진국 수준의 문화 인프라, 세계 수준의 문화산업, 보편적 문화 향수권 보장, 지

식정보사회의 전면화

9. 사회 통합적 노사관계 구축

국제 기준에 부합하는 노사관계 구축, 중층적 구조의 사회적 파트너십 형성, 자율과 책임의 노사자치주의 확립, 근로 생활의 질 향상, 노동 행정 서비스의 역량 확충, 일자리 창출과 고용 안정

10. 지방분권과 국가균형발전

지방분권화, 쾌적한 수도권, 신행정수도 건설, 지역전략산업 육성과 지방경제 활성화, 지방대학의 집중 육성

11. 부패 없는 사회, 봉사하는 행정

국가 시스템 혁신, 행정개혁(평가분석시스템, 평가역량 구축, 전자정부 실현), 투명 공정한 인사시스템 확립, 재정개혁, 국민의 생명과 재산 보호를 위한 시스템 구축

12. 참여와 통합의 정치개혁

중대선거구제 등 선거제도의 개선, 선거공영제의 확대 등 돈 안 드는 선거 실현, 정치자금의 투명성 확보

13. 100대 로드맵 중·장기 과제

〔동북아시대위원회〕
(1) 동북아 시대 실현을 위한 중장기 대외 전략 수립
(2) 동북아 구상 실현을 위한 대내외 인적 네트워크 구축

(3) 남북협력체제 구축을 위한 협력 전략

(4) 남북평화체제 구축을 위한 국내 역량 강화

(5) 제주도의 동북아 평화 거점화 대책

(6) 동북아 에너지 환경협력

(7) 동북아 경제협력

(8) 동북아 사회 문화 협력

〔정부혁신지방분권위원회〕

(9) 정부 기능과 조직의 재설계 및 성과 중심의 행정 시스템 구축

(10) 행정서비스 전달 체계 강화 및 민원 제도 개선

(11) 행정의 개방성 및 투명성 강화

(12) 시민사회와 협치 체제 강화 및 공익 활동 지원

(13) 공직부패에 대한 체계적 대응 및 공직윤리 의식 함양

(14) 자율적 혁신체계 구축 지원

(15) 차별 없는 균형적 인재 등용 및 공직 경쟁력 강화를 위한 임용제도 다양화

(16) 투명·공정한 선발 시스템과 전문성 강화를 위한 경력개발 체계 구축

(17) 보수 합리화와 공무원 삶의 질 향상

(18) 국가 인사 기능 통합과 자율 분권화

(19) 전자적 업무처리의 정착

(20) 대국민 서비스 고도화

(21) 대기업 서비스 고도화

(22) 정보자원 통합관리 및 전자정부 관련 법제 정비

(23) 중앙권한의 지방이양 및 사무 구분 체계 개선

(24) 교육자치제도 개선 및 자치경찰제도 개선

(25) 특별지방행정기관 정비

(26) 지방자치권 강화 및 지방정부의 책임성 확보

(27) 지방 의정활동 기반 정비·강화

(28) 중앙·지방, 지방·정부 간 협력체제 강화

(29) 조세개혁

(30) 지방 재정 운영의 자율성 확대 및 교부 세제 개선

(31) 국가 재정운용 계획 수립 및 총액배분 자율 편성 도입

〔국가균형발전위원회〕

(32) 지역혁신 체계 구축 및 운영지원

(33) 지방대학 육성 및 지역 인적자원 개발

(34) 산학협력의 활성화

(35) 대덕연구개발특구 육성

(36) 국가산업단지 혁신클러스터화 추진

(37) 지역 전략산업의 진흥

(38) 문화관광 자원을 활용한 자립형 지역개발

(39) 낙후지역 활성화

(40) 국가균형발전 5개년계획 수립

(41) 국가균형발전 특별회계 운영 및 제도개선

(42) 국가균형발전사업 평가 체제 확립

(43) 지역특화발전특구 추진

(44) 신국토 구상 수립·추진

(45) 수도권 종합발전대책 수립

(46) 공공기관 지방 이전 및 혁신도시 건설

(47) 수도권 기업의 지방 이전

〔행정중심복합도시 건설추진위원회〕

(48) 행복 도시 추진체계 정비

(49) 행정기관 이전 추진

(50) 예정지역 지정·관리 및 보상

(51) 개발계획 등 수립 및 건설사업 시행

(52) 행복 도시 건설 홍보

〔고령화 및 미래사회위원회〕

(53) 고령화사회 대비 기본대책

(54) 출산력 제고와 가정과 직장의 양립 환경 조성

(55) 인구자질 향상정책 추진

(56) 고용제도 및 관행 개선

(57) 고용기회 확대 및 이민 대책

(58) 전 국민 건강보장 체계 구축방안

(59) 교육·여가·문화 향상 주거환경개선

(60) 안정적인 노후생활 보장 체계 구축

(61) 고령친화산업 육성 및 일자리 창출 방안 마련

〔지속가능발전위원회〕

(62) 갈등관리 시스템 구축

(63) 대안적 갈등 관리 프로세스 적용

(64) 지속 가능한 에너지 및 산업정책 수립

(65) 지속 가능한 물관리 정책 수립·추진

(66) 지속 가능한 국토 및 자연 관리 체계 구축

(67) 지속 가능 발전전략 수립

〔빈부격차 차별 시정위원회〕

(68) 주거복지정책 추진지원

(69) 자영사업자 소득 파악 강화

(70) 사회보험 형평성 제고

(71) 사회적 일자리 창출 제고

(72) 자활 지원 사업 활성화

(73) 우리사주제도 활성화

(74) 5대 차별시정 로드맵 추진

(75) 적극적 고용 평등 프로그램 도입

(76) 저소득층 아동·청소년 지원

(77) 기초생활보장 내실화 등 취약계층 보호 지원 강화

〔교육혁신위원회〕

(78) 학교 교육 체제 혁신

(79) 직업교육 체제 혁신

(80) 대학 입학 제도 개혁 및 대학 교육력 제고

(81) 지역 교육 강화

〔농어업농어촌특별대책위원회〕

(82) 농업인력 정예화

(83) 농지제도 개선

(84) 쌀 산업 대책

(85) 직접지불제 확충

(86) 농촌복지 인프라 확충

〔국가과학기술자문회의〕

(87) 기술혁신 확산 및 신기술 산업화 촉진

(88) 이공계 공직 진출 확대 및 지식기술 기반 공공서비스 제고

(89) 차세대 성장 동력 기술 개발

〔사람입국 신경쟁력 특별위원회〕

(90) 직장 내 평생학습 체계 구축 및 여가 및 문화생활 혁신

(91) 근로자 피로 해소를 위한 근무 시스템 개편

((92) 금융 관련 제도 개혁 및 인프라 구축

(93) 금융 분야에서의 동북아 지역 내 리더십 구축

(94) 공항·항만 확충 및 배후 단지 개발

(95) 국내 물류 체계 개선

(96) 외국인 투자 유치 활동 강화

(97) 부동산 보유 과세 개편

(98) 부동산 시장 안정 기조 유지

〔문화중심도시 조성위원회〕

(99) 아시아 문화중심 도시 조성 기반 추진

(100) 국립아시아 문화전당 건립

〔긍정 평가〕

권력 분산 기조의 실세 총리와 파격 인사, 증권 관련 집단 소송제 도입, 과거 진상 규명, 친일진상규명특별법, 진실 화해를 위한 과거사 정리 기본법, 국민과의 소통, 국가 기록물 관리 체계 정비, 전자정부 구축, 국방비 증감, 질병관리본부 설립, 주 5일제 시행, 한미 FTA, IT 산업 육성

〔부정 평가〕

정치편향, 탄핵 심판, 부동산 가격 폭등, 친인척 비리, 박연차 게이트, 불법 대선자금 수수, 한총련 합법화 시도, 사법고시 폐지, 대학 등록금 및 사교육비 폭등, 부실대학 방치, 한미동맹 약화, 양극화 심화, 농어가부채 급증, 아파트 분양 원가 공약 파기

(출처·인용 : 대통령기록관. 노무현 회고록)

6) 이명박

1. 섬기는 정부

〔전략 1. 알뜰하고 유능한 정부로 바꾸겠습니다.〕
과제 1. 작지만 일 잘하는 정부를 만들겠습니다.
과제 2. 나라 살림을 알뜰히 꾸려가겠습니다.
과제 3. 공공부문의 성과를 높이겠습니다.

과제 4. 내실 있는 감사로 투명한 정부를 만들겠습니다.

과제 5. 글로벌 경쟁력을 갖춘 공무원을 양성하겠습니다.

〔전략 2. 지방분권을 확대하고 지역경제를 살리겠습니다.〕

과제 6. 지방행정 체제를 개편하겠습니다.

과제 7. 지방정부의 권한을 늘리겠습니다.

과제 8. 광역경제권을 구축하겠습니다.

과제 9. 지방 재원을 확충하겠습니다.

과제 10. 자치경찰제를 도입하겠습니다.

〔전략 3. 법과 원칙을 지키는 신뢰 사회를 구현하겠습니다.〕

과제 11. 법질서가 예외 없이 지켜지도록 하겠습니다.

과제 12. 공직자의 부정부패를 척결하겠습니다.

과제 13. 언론의 공공성을 강화할 수 있도록 지원하겠습니다.

과제 14. 사회갈등 해소와 소통에 힘쓰겠습니다.

과제 15. 지적 재산권을 보호하고 공정거래 질서를 확립하겠습니다.

〔전략 4. 안심하며 살 수 있는 안전한 나라를 만들겠습니다.〕

과제 16. 재난관리체계를 통합하겠습니다.

과제 17. 깨끗한 물과 공기, 안전한 먹을거리를 보장하겠습니다.

과제 18. 마음 놓고 일할 수 있는 안전한 일터를 조성하겠습니다.

과제 19. 여성과 어린이가 걱정 없이 다닐 수 있는 나라로 만들겠습니다.

과제 20. 교통사고를 선진국 수준으로 낮추겠습니다.

2. 활기찬 시장경제

〔전략 5. 투자환경을 획기적으로 개선하겠습니다.〕

과제 21. 성장의 밑바탕인 경제 안정을 이루겠습니다.

과제 22. 세금을 줄여 투자와 소비를 활성화하겠습니다.

과제 23. 상생하는 노사문화를 창조하겠습니다.

과제 24. 외국인이 투자하고 싶은 나라로 만들겠습니다.

과제 25. 경쟁력 있는 중소기업을 늘리겠습니다.

〔전략 6. 규제를 대폭 줄이겠습니다.〕

과제 26. 규제 제도와 법령을 선진화하겠습니다.

과제 27. 금융규제 개혁으로 선진 금융 산업을 육성하겠습니다.

과제 28. 방송·통신 산업에 대한 규제를 풀겠습니다.

과제 29. 독과점 폐해를 막아 경제 활력을 높이겠습니다.

과제 30. 지방과 수도권이 상생 발전하도록 규제를 줄이겠습니다.

〔전략 7. 녹색성장으로 새로운 일자리를 만들겠습니다.〕

과제 31. 친환경산업과 에너지 절감의 핵심 인프라를 조성하겠습니다.

과제 32. 기후변화에 적극 대응해 신산업을 개척해 나가겠습니다.

과제 33. 에너지 자주 개발률을 높이겠습니다.

과제 34. 신재생에너지와 청정에너지를 개발하겠습니다.

과제 35. 녹색 한반도를 만들겠습니다.

〔전략 8. 신성장 동력과 서비스산업을 키우겠습니다.〕

과제 36. 돈 버는 농림수산업을 만들겠습니다.

과제 37. 고부가가치 서비스산업을 확실히 키우겠습니다.

과제 38. 방송·통신 융합을 촉진하고 문화콘텐츠를 키우겠
습니다.

과제 39. 미래전략산업을 육성하겠습니다.

과제 40. 국토를 개방형으로 재창조하겠습니다.

3. 능동적 복지

〔전략 9. 모든 국민을 위한 평생 복지 기반을 마련하겠습니다.〕

과제 41. 지속 가능하면서도 도움이 되는 연금체계로 바꾸
겠습니다.

과제 42. 건강보험의 재정을 안정시키겠습니다.

과제 43. 필수 의료서비스에 대한 국가의 책임을 강화하겠
습니다.

과제 44. 아프기 전에 국민 건강을 미리 지켜드리겠습니다.

과제 45. 체감할 수 있는 복지서비스와 기초안전망을 구현
하겠습니다.

〔전략 10. 맞춤형 복지를 실현하겠습니다.〕

과제 46. 믿고 맡길 수 있는 보육환경을 조성하겠습니다.

과제 47. 청소년의 건강한 성장을 뒷받침하겠습니다.

과제 48. 도움이 필요한 가족에 대한 지원을 늘리겠습니다.

과제 49. 편안한 노후생활을 보장해 나가겠습니다.

과제 50. 국가유공자가 존중받고, 장애인이 행복한 사회를 만들겠습니다.

〔전략 11. 서민 생활과 주거를 안정시키겠습니다.〕

과제 51. 서민 생활의 부담을 줄이겠습니다.

과제 52. 주거 안정을 도모하겠습니다.

과제 53. 취약계층의 경제활동을 지원하고 재출발을 돕겠습니다.

과제 54. 사회서비스를 확충하겠습니다.

과제 55. 농어가 소득을 늘리고, 농어촌의 거주 여건을 개선하겠습니다.

〔전략 12. 국민 모두가 일을 통해 보람을 느낄 수 있도록 하겠습니다.〕

과제 56. 고용지원 서비스를 강화하겠습니다.

과제 57. 직업능력 개발 시스템을 수요자 중심으로 바꾸겠습니다.

과제 58. 여성과 고용 취약계층을 위한 일자리를 만들겠습니다.

과제 59. 비정규직 근로자의 보호와 능력개발 확대에 힘쓰겠습니다.

과제 60. 사회적 기업을 육성하겠습니다.

4. 인재대국

〔**전략 13. 학교 교육의 자율성과 다양성을 확대하겠습니다.**〕

과제 61. 학생과 학부모가 원하는 다양한 학교를 많이 만
들겠습니다.

과제 62. 학교의 자율성과 책임감을 높이겠습니다.

과제 63. 교원의 전문성을 높이겠습니다.

과제 64. 교육과정과 교과서를 알차고 흥미 있게 만들겠습
니다.

과제 65. 학교와 지역사회의 협력을 강화하겠습니다.

〔**전략 14. 교육복지를 확대하겠습니다.**〕

과제 66. 가난해서 학교를 못 다니는 일이 없도록 하겠습
니다.

과제 67. 학력을 높이고 교육 격차는 줄이겠습니다.

과제 68. 학생들의 건강과 안전을 책임지겠습니다.

과제 69. 유아교육과 특수교육을 내실화하겠습니다.

과제 70. 평생 공부할 수 있는 환경을 마련하겠습니다.

〔**전략 15. 세계적 수준의 우수 인재를 육성하겠습니다.**〕

과제 71. 대학의 자율을 확대하겠습니다.

과제 72. 대학과 연구기관의 교육과 연구역량을 강화하겠

습니다.

    과제 73. 연구자가 중심이 되는 환경과 여건을 조성하겠습니다.

    과제 74. 글로벌 청년 리더 10만 명을 양성하겠습니다.

    과제 75. 체계적인 영재 육성 시스템을 마련하겠습니다.

〔전략 16. 미래를 이끌 과학기술 발전에 힘쓰겠습니다.〕

    과제 76. 과학기술 투자를 전략적으로 확대해 나가겠습니다.

    과제 77. R&D 시스템을 민간 전문가 주도로 바꾸겠습니다.

    과제 78. 기초 원천 연구를 진흥시키겠습니다.

    과제 79. 녹색기술을 발전시키겠습니다.

    과제 80. 과학문화의 생활화에 앞장서겠습니다.

5. 성숙한 세계 국가

〔전략 17. 한반도의 새로운 평화 구조를 만들겠습니다.〕

    과제 81. 북핵 폐기를 지속적으로 추진하겠습니다.

    과제 82. 비핵·개방·3000 구상(나들섬 구상 포함)을 추진하겠습니다.

    과제 83. 한·미 관계를 새로운 환경에 맞추어 발전시키겠습니다.

    과제 84. 남북 간 인도적 문제를 해결하겠습니다.

    과제 85. 신아시아 협력 외교를 추진해 나가겠습니다.

〔전략 18. 국익을 우선하면서 세계에 기여하는 실용 외교

를 수행하겠습니다.〕

과제 86. 에너지 협력 외교를 강화하겠습니다.

과제 87. FTA 체결 대상 국가를 다변화하겠습니다.

과제 88. 지구촌 문제의 해결에 적극 기여하겠습니다.

과제 89. 인권외교와 문화외교에 힘쓰겠습니다.

과제 90. 재외국민을 보호하고 재외동포 네트워크를 구축하겠습니다.

〔전략 19. 굳건한 선진 안보 체제를 구축하겠습니다.〕

과제 91. 국방개혁 2020을 보완하여 내실 있게 추진하겠습니다.

과제 92. 전시작전통제권 전환의 적정성을 평가하고 보완하겠습니다.

과제 93. 남북 간 군사적인 신뢰를 구축하고 군비통제를 추진하겠습니다.

과제 94. 군사시설 보호구역을 조정해 국민 부담을 덜어드리겠습니다.

과제 95. 방위산업을 신경제 성장의 동력으로 육성하겠습니다.

〔전략 20. 품격있고 존중받는 국가를 만들겠습니다.〕

과제 96. 세계적인 국가 브랜드 가치를 창출하겠습니다.

과제 97. 누구나 쉽게 문화·체육 생활을 누리는 환경을 만들겠습니다.

과제 98. 전통과 현대가 어우러진 문화국가로 발돋움하겠습니다.

과제 99. 외국인과 함께하는 열린 사회를 만들겠습니다.

과제 100. 선진국 수준의 양성평등을 이루겠습니다.

〔긍정 평가〕

아덴만 여명 작전, 천안함 전사상자 예우, 한미동맹 강화, 한·EU FTA 비준, 한·미 FTA 비준, 평창 올림픽 유치, G20 정상회의 개최, 핵 안보 정상회의 개최, 무역 1조 달러 달성, 글로벌 금융위기 선방, 세계 6번째 원전 수출국 달성, 보금자리주택, 부동산 가격 안정화, 고졸 취업 개선, 교련 완전 폐지, 대학 구조조정, 수능 점수제 환원, 약사법 개정 및 의료복지 강화, 협동조합 기본법 제정

〔부정 평가〕

회전문 인사로 인사 실패, 친인척 측근 비리, 부정부패, 국정원 특수활동비 청와대 상납 사건, 국가정보원 대북 공작금 유용 사건, 대보그룹 뇌물 수수 의혹, 공천 헌금 수수 의혹, 정부 비대화, 정보통신부와 과학기술부 해체, ICT 경쟁력 약화와 미래 성장 동력 대비 부족, 대통령기록물 유출, 비리 정치인과 측근 사면, 정적 탄압, 국정원의 노벨평화상 취소 공작, 구제역 피해, 방산 비리, 자원외교 개발 비리, 외환 보유고 낭비와 환율 정책 실패, 물가 불안정, 노동 탄압과 친재벌 정책, 부자 감세, 보편적 복지 축소, 정경유착, 민주화 세력 비하

(출처·인용 : 대통령기록관. 이명박 회고록)

7) 박근혜

▷ 국정운영 기조
→ 국가에서 국민으로 변화

▷ 국가 비전
→ 국민 대통령

→ 국민 행복

▷ 정부 조직
→ 정보통신미디어부 신설 : 미래창조과학부

→ 행안부 부활, 과학기술 전담 부처 설립

▷ 정치개혁
→ 신뢰정치

▷ 경제정책
→ 창조경제

→ 공정 투명한 시장 질서 확립

→ 기업의 사회적 책임 강화

→ 신규 순환출자금지 등 지배구조 개선

→ 경제인 사면 복권 금지 등 엄격한 법 집행

→ 수출과 내수시장이 동서에 성장하는 쌍끌이 경제 목표

→ 재벌 신규 순환출자금지 기존 출자는 인정

→ 재벌 금산 분리 강화 신중 추진

▷ **세제**
  → 부자 증세에 부정적

▷ **부동산**
  → 하우스 푸어, 렌트 푸어 적극 대처
  → 2018년까지 임대주택 12만 호 공급
  → 민간주택, 임대주택 12만 호 공급
  → 토지임대주택 공급 확대
  → 철도용지 활용 임대주택 공급
  → 한시적 전·월세 상한제 도입
  → 전세임대주택, 전세자금 지원 확대
  → 민간주택 분양가 상한제 폐지
  → DTI(총부채 상한 비율) 폐지 반대

▷ **중소기업**
  → 중소기업 지원정책 강화
  → 최저임금 인상 및 근로시간 감축
  → 하도급 근로자 보호 법안 추진
  → 보수노조 창구 단일화 정책 보완책 마련
  → 택시의 대중교통화 및 연료 다변화 해결

▷ **복지정책**
  → 생애주기별 맞춤형 복제 제도 확립
  → 임신 후 근로시간 단축제 시행
  → 남성 육아휴직, 아빠의 달 실시
  → 영유아 보육·교육 국가 지원 강화

▷ **교육정책**
  → 사교육비 절감 등 행복 교육 실현

→ 대학 특성화 지원과 취업까지 책임지는 책무성 강화

→ 평생학습사회 구현

→ 등록금 인하 차등 감면

▷ **일자리 정책**

→ 고용률 중심의 국정운영 체제 구축

→ 전통 제조업의 고부가가치화

→ 서비스 산업의 경쟁력 제고

→ 문화·소프트웨어 산업 등 미래산업 지원

→ 벤처 창업의 획기적 활성화

▷ **대북정책**

→ 한반도 신뢰 프로세스 추진

→ 국민적 공감으로 남북한 신뢰, 국제협력으로 안정적 남북
관계 모색

→ 통합적인 외교 안보 컨트롤 타워 구축

▷ **국방정책**

→ 휴전선 경계근무 원점에서 재검토

【 140대 국정과제 】

▷ 국정목표 1. 일자리 중심의 창조경제

〔**전략 1. 창조경제 생태계 조성**〕

1. 과학기술을 통한 창조 산업 육성

2. IT·SW 융합을 통한 주력산업 구조 고도화

3. 산·학·연·지역 연계를 통한 창조산업 생태계 조성

4. 서비스 산업 전략적 육성 기반 구축

5. 자본시장 제도 선진화

6. 협력적 기업 생태계 조성

7. 세계 최고의 인터넷 생태계 조성

8. 청년 친화적 일자리 확충 기반 조성

9. 고용 친화적 정부 정책을 위한 고용 영향 평가제 강화

10. 협동조합 및 사회적 기업의 활성화로 따뜻한 성장 도모

〔전략 2. 일자리 창출을 위한 성장 동력 강화〕

11. 정보통신 최강국 건설

12. 농림축산업의 신성장 동력화

13. 해양 신 성장 동력 창출 및 체계적 해양 관리

14. 수산의 미래 산업화

15. 보건 산업을 미래 성장 산업으로 육성

16. 고령 친화 산업 육성

17. 물류·해양·교통체계 선진화

18. 해외 건설·플랜트 및 원전산업 진출 지원

〔전략 3. 중소기업의 창조경제 주역화〕

19. 중소기업 성장 희망 사다리 구축

20. 중소·중견기업의 수출경쟁력 강화

21. 창업·벤처 활성화를 통한 일자리 창출

22. 소상공인·자영업자 및 전통 시장의 활력 회복

23. 영세 운송업 등 선진화

〔전략 4. 창의와 혁신을 통한 과학기술 발전〕

24. 국가 과학기술 혁신역량 강화

25. 우주기술 자립으로 우주 강국 실현

26. 국제 과학 비즈니스 벨트를 국가 신성장 거점으로 육성

27. 지식재산의 창출·보호·활용 체계 선진화

〔전략 5. 원칙이 바로 선 시장경제 질서 확립〕

28. 경제적 약자의 권익 보호

29. 소비자 권익 보호

30. 실질적 피해구제를 위한 공정거래법 집행 체계 개선

31. 대기업 집단 지배주주의 사익 편취 행위 근절

32. 기업지배구조 개선

33. 금융서비스의 공정경쟁 기반 구축

〔전략 6. 성장을 뒷받침하는 경제 운영〕

34. 대외 위험 요인에 대한 경제의 안전판 강화

35. 금융시장 불안에 선제 대응

36. 부동산 시장 안정화

37. 물가의 구조적 안정화

38. 안정적 식량 수급 체계 구축

39. 안정적 세입 기반 확충

40. 건전 재정 기조 정착

41. 공공부문 부채 및 국유재산 관리 효율화

▷ **국정목표 2. 맞춤형 고용·복지**

〔전략 7. 생애주기별 맞춤형 복지 제공〕

42. 저소득층을 위한 생활영역별 맞춤형 급여체계 구축

43. 국민 중심의 복지 전달체계 개편

44. 건강한 가정 만들기

45. 청소년 역량개발 및 건강한 성장지원

46. 편안하고 활력 있는 노후생활 보장

47. 의료 보장성 강화 및 지속가능성 제고

48. 건강의 질을 높이는 보건의료서비스 체계 구축

49. 장애인의 권익 보호 및 편의 증진

50. 다문화 가족 적응 지원강화

51. 누구나 살고 싶어 하는 복지 농어촌 건설

〔전략 8. 자립을 지원하는 복지체계 구축〕

52. 일을 통한 빈곤 탈출 지원

53. 맞춤형 취업 지원 및 고용 서비스망 강화

54. 복지 일자리 확충 및 처우개선

55. 고부가가치 사회 서비스 일자리 확충

〔전략 9. 시민 생활 및 고용안정 지원〕

56. 주거 안정 대책 강화

57. 서민 금융 부담 완화

58. 교육비 부담 경감

59. 통신비 부담 낮추기

60. 농어가 소득 증대

61. 농·축·수산물 유통구조 개선

62. 비정규직 차별 해소 및 근로자 생활 보장

63. 장시간 근로 개선 및 정년 연장으로 함께 일하기

64. 경기변동 대비 고용안정 노력 및 지원 강화

〔전략 10. 저출생 극복과 여성 경제활동 확대〕

65. 행복한 임신과 출산

66. 안심하고 양육할 수 있는 여건 조성

67. 무상보육 및 무상교육 확대(0~5세)

68. 여성 경제활동 확대 및 양성평등 확산

〔전략 11. 꿈과 끼를 키우는 교육〕

69. 학교 교육 정상화 추진

70. 대입 부담 경감을 위한 대학입시 간소화

71. 대학 특성화 및 재정지원 확대

72. 교원의 교육 전념 여건 조성

〔전략 12. 전문 인재 양성 및 평생학습 체계 구축〕

73. 전문 인재 양성을 위한 직업교육 강화

74. 전문대학을 고등직업 교육 중심기관으로 집중 육성

75. 100세 시대 국가 평생학습 체제 구축

〔전략 13. 나를 찾는 문화, 모두가 누리는 문화 구현〕

76. 문화재정 2% 달성 및 문화 기본법 제정

77. 예술인 창작 안전망 구축 및 지원 강화

78. 문화 향유 기회 확대와 문화 격차 해소

79. 문화유산 보존·활용 및 한국문화 진흥

80. 스포츠 활성화로 건강한 삶 구현

81. 관광산업 경쟁력 강화

82. 생태 휴식 공간 확대 등 행복한 생활문화 공간 조성

▷ 국정목표 4. 안전과 통합의 사회

〔전략 14. 범죄로부터 안전한 사회 구현〕

83. 성폭력으로부터 안전한 사회

84. 가정폭력 방지 및 피해자 보호 강화

85. 먹을거리 관리로 식품 안전 강국 구현

86. 학교폭력 및 학생 위험 제로 환경 조성

87. 아동 인권 보호 강화 및 건강한 성장·발달 지원

88. 범죄 피해자 보호 및 지원 강화

89. 법과 질서를 존중하는 문화 구현

90. 민생치안 역량 강화 기반 조성

〔전략 15. 재난·재해 예방 및 체계적 관리〕

91. 생활 안전 관련 공익 신고 범위 확대 및 신고자 보호 강화

92. 총체적인 국가재난관리 체계 강화

93. 항공, 해양 등 교통안전 선진화

94. 환경 유해 물질 관리 및 환경 피해구제 강화

95. 원자력 안전 관리 체계 구축

96. 에너지 공급 시설의 안전 관리 강화

116. 지역경제와 산업의 활력 제고

▷ 국정목표 5. 행복한 통일시대의 기반 구축

〔전략 19. 튼튼한 안보와 지속 가능한 평화 실현〕
117. 국민이 신뢰하는 확고한 국방 태세 확립
118. 전략 환경 변화에 부합하는 미래 지향적 방위 역량 강화
119. 한·미 군사동맹 지속적 발전 및 주변국 국방 협력 강화
120. 혁신적 국방 경영 및 국방 과학기술 발전
121. 보람 있는 군 복무 및 국민 존중의 국방 정책 추진
122. 명예로운 보훈
123. 북핵 문제의 진전을 위한 동력 강화

〔전략 20. 행복한 통일로 가는 새로운 한반도 구현〕
124. 한반도 신뢰 프로세스를 통한 남북 관계 정상화
125. 작은 통일에서 시작하여 큰 통일을 지향
126. 통일 대비 역량 강화를 통한 실질적 통일 준비

〔전략 21. 국민과 함께하는 신뢰 외교 전개〕
127. 동북아 평화협력 구상과 유라시아 협력 확대
128. 한·미 동맹과 한·중 동반자 관계의 조화·발전 및 한·일 관계 안정화
129. 신흥시장 진출 확대를 위한 산업 자원 협력 강화
130. 세계 평화와 발전에 기여하는 책임 있는 중견 국가 실현
131. 재외국민 안전. 권익 보호와 공공외교·일자리 외교 확대

132. FTA 네트워크 등 경제협력 역량 강화

133. ODA 지속 확대 및 모범적·통합적 개발 협력 추진

▷ 추진 기반 : 신뢰받는 정부

〔전략 1. 개방·공유 협력을 통한 정부 3.0 달성〕

134. 국민 중심 서비스 정부 3.0 구현

135. 세종시 조기 정착을 통한 정부 효율 극대화

136. 공공기관 책임 경영 강화 등 합리화

137. 부적절한 규제의 사전적 예방 및 규제 합리화

〔전략 2. 깨끗하고 신뢰받는 정부 구현〕

138. 청렴하고 깨끗한 정부 구현

139. 공권력에 대한 국민적 신뢰 회복

140. 지하경제 양성화 등 조세 정의 확립

〔긍정 평가〕

운전면허시험 정상화, 선택 진료의 단계적 축소, 대체 휴일 제도 부활, 스케일링 국민건강보험 적용, 긴급 신고 공동 대응 시스템 도입, 소방안전 교부세 신설, 세무 빅데이터 구축, 장기 결석 아동 전수조사, 문화가 있는 날, 질병관리본부 차관급 승격, 청탁 금지법 추진

〔부정 평가〕

민주주의 후퇴, 국정농단, 부실한 인수인계, 국민 갈등 심화, 정책 실패

(출처·인용 : 대통령기록관)

8) 문재인

한국 정치사에서 근래 최대 횡재는 두말할 것도 없이 문재인의 대통령 당선일 것이다. 문 대통령은 한국 정치에 기여한 것이 없는 사람이다. 노무현의 자살과 박근혜 탄핵이 문 대통령을 만들었다.

▷ 국민이 주인인 정부

〔전략 1. 국민주권의 촛불민주주의 실현〕
　1. 적폐의 철저하고 완전한 청산
　2. 반부패 개혁으로 청렴 한국 실현
　3. 국민 눈높이에 맞는 과거사 문제 해결
　4. 표현의 자유와 언론의 독립성 신장

〔전략 2. 소통으로 통합하는 광화문 대통령〕
　5. 365일 국민과 소통하는 광화문 대통령
　6. 국민 인권을 우선하는 민주주의 회복과 강화
　7. 국민 주권적 개헌 및 국민 참여 정치개혁

〔전략 3. 투명하고 유능한 정부〕

   8. 열린 혁신 정부, 서비스하는 행정

   9. 적재적소, 공정한 인사로 신뢰받는 공직사회 구현

   10. 해외 체류 국민 보호 강화 및 재외동포 지원 확대

   11. 국가를 위한 헌신을 잊지 않고 보답하는 나라

   12. 사회적 가치 실현을 선도하는 공공기관

〔전략 4. 권력기관의 민주적 개혁〕

   13. 국민의, 국민을 위한 권력기관 개혁

   14. 민생치안 역량 강화 및 사회적 약자 보호

   15. 과세형평 제고 및 납세자 친화적 세무 행정 구축

▷ **더불어 잘사는 경제**

〔전략 1. 소득 주도 성장을 위한 일자리 경제〕

   16. 국민의 눈높이에 맞는 좋은 일자리 창출

   17. 사회서비스 공공인프라 구축과 일자리 확충

   18. 성별·연령별 맞춤형 일자리 지원 강화

   19. 실직과 은퇴에 대비하는 일자리 안전망 강화

   20. 소득 주도 성장을 위한 가계부채 위험 해소

   22. 금융 산업 구조 선진화

〔전략 2. 활력이 넘치는 공정 경제〕

   23. 공정한 시장 질서 확립

해소

▷ 내 삶을 책임지는 국가

〔전략 1. 모두가 누리는 포용적 복지국가〕
    42. 국민의 기본생활을 보장하는 맞춤형 사회보장
    43. 고령사회 대비, 건강하고 품위 있는 노후생활 보장
    44. 건강보험 보장성 강화 및 예방 중심 건강관리 지원
    45. 의료 공공성 확보 및 환자 중심 의료서비스 제공
    46. 서민이 안심하고 사는 주거 환경 조성
    47. 청년과 신혼부부 주거 부담 경감

〔전략 2. 국가가 책임지는 보육과 교육〕
    48. 미래 세대 투자를 통한 저출생 극복
    49. 유아에서 대학까지 교육의 공공성 강화
    50. 교실 혁명을 통한 공교육 혁신
    51. 교육의 희망사다리 복원
    52. 고등교육의 질 제고 및 평생·직업교육 혁신
    53. 아동·청소년의 안전하고 건강한 성장 지원
    54. 미래 교육 환경 조성 및 안전한 학교 구현

〔전략 3. 국민 안전과 생명을 지키는 안심 사회〕
    55. 안전사고 예방 및 재난 안전관리의 국가책임 체제 구축
    56. 통합적 재난관리 체계 구축 및 현장 즉시 대응 역량 강화
    57. 국민 건강을 지키는 생활안전 강화

58. 미세먼지 걱정 없는 쾌적한 대기환경 조성

59. 지속 가능한 국토환경 조성

60. 탈원전 정책으로 안전하고 깨끗한 에너지로 전환

61. 신기후체제에 대한 견실한 이행체계 구축

62. 해양 영토 수호와 해양 안전 강화

〔전략 4. 노동 존중·성평등을 포함한 차별 없는 공정사회〕

63. 노동 존중 사회 실현

64. 차별 없는 좋은 일터 만들기

65. 다양한 가족의 안정적인 삶 지원 및 사회적 차별 해소

66. 실질적 성평등 사회 실현

〔전략 5. 자유와 창의가 넘치는 문화국가〕

67. 지역과 일상에서 문화를 누리는 생활문화 시대

68. 창작 환경 개선과 복지 강화로 예술인의 창작권 보장

69. 공정한 문화산업 생태계 조성 및 세계 속 한류 확산

70. 미디어의 건강한 발전

71. 휴식 있는 삶을 위한 일·생활의 균형 실현

72. 모든 국민이 스포츠를 즐기는 활기찬 나라

73. 관광복지 확대와 관광산업 활성화

▷ 고르게 발전하는 지역

〔전략 1. 풀뿌리 민주주의를 실현하는 자치분권〕

74. 획기적인 자치분권 추진과 주민 참여의 실질화

75. 지방재정 자립을 위한 강력한 재정 분권

76. 교육 민주주의 회복 및 교육자치 강화

77. 세종특별자치시 및 제주특별자치도 분권 모델의 완성

〔전략 2. 골고루 잘사는 균형 발전〕

78. 전 지역이 고르게 잘사는 국가균형발전

79. 도시경쟁력 강화 및 삶의 질 개선을 위한 도시재생 뉴딜 추진

80. 해운·조선 상생을 통한 해운 강국 건설

〔전략 3. 사람이 돌아오는 농·산·어촌〕

81. 누구나 살고 싶은 복지 농·산·어촌 조성

82. 농·어업인 소득 안전망의 촘촘한 확충

83. 지속 가능한 농식품 산업 기반 조성

84. 깨끗한 바다, 풍요로운 어장

▷ **평화와 번영의 한반도**

〔전략 1. 강한 안보와 책임 국방〕

85. 북핵 등 비대칭 위협 대응능력 강화

86. 굳건한 한미동맹 기반 위에 전작권 조기 전환

87. 국방개혁 및 국방 문민화의 강력한 추진

88. 방산 비리 척결과 4차 산업혁명 시대에 걸맞은 방위산업 육성

89. 장병 인권 보장 및 복무 여건의 획기적 개선

〔전략 2. 남북 간 화해협력과 한반도 비핵화〕

　90. 한반도 신경제 구상 및 경제통일 구현

　91. 남북 기본 협정 체결 및 남북관계 재정립

　92. 북한 인권 개선과 이산가족 등 인도적 문제 해결

　93. 남북교류 활성화를 통한 남북관계 발전

　94. 통일 공감대 확산과 통일 국민협약 추진

　95. 북핵 문제의 평화적 해결 및 평화 체제 구축

〔전략 3 : 국제협력을 주도하는 당당한 외교〕

　96. 국민외교 및 공공외교를 통한 국익 증진

　97. 주변 4국과 당당한 협력 외교 추진

　98. 동북아 플러스 책임공동체 형성

　99. 국익을 증진하는 경제외교 및 개발 협력 강화

　100. 보호무역주의 대응 및 전략적 경제협력 강화

〔긍정 평가〕

　전 정부 중대 비리 척결, 검찰의 과거사 사과 및 청산 행보

〔부정 평가〕

　부동산 정책 실패, 소득주도성장 실패, 일자리 참사, 내로남불, 국론 분열, 남 탓, 비대해진 청와대, 부처의 정책 혼선, 보여주기식 국정운영, 각종 사안에 대한 말 바꾸기, 월성원전 경제성 조작,

김학의 불법 출국금지 의혹, 울산시장 선거 개입 의혹, 조국 사태,
환경부 블랙 리스트, 탈원전 등

(출처·인용 : 대통령 기록관)

맺음말

2030년, AI가 대한민국을 바꾼다

미국 스탠퍼드대는 인공지능(AI)이 사람들이 일하고 살아 가며 즐기는 모든 분야에 어떻게 영향을 줄 것인지를 연구하 고 전망하는 AI 100년(One Hundred Year Study on Artificial Intelligence) 프로젝트를 시작했다.

5년마다 AI의 현재 현황을 평가해 보고서를 발표한다. 연구 목 적은 AI 및 해당 분야가 발전함에 따라 미치는 영향 분석이다. 또 한 AI 연구개발 및 시스템 설계의 방향에 대한 전문가 지침과 이 러한 시스템이 개인과 사회에 광범위하게 도움이 되도록 종합 분 석 및 평가를 제시한다.

AI 100년 연구 프로젝트는 2014년 가을에 시작됐다. 2016년 첫 번째 보고서에서 "인간의 능력을 강화할 때 가장 큰 잠재력 을 가지며 이것이 생산 효율이 최고"라고 주장했다. 지난 9월 2 일 AI가 가져올 발전과 부작용을 예측한 보고서는 82쪽 분량으로

'2030년의 AI와 삶'에 대해 기술했다. 고용, 헬스케어, 보안, 엔터테인먼트, 교육, 서비스 로봇, 교통, 빈곤 계층의 8개 범주를 담았고 스마트 기술이 도시에서의 삶에 어떤 영향을 미칠지를 진단하고 있다.

이번 프로젝트에 참여한 학계 및 기술 분야 전문가는 "2030년에 AI가 인류의 삶을 전방위로 바꾼다. 출장 방식에서부터 건강관리, 교육에 이르기까지 인간의 삶 곳곳이 AI로 인해 변화된다."라고 결론을 내렸다.

2030년 AI가 바꿀 세상의 변화에 맞게 'New AI 대한민국'을 만들려면 어떻게 해야 할까. 첫째, AI 시대에 걸맞은 법률 제정과 정책 입안이 필요하다. AI에 대한 새로운 법적 프레임워크 구축이 시급하다. 소셜미디어에 대한 독과점 방지, 자동화된 의사결정 시스템 및 윤리 프레임워크 구축을 해야 한다.

둘째, AI 연구 및 개발에 정책 우선순위를 둬야 한다. 전 세계적으로 AI 연구개발(R&D)에 대한 투자가 지난 5년 동안 엄청난 규모로 성장했다. 향후 AI로 인해 고용, 교육, 공공안전, 국가안보, 산업 투자에 의한 경제 성장은 계속된다.

셋째, 산학연은 혁신을 해야 한다. 교수와 연구원 및 학생들이 스타트업을 만들거나 다른 메커니즘을 모색하고 지식재산을 상업화해야 한다. 창직과 창업으로 AI 붐을 일으켜 양질의 일자리를 창출하는 엔진은 산학연의 연계에 달려 있다.

넷째, 사회에 관한 연구와 윤리적 문제 해결이다. AI 학계와 산업계 연구의 경계선이 흐릿해지면 추가적인 사회 윤리적 문제가 대두된다. AI 의사결정 알고리즘의 공정성 확보가 중요하다. 데이터 수집에 따른 개인정보 보호와 정보 활용에 따른 양극화를 해소해야 한다.

다섯째, AI 슈퍼 고용 시대에 대비해야 한다. 미래 새로운 직업의 60%는 아직 나타나지도 않고 있다. AI 쓰나미가 몰고 올 새로운 일자리 'AI 슈퍼고용' 시대에 대비해야 한다.

마지막으로 AI 정부 전환이다. 기업은 AI 개발 및 응용의 중요성을 인식해 빠르게 적응하고 있다. 하지만 정부는 여전히 뒤처지고 있는 게 현실이다. 지속적인 문제를 해결하기 위해 자원의 선택과 집중이 필요하다.

현재 대한민국은 2030년 AI 분야에서 중국의 속국이 되느냐 세계 4대 'AI 강국'으로 도약하느냐 선택의 기로에 놓여 있다. AI는 우리의 미래다. AI+X 산업에서 한국 경제 미래 먹거리를 확보하는 새 시대를 이끌어갈 AI 지도자가 나타나길 기대한다.

(매일경제 2021.10.15)

P.S.

 사랑하는 雅悧! 어느 날 갑자기 찾아온 이별의 그 날을 잊을 수가 없다. 우리를 위해서 犧牲하며 무지개다리를 건넌 지 어느덧 3년이 흘렀구나. 雅悧는 항상 우리 가슴 속에 살아있다. 사랑하는 雅悧와 인생의 동반자 아내 金延貞께 결혼 28주년 기념으로 이 책을 바친다.

나에게

 벼는 익을수록 고개를 숙인다. 인생 어느덧 59년을 살아오면서 느낀 것은 너무 부족하다는 것이다. 살아온 날보다 살아가야 날들이 적기에 자연의 섭리에 따라 순응하며 세상에 봉사하며 겸손과 배려의 삶을 살겠다고 다짐한다. 비록 보이지는 않더라도 엄연히 존재하는 것은 인연(因緣)이다. 졸저를 통해 귀중한 분과의 맺은 인연을 소중히 여기며 살아갈 것이다. 지금까지 6권의 책을 집필했다. 인생은 9988이라고 한다. 앞으로 몇 권을 낼지 모르겠지만 마지막 책은 회고록이 될 것이다.

고마운 분들

 상업성이 부족한 이 책을 저자와의 첫 만남에서 흔쾌히 허락해 주시고 떠맡아준 휴먼필드 출판사와 책을 구매해주신 모든 분께 심심한 사의를 표한다.

2021. 09. 15.

저자 朴正一

AI 한국경영
- 미래비전 편 -

—

초판발행   2021. 10. 25.

—

지 은 이   박정일

펴 낸 곳   휴먼필드

출판등록   제406-2014-000089

주　　소   경기도 파주시 탄현면 장릉로 124-15

전화번호   031-943-3920   　**팩스번호**   0505-115-3920

전자우편   minbook2000@hanmail.net

—

ISBN 979-11-968433-7-3 03300

—